国际投资法

GUOJI TOUZIFA

主　编　董书萍
副主编　孟祥秀　陈渊鑫

知识产权出版社
全国百佳图书出版单位

图书在版编目（CIP）数据

国际投资法／董书萍主编，—北京：知识产权出版社，2015.6

ISBN 978-7-5130-3549-1

Ⅰ.①国…　Ⅱ.①董…　Ⅲ.①国际投资法学—高等学校—教材　Ⅳ.①D996.4

中国版本图书馆 CIP 数据核字（2015）第127880号

责任编辑：彭小华　　责任校对：董志英
特约编辑：程　飞　　责任出版：刘译文

国际投资法
GUOJI TOUZIFA

主　编　董书萍
副主编　孟祥秀　陈渊鑫

出版发行：知识产权出版社有限责任公司
社　址：北京市海淀区马甸南村1号（邮编：100088）
责编电话：010-82000860转8115
发行电话：010-82000860转8101/8102
印　刷：三河市国英印务有限公司
开　本：720mm×960mm　1/16
版　次：2015年6月第一版
字　数：273千字
ISBN 978-7-5130-3549-1
网　址：http://www.ipph.cn
天猫旗舰店：http://zscqcbs.tmall.com
责编邮箱：pengxiaohua@cnipr.com
发行传真：010-82000893/82005070/82000270
经　销：各大网上书店、新华书店及相关专业书店
印　张：13.5
印　次：2015年6月第一次印刷
定　价：38.00元

前　言

近年来，我国国际投资的局势和国际投资的法制都发生了深刻的变化。经过30多年的发展，我国的国际投资已经由“招商引资”式转变为“走出去、引进来”式。国际投资格局的重大变化产生了大量新的国际投资法律问题，国际投资案件和纠纷也大量发生。为了应对国际投资的新局势和法律问题，我国近年来颁布了较多国际投资方面的法律和法规，创立了一些重要的国际投资法律制度，如对外资并购投资的反垄断审查制度和国家安全审查制度。国际投资法的法律、法规体系正在逐渐健全和完善。

前述变化和发展，必须反映到国际投资法的教学中。因此，本教材编写组在编写过程中，对国际投资法教材体系进行了精心设计，充分关注制度与规则的最新发展，突出了外资管理制度、对外投资管理制度、双边协定的重要条款以及国际争端解决机制等方面。同时，在本教材内容安排上，突出了我国对国际投资的法律规制，尤其是突出了我国对资本输出的法律规定和实践，并且重点阐述了我国易产生投资争端的领域和诸多法律问题，力求反映近年来国内的最新实践和发展。

本教材的编写人员均为常年从事国际投资法和国际经济法的教学和实务工作的人员，他们不仅对国际投资法教学有多年的切身感悟，而且有丰富的实务经验，同时本教材编写组人员都有多次主编、参编教材的经验。因此，在编写过程中，充分注意学生的需求，在此前提下将国际投资法的变革与实践经验和适度的理论相融合，以符合教学规律、满足教学需要。

本书共八章，全书由董书萍、陈渊鑫审校、修改和定稿。具体写作分工如下：

董书萍（山东工商学院副教授，法学博士）：第三章跨国并购投资、第六章海外投资法律规制。

陈渊鑫（曲阜师范大学法学院讲师，法学博士）：第七章双边和多边国际投资协定、第八章国际投资争议的解决机制。

孟祥秀（山东工商学院讲师，法学硕士）：第一章国际投资法导论、第五章外国投资法律规制。

王淑珍（曲阜师范大学法学院讲师，法学硕士）：第四章国际间接投资法律制度。

聂拯（山东乾元律师事务所律师，法学硕士）、张健（山东工商学院讲师，法学硕士）：第二章国际直接投资法律制度。

知易行难。尽管本教材编写人员做了很大努力，但不足或失误在所难免，敬祈读者批评斧正。

董书萍

2015年6月

目　　录

第一章　国际投资法导论

第一节　国际投资概述

一、国际投资的概念和特征

国际投资是国际资本流动的一种重要形式，它是指投资主体以营利为目的，将其拥有的资本或技术经过跨国流动与配置，以实现资产增值的经济行为。在国际投资关系中，吸引和接受外国资本在本国进行投资的国家称作资本输入国或东道国，规范和鼓励本国资本向外国进行投资的国家称为资本输出国或投资者母国。对特定国家来说，国际投资包括本国的海外投资和本国接受的外国投资。[1]

相对于国内投资而言，国际投资具有其自身的特点，主要表现在：

（1）资本形式多样化。国际投资的资本形式既包括货币、实物资本，又包括商标、专利、经营管理技术等无形资产，还包括债券、股票、衍生证券等金融资产。

（2）投资主体多元化。国际投资的主体包括官方和非官方机构，其中非官方机构包括跨国公司、跨国金融机构及个人投资者。在国际投资实践中，国际投资的主体主要以大型跨国公司为主。[2]

（3）资本的跨国移动。国际投资是投资者将其资本投向国外的一种经济活动，即资本必须进行跨国移动才能称之为国际投资，如果资本没有进行跨国移动，则不能称其为国际投资。

（4）投资环境复杂化。国际投资主体面临复杂多样的投资环境，涉及自然、社会、政治、经济、法制、文化、科技、历史传统等，需要投资者对其进行细致研究，以避免或减少商业风险、政治风险以及法律风险。

二、国际投资的基本分类

根据不同的标准，国际投资有不同的分类。按投资主体，分为官方投资和国际私人投资。按投资方式，分为国际直接投资和国际间接投资。其中，国际私人

---

[1] 余劲松主编：《国际投资法》（第3版），法律出版社2007年版，第1页。

[2] 吕岩峰、何志鹏、孙璐著：《国际投资法》，高等教育出版社2005年版，第5页。

直接投资是国际投资的主要方式，对各国经济的发展起到非常重要的作用。

（一）官方投资和国际私人投资

官方投资是指一国政府机构进行跨界投资的经济行为。官方投资的目的不仅包括取得利润或利息，还包括实现政治、外交、军事等方面的目的。[1]国际私人投资是指一国的自然人、法人或其他企业以营利为目的向东道国所进行的投资。

（二）国际直接投资和国际间接投资

国际投资可以分为国际直接投资和国际间接投资两部分，在学术界并无分歧意见。学术界比较流行的观点认为：狭义的国际投资仅指国际直接投资，广义的国际投资包括国际直接投资和国际间接投资。[2]

国际直接投资是指伴有企业经营管理权和控制权的投资，投资者在海外直接经营企业，并对企业的经营管理有较大的控制权。[3]国际直接投资的表现形式多种多样，比如投资者在东道国设立全资子公司、投资者与东道国当地投资者组建合营企业、投资者收购东道国当地企业股权、投资者在东道国设立分公司等都属于国际直接投资。由于投资后要独自进行管理或参与企业的经营管理，所以这种投资不但是资金的外投，往往还包括技术、经营管理知识和人才等生产经营要素由投资国向东道国的转移。直接投资的结果就是国际投资企业的形成，其具体形式有合资经营企业、合作经营企业、独资企业和国际合作开发企业等。[4]

国际间接投资是指投资者不参与投资企业或投资项目的经营管理，也不享有企业或项目的控制权，而仅通过向其他国家或地区提供贷款或购买股票、债券及其他有价证券等方式使投资资本增值的经济活动。主要包括两种具体形式：一种是国际证券投资，主要是指购买国外股票、债券以及其他衍生金融产品投资。另一种是国际信贷投资，主要是指各类贷款，包括政府贷款、国际金融组织贷款和国际商业银行贷款三种形式。

综上所述，国际直接投资和国际间接投资的区别主要表现在两个方面：第一，在投资内容上，国际间接投资只涉及货币资本的跨国界转移，而国际直接投资则涉及整批资本及中间产品的转移，包括货币资本的转移、管理和组织技能的转移、技术的转移、企业文化的转移和跨国营销的能力的转移；第二，在行为目

---

[1] 姚天冲主编：《国际投资法教程》，对外经济贸易大学出版社2010年版，第10页。

[2] 陈安主编：《国际投资法学》，北京大学出版社2001年版，第1页。

[3] 余劲松、吴志攀主编：《国际经济法》（第3版），北京大学出版社、高等教育出版社2009年版，第225页。

[4] 姚天冲主编：《国际投资法教程》，对外经济贸易大学出版社2010年版，第12页。

标上，国际间接投资仅以谋求较高的红利为目的，而国际直接投资则以获取对投资企业的控制权为首要目的。[1]所以，国际直接投资和国际间接投资的主要区分标准是看投资者对企业有无管理权或控制权。

第二节　国际投资法概述

一、国际投资法的含义与特征

国际投资法是调整国际私人直接投资关系的法律规范的总和，是国际经济法的一个重要分支。[2]其主要涉及国际直接投资法律制度、国际间接投资法律制度、外国投资法律制度、海外投资法律规制、国际投资争议解决机制等内容，既包括国内法规范，也包括国际法规范。具体来说，国际投资法有如下特征：

（1）国际投资法调整国际私人投资关系。国际投资包括官方投资和国际私人投资，但国际投资法调整的投资关系，仅限于国际私人投资关系，不包括政府间或国际组织与政府间的资金融通关系。一国的国家公司或国营企业在海外进行的投资，接受投资国都把它们看作私人投资者，而不因为这些公司企业的资本为国家所有就把它们看作是政府官方投资。[3]

（2）国际投资法调整国际直接投资关系。国际投资包括直接投资和间接投资，但国际投资法调整的投资关系，仅限于国际直接投资关系，不包括国际间接投资关系。国际私人间接投资关系，一般由国际金融法、各国证券法和公司法等调整。

（3）国际投资法包括国际法规范和国内法规范。国际投资法调整的国际私人直接投资关系错综复杂，既包括外国投资者与东道国投资者基于投资产生的投资合作关系，又包括外国投资者与东道国政府基于投资产生的投资管理关系、外国投资者与母国政府基于投资产生的投资保护关系、东道国政府与母国政府之间基于签订双边或多边投资条约产生的投资协调关系。前者为国内法关系，后者为国际法关系。因此，国际投资法既包括国际法规范，也包括国内法规范。

---

[1] 张晓红、郭波、施小蕾编著：《新编国际投资学》，东北财经大学出版社2005年版，第3页。

[2] 姚梅镇著：《国际投资法》，武汉大学出版社1987年版，第37页。

[3] 余劲松主编：《国际投资法》（第3版），法律出版社2007年版，第9页。

二、国际投资法律渊源

国际投资法渊源是指国际投资法的法律规范的各种具体表现形式，包括国内法渊源和国际法渊源两个方面。

（一）国内法渊源

国内法渊源包括东道国的外国投资法和母国的海外投资法。

1. 东道国的外国投资法

东道国为了吸收和利用外国投资以促进本国经济的发展，通常会制定有关鼓励、保护和规制外国投资的法律规范，即东道国的外国投资法。其内容主要包括外资的准入与外国投资的范围、外国投资者的权利与义务、税收及优惠、本金及利润的汇出、国有化及补偿、投资争议的解决等问题。有关外国投资的法律规定，除了专门的外资立法以外，还散见于其他各种特别法规之中，如外汇管理法、涉外税法、合营企业法、公司法、证券法、服务贸易法、劳动法等，均属外国投资法体系。[1]

2. 母国的海外投资法

母国为了维护本国经济和社会利益，通常会制定有关保护、鼓励和限制本国投资者对外投资的法律规范，即母国的海外投资法。其主要内容涉及对海外投资的保护性规定、对海外投资的鼓励性规定和对海外投资的管制性规定，其中最为重要的是以保护海外投资为目的的海外投资保险法。第二次世界大战后，美国等发达国家为保护本国海外投资，相继制定并实行海外投资保险制度，由政府设立专门的海外投资保险机构，承保海外私人直接投资的政治风险（包括战乱险、征用险、外汇险）。当保险事故发生后，保险机构向投保者支付约定的赔偿金，然后代位向东道国索赔。

（二）国际法渊源

国际法渊源包括国际投资条约、国际投资惯例和联合国的规范性文件等。

1. 国际投资条约

国际投资条约是指调整国家间有关国际投资的权利义务关系的国际条约，包括双边条约和多边条约，它们都是国际投资法的重要渊源。

国际投资双边条约是指东道国与母国之间订立的旨在促进与保护相互投资的双边投资条约。在所有的国际投资条约中，对国际投资关系的调整起主要作用的是国际投资双边条约。国际投资双边条约的基本内容主要有四个方面，均涉及外国投资者利益的保护：一是关于外国投资者的待遇标准问题，规定东道国政府

---

[1] 孙南申著：《国际投资法》，中国人民大学出版社2008年版，第23页。

应公平合理地对待外国投资者，实行非歧视待遇，具体表现为最惠国待遇与国民待遇。二是关于国有化和征收赔偿的问题，规定对外资企业不进行征收或国有化，如在紧急情况下基于社会公共利益必须征收时，应按法律程序办理，并给予赔偿。赔偿额相当于在宣布征收时被征收投资的价值，而且应是有效兑现和自由转移的。三是关于投资财产、利润和其他合法收益的问题，规定投资者的本金及利润可以自由兑换并可以自由汇回本国，不得实行歧视性的外汇限制。四是关于投资争议的解决问题，规定争议的性质、范围及解决的方式或途径，包括友好协商、行政程序或司法程序以及国际仲裁等。[1]国际投资双边条约弥补了国内立法的不足，并保证了国内立法的效力，是目前各国间保护外国私人直接投资普遍行之有效的手段。[2]

国际投资多边条约是指多个国家之间关于国际私人直接投资的国际条约，包括区域性国际投资多边条约和世界性国际投资多边公约。区域性国际投资多边条约是指区域性国际组织为了协调成员国的外国投资立法而签订的多边条约，最典型的是《北美自由贸易协定》《马斯特里赫特条约》《安第斯共同市场外国投资规则》。世界性国际投资多边公约是指世界性国际组织为了协调成员国的外国投资活动和立法而签订的多边国际公约，主要有《解决国家与他国国民间投资争议公约》（简称《华盛顿公约》）、《多边投资担保机构公约》（简称《汉城公约》）、《与贸易有关的投资措施协议》和《服务贸易总协定》等。

2．国际投资惯例

国际投资惯例是指在国际直接投资的长期实践中逐步形成的，为各国政府和投资者所普遍承认并遵守和采纳的原则、规则与做法。例如，外商投资企业必须根据东道国的公司法和外资法设立，并符合法定的注册登记条件与原则。发达国家一般将外商与本国企业一视同仁，实行国民待遇，而发展中国家大都给予外商各种优惠措施，这都被认为构成国际投资惯例。

国际投资惯例在实践中起着规范各方投资行为的作用，而且有助于保护投资各方当事人的利益。当事人的利益较多地体现在合同条款中，由于国际惯例规定了当事人的权利和义务，规范着当事人的行为，所以当事人既可用惯例补充合同的规定，又可根据惯例签订合同。[3]

---

[1] 孙南申著：《国际投资法》，中国人民大学出版社2008年版，第27页。

[2] 姚天冲主编：《国际投资法教程》，对外经济贸易大学出版社2010年版，第28页。

[3] 孙南申著：《国际投资法》，中国人民大学出版社2008年版，第28页。

国际商业合同是国际投资惯例的一种重要表现形式，从外商投资企业的设立到投资经营活动，都要通过签订合同来进行。因此，有关外商投资的各项习惯做法必然会在各种经济合同中有不同程度的反映。当事人将外商投资国际惯例订入合同条款，这样便对双方具有约束力。也有些投资惯例，虽然本身并无法律效力，但一旦为各国立法所承认或者在条约中加以确认，便改变了性质，成为具有法律拘束力的规则了。[1]

除此之外，近年来，有关国际经济组织与商业团体或专门团体根据国际投资领域的实践与做法，制定一些规范性文件或公布有关资料，包括各种准则守则、国际标准等。其内容涉及跨国公司与外商投资的合同谈判、技术引进、资金融通、企业财务等各方面。例如经济合作与发展组织通过的《国际投资和跨国企业宣言》《跨国企业指导原则》，国际货币基金组织与世界银行通过的《国际投资指南》等。这些文件中阐明的一些指导原则和成功做法经过广泛传播，会被各国当事人运用于外资实践活动，从而逐渐形成新的国际投资惯例。[2]

3．联合国的规范性文件

联合国的规范性文件是指联合国大会作出的一系列与国际投资有关的重要决议。联合国大会于1962年通过了《关于自然资源之永久主权宣言》、1974年通过了《建立新的国际经济秩序的行动纲领》和《各国经济权利与义务宪章》等法律文件。这些法律文件都明文规定国家对本国自然资源的永久主权、国家管制外国投资者的权利、国家实施国有化的权力和补充标准等问题。这些规范性文件为众多国际实践所引用和强调，在全球范围内获得了越来越广泛的承认。

三、国际投资法的基本原则

国际投资法的基本原则是指那些获得国际社会广大成员的公认，贯穿于整个国际投资法的各项法律规范之中的，对国际投资法的各个领域具有普遍指导意义的法律原则。国际投资法是国际经济法的重要分支，国际经济法的基本原则当然也是国际投资法的基本原则。一般认为，国家主权原则和公平互利原则是国际投资法的基本原则。

（一）国家主权原则

国家主权原则是指国家有权独立自主地处理对内、对外事务，不受任何外来意志的干预。国家主权原则是国际法的基本原则，是国际投资法的基础，是尊重各国主权或各国相互尊重主权、处理国与国之间关系的基本准则。具体体现为以

[1] 孙南申著：《国际投资法》，中国人民大学出版社2008年版，第28~29页。

[2] 同上书，第30页。

下三个方面：

1．国家对本国境内的自然资源享有永久主权

国家对自然资源永久主权原则是国家主权原则在国际投资领域的体现，其主要规定在联合国大会通过的一系列决议中，如《关于自然资源之永久主权宣言》《建立国际经济新秩序宣言》《建立新的国际经济秩序的行动纲领》和《各国经济权利与义务宪章》等。这些纲领性的法律文献，确认和强调了各国对本国境内的全部自然资源享有完整和永久的主权，而且确认和强调各国对本国境内的一切经济活动也享有完整的和永久的主权。即每个国家对本国的全部财富、自然资源以及全部经济活动都享有并自由行使完整的、永久的主权，其中包括占有、使用和处置的权利。

2．国家对本国境内的外国投资享有监督管理权

按照属地管辖权，每个国家都有权对在其国家管辖范围内的外国投资加以管理和行使权力。《各国经济权利与义务宪章》明确规定：各国有权根据本国的法律和条例，对境内的外国资本实行管辖和管理；有权对境内跨国公司的经营活动加以管理监督，有权采取各种措施，以确保跨国公司的经营活动切实遵守本国的法律、条例和规章制度，符合本国的经济政策和社会政策。

3．国家有权对本国境内的外国资产收归国有或征用

《各国经济权利与义务宪章》规定，每个国家都有权把外国资产收归国有、征用或转移其所有权。但采取这一措施的国家应当根据本国的法律、法规给予补偿，即每个国家都有权将外国财产的所有权收归国有、征收或转移，不过应当给予补偿。由补偿问题引起的任何争论均应由实行国有化国家的法院依照其国内法加以解决，除非有关各国自由和互相同意根据各国主权平等并依照自由选择方法的原则寻求其他和平解决办法。[1]

（二）公平互利原则

公平互利原则是国际投资法的一项基本原则，它的基本含义是，国家不分大小、强弱、贫富，都应当作为国际投资关系的平等主体参加国际投资活动，相互尊重对方的主权和意愿，各自根据本国的需要和可能，平等相待，友好往来。具体来说，真正意义上的公平不仅要求在形式上的平等，也要求实现实质上的平等。互利是指要照顾到各国各方的利益，不能为谋求单方利益而无视甚至损害他方利益。公平互利原则不仅适用于国家之间的投资关系，也适用于不同国家的私

---

[1] 姚天冲主编：《国际投资法教程》，对外经济贸易大学出版社2010年版，第34页。

人投资者之间的投资合作关系和国家与外国投资者之间的关系。

对于国家之间关于国际投资的关系而言，实现公平互利就必须坚持国家主权平等、互惠互利，不能以损害他国的利益来满足本国的要求。在订立双边投资条约有关条款时，不应仅限于形式上的平等，而且要考虑实质上的利益。对于不同国家的私人投资者之间的投资合作关系来说，双方当事人法律地位平等、权利义务相互对等是其合作的基础。在投资合同中，任何一方都不应接受片面性义务的条款，显失公平、损害一方权益的投资合同应属无效或不予批准，这已为各国外资法或相关法律所肯定。对于国家与外国投资者之间关系来说，其投资协议也应以权利义务相互对等为基础，投资合同不得含有损害国家主权和利益的条款。在投资管理关系上，外国投资者必须尊重东道国主权，受东道国法律管辖，而东道国也应对外国投资者的合法权益予以法律保护。

四、国际投资法的作用

国际投资法作为调整国际私人直接投资关系的法律规范，主要发挥着保护国际投资、鼓励国际投资、管理与规制国际投资三个方面的作用。

（一）保护国际投资

国际投资不仅关系到投资者的利益，也关系到东道国和母国的国家利益和经济发展。比如巨额海外利润可以增加母国的财政收入，从而有利于母国的国际收支平衡。而外国投资者的投资资金和先进技术可以帮助东道国当地企业提高技术水平、改善经营环境、开拓国际市场，从而促进东道国经济发展。但是，国际投资往往会面临很大的政治风险和法律风险，从而危及投资者的投资安全和经济利益。所以，东道国和母国都试图借助于法律手段，对国际投资予以切实有效的法律保护，以维持良好的投资环境，保证国际投资的安全性与稳定性，促进国际经济的正常交往与合作。

国际投资法对国际投资的保护主要表现在以下几个方面：一是给予外国投资以公正待遇。许多双边投资条约承诺对成员方投资者的投资给予公正和公平的待遇、最惠国待遇、国民待遇。这一承诺使得外国投资者在东道国能享受平等的待遇，不受歧视。二是给予政治风险方面的保证。国内法规、双边条约和多边公约都对此作了详细规定。如有的东道国的外国投资法规定，一般不采取国有化和征收措施，在特殊情况下征收时，要给予公正补偿。保证外国投资者的利润及本金能自由汇出。母国为了保护海外投资，一般都制定了海外投资保险制度。为了保护投往发展中国家的投资，根据《多边投资担保机构公约》建立了多边投资担保机构，专门承保政治风险。三是为解决投资争端提供便利。各国的国内投资立法大多通过行政复议、诉讼等法律规范规定了私人投资争议解决的各种处理方法，以使纠纷公正迅速地得以解决。双边投资条约则对国家间因条约的适用、解释与效力发生的争议规定了解决的法定程序。《解决国家与他国国民间投资争议公约》也为解决国家与外国投资者的争议提供了便利。[1]

（二）鼓励国际投资

国际投资对于东道国和母国的经济发展都具有积极的促进作用。因此，国际投资法在保护国际投资的安全和利益的同时，为了吸引、利用外资或者为了促进海外投资，东道国和母国都注重采取措施鼓励国际投资。东道国对外国投资采取的鼓励措施，包括对重点吸引外资产业给予税收优惠和简化投资审批程序等。尤其是发展中国家，为了实现本国经济社会目标，通常按照产业政策、技术政策、地区发展政策等，有重点、有选择地给予不同的税收优惠，以引导外资流向。[2]

母国关于海外投资所实行的鼓励措施主要有税法方面的优惠措施、关于投资信息及促进投资的措施以及政府对投资者的资金和技术援助措施等。税收政策直接影响海外投资者的投资利润，关系到国际资金的流动。投资者在海外投资往往要承担双重纳税义务，不利于促进投资者的积极性。为了鼓励海外投资，投资者母国一般采取税收抵免或免税法以减轻投资者税负。东道国经济发展情况及投资机会信息可以帮助潜在的投资者进行投资抉择，资金援助和技术援助可以让投资者有充足的资金和完善的技术，以提高投资质量。因此，一些母国在给投资者提供东道国的投资机会和相关信息的同时，也非常重视为投资者提供资金和技术上的援助。

（三）管理与规制国际投资

国际投资在促进东道国和母国经济发展的同时，也会带来一些负面效应。如外国投资者逃税避税、外国投资者并购东道国境内企业影响东道国国家安全、外国投资者污染环境和破坏资源等。因此，东道国和母国都通过投资立法来加强对外国投资和海外投资的管制和引导。

东道国管理与规制外国投资的法律手段主要表现在下列几个方面：一是对外国投资实行审批制，以便禁止或限制外资进入某些产业部门，引导外资投入本国的优先发展项目；二是限制外国投资的比例，以保护东道国投资者对合营企业的有效控制；三是规定外国投资企业的董事会的多数成员或企业重要职务应由本国国民担任；四是要求外国投资企业优先雇用当地管理人员、技术人员和职工，以培训当地国民并解决就业问题；五是对外资本金和利润的汇出规定限额，以防止

---

[1] 吕岩峰、何志鹏、孙璐著：《国际投资法》，高等教育出版社2005年版，第44页。

[2] 余劲松、吴志攀主编：《国际经济法》（第3版），北京大学出版社、高等教育出版社2009年版，第271页。

国际收支失衡；六是要求外国投资企业优先采购当地物资，以带动当地工业的发展；七是外国投资企业必须接受国家有关机关，如财政税务机关、工商行政管理机关的监督等。❶

母国管理与规制海外投资的法律手段主要表现在下列几个方面：一是要求海外投资企业披露信息，以便了解和监督本国海外投资企业的经营状况；二是防止海外投资企业逃避税务，以增加本国财政收入；三是通过反垄断法、进出口管制法、外汇管理法等对海外投资进行管理。

第三节　国际投资法律关系

国际投资法律关系主要包括投资者与东道国之间的投资政策关系、东道国与外国投资者之间的行政管理关系以及外国投资者与当地投资者之间的商事交易关系。下面将从国际投资法律关系的主体、国际投资管理关系、国际投资合同关系三个方面进行介绍。

一、国际投资法律关系的主体

在国际直接投资法律关系中，自然人、法人、国家、国际经济组织等都是国际投资法的适格主体。其中，跨国公司是国际投资法最重要的主体。

（一）自然人

1．自然人作为国际投资法主体的法律能力

自然人作为国际投资法的主体，首先应具有一般的法律能力，即民事权利能力和民事行为能力。民事权利能力是指自然人享有民事权利和承担民事义务的资格。现代法都承认凡自然人都具有权利能力。并且现代各国都承认人的权利能力始于出生，终于死亡，但对出生、死亡采取的标准有异。民事行为能力是自然人通过自己的行为取得民事权利和承担民事义务的能力。民事行为能力根据一定的标准分成无民事行为能力、限制民事行为能力和完全民事行为能力。而有资格从事国际投资活动的自然人，必须具有完全行为能力。

自然人作为国际投资法的主体，除具备一般的法律能力之外，还应具有从事国际投资活动的法律能力。但是，自然人能否取得从事国际投资活动的法律能力取决于各国的法律规定。一般来说，在资本主义国家中，自然人可以拥有生产资料等资产，并可以用其资产投资，因此，自然人也可以从事国际投资经营活动，具备国际投资法的主体资格。在一些社会主义国家中，自然人个人没有生产资料

❶ 余劲松主编：《国际投资法》（第3版），法律出版社2007年版，第16页。

的所有权，因而，也没有对内对外投资的法律能力。这些国家的法律一般规定，本国的投资者或合营者只能是公司、企业或者其他经济组织。例如，苏联与东欧社会主义国家的合营企业法，均规定本国合营者只能是本国的经济组织，而不包括自然人。依我国的中外合资经营企业法、中外合作经营企业法的规定，中外合资经营企业与中外合作经营企业的中方当事人不包括中国自然人。[1]为广泛利用外资，我国立法规定外国自然人可以前来投资，特别是鼓励中国香港、澳门、台湾同胞及海外华侨前来大陆投资，并给予各种优惠。

2．自然人能力的确认

由于各国对权利能力、行为能力的规定不尽相同，因此在国际投资活动中，就会产生外国自然人权利能力和行为能力的确认问题。一般来说，各国法律主要是以属人法作为确认自然人一般权利能力和行为能力的准据法，不同的是，大陆法系一般以当事人本国法作为属人法，而英美法系则以住所地法作为属人法。依自然人的属人法来确定其行为能力，有利于保护该自然人依其属人法取得的利益，但在国际经济活动中，另一方很难了解作为交易对方的外国自然人依其属人法是否有行为能力，从而对另一方当事人来说存在着交易不安全因素。因此为保护内国利益，不少国家对属人法的适用有一定限制，即在某一种情况下，依商业行为地法确定外国人的行为能力。[2]

3．自然人身份的确认

要确定自然人的身份和地位必须确定其国籍。国籍是指一个人作为某一国家的成员而隶属于该国的一种法律上的身份。一个自然人是否具有某一国的国籍，原则上应依该国法律决定。但由于各国对这方面的具体规定不同，往往造成一个人同时具有双重国籍或多重国籍。为消除和防止国籍冲突，很多国家在国内立法上和通过国际条约作出了努力。对于国籍的积极冲突，若自然人所具有的多重国籍中有一个是内国国籍时，国际通行的是内国国籍优先，若其多重国籍都是外国国籍时，大多以与其人有最密切联系的国家的法律为其本国法，也有少数国家分别以取得在先、取得在后或当事人惯常居所或住所地国的国籍优先。对于国籍的消极冲突，一般主张以其人住所所在国国籍为准，不能确定住所时，以居所地国籍为准。[3]任何自然人，如果不具有某国国籍，他就是该国的外国人。外国人在内国享有何种权利，即外国人在内国的法律地位，完全依内国的法律及有关的条约

[1] 范剑虹编著：《国际投资法导读》，浙江大学出版社2000年版，第83页。

[2] 姚天冲主编：《国际投资法教程》，对外经济贸易大学出版社2010年版，第45页。

[3] 韩德培主编：《国际私法》，武汉大学出版社1983年版，第92~96页。

来决定。

（二）法人

法人是依法设立的，有一定的组织机构和独立的财产，并能以自己的名义享有权利和承担义务的社会组织。法人是国际投资法的重要主体。

1．法人作为国际投资法主体的法律能力

法人作为国际投资法主体，必须具有权利能力和行为能力。法人的权利能力和行为能力始于依法成立，终于消灭，且两者在范围上是一致的。不同的法人其权利能力的范围不完全相同，所以法人能否成为国际投资法主体，取决于其权利能力的范围，而法人的权利能力的范围是由有关法律和法人章程决定的。法人的权利能力和行为能力，应依法人的属人法确定。法人的属人法不仅决定法人是否存在、是否具有一般权利能力，而且还决定法人的内部关系、特殊的权利能力、行为能力等问题。❶

2．法人国籍的确定

法人的属人法指法人国籍所属国的法律。当具有外国法人资格的公司、企业到东道国投资时，为了确定其一般的法律能力，就必须确定其国籍。确定公司的国籍在投资法律关系中具有重要意义。首先，确定该公司可否享受东道国给予外国投资者的待遇和保护，包括国内法给予的各项优惠和投资条约提供的保护；其次，确定由何国对该公司行使外交保护权；最后，当发生投资争议诉讼时，凡属公司的权利能力和行为问题，应依公司的属人法解决。在国际实践中，对于如何确定公司的国籍，主要有成立地说、住所地说、法人设立人国籍说、实际控制说和复合标准说等多种，其中依成立地和住所地是两种最普遍的标准。我国是依成立地标准确定公司国籍的。

我国在实践中对于在外国已根据它的法律取得某国国籍的法人，一般都承认已取得该国国籍，而不管该外国适用何种标准。这一态度已反映在我国对外签订的双边投资协定中。至于我国外商投资企业的标准，则采用成立地标准。我国《民法通则》第41条规定，在中华人民共和国领域内设立的中外合资经营企业、中外合作经营企业和外资企业，具备法人条件的，依法经工商行政管理机关核准登记，取得中国法人资格。这样，凡是在中国境内设立的、具备法人条件的企业，经核准登记后就成为中国法人。即使是全部资本由外国投资者投资的外资企

---

❶ 余劲松、吴志攀主编：《国际经济法》（第3版），北京大学出版社、高等教育出版社2009年版，第30页。

❷ 姚天冲主编：《国际投资法教程》，对外经济贸易大学出版社2010年版，第49页。

业，只要具备以上条件，便是中国法人，而不是外国企业。[2]

3．对外国法人的承认

任何法人，如果不具有某国的国籍，在该国就是外国法人。外国法人通常必须经过内国的承认才能在内国作为一个法人而存在，才能被认为具有独立的法律人格。承认外国法人，只意味着该外国法人在内国也被认为有法人资格，而不是把它转变为一个内国法人或由此创设一个新法人。各国对外国法人承认的方式有以下几种：（1）一般认可制。依内国法规定，外国法人需要办理必要的登记或注册手续，方可取得在内国进行活动的权利，无须经内国政府特别批准。英、美等国均采取这种做法。（2）特别许可制。外国法人必须经内国政府主管机构依法定程序审核批准，才能予以承认。奥地利、比利时等国采取这种制度。（3）相互承认制。即通过国内立法或国际条约，相互承认对方法人在本国的法律地位，不必经过特别认可或办理有关手续。实践中，各国为了维护其主权利益，都对外国法人的承认加以一定限制。我国采取特别许可制。依我国有关法规规定，外国企业确有需要在中国设立常驻代表机构的，必须经过申请、批准、办理登记手续等程序，否则，不得开展常驻业务活动。

一个外国法人在内国被承认为法人后，虽具有法人的一般权利能力，但它在内国的权利能力和行为能力的范围，还须受内国法支配。除条约另有规定外，每个国家都有权自由规定外国法人在内国享有权利和进行活动的范围。例如，每个国家可以限制或者禁止外国法人在该国经营公用事业、金融、保险等行业。一般来说，外国法人被承认后，可以在其章程范围内享有内国的同类法人所能享有的权利。各国可以根据本国的国情给予外国法人以国民待遇、优惠待遇等。

（三）国家

国家作为国际法主体，具有独立参加国际关系和直接承受国际法上权利和义务的能力，因此，国家有权同其他国家缔结有关国际投资的条约，如双边投资协定、多边投资公约等。若国家间就投资问题发生争端，还有在国际法院进行诉讼的权利。同时，国家还可以作为特殊的民事法律关系的主体，直接参与国际投资活动，与外国私人投资者签订特许协议，进行自然资源的开发或公用事业建设，依据法律与合同的规定，取得权利，承担义务。[1]

国家是主权者，国家参与国际投资活动时，其地位具有特殊性。因此，有两个问题需要特别注意：一是注意把国家及其财产与国营公司、企业区别开来。国营企业是具有法人资格的经济组织，其财产与国库财产相独立，其进行的商业

---

[1] 姚天冲主编：《国际投资法教程》，对外经济贸易大学出版社2010年版，第56页。

活动也不属于国家的行为，因而不存在豁免权的问题。二是国家作为主权者，有管理领域内外国投资的权利，国家及其财产享有豁免权，即国家主权豁免原则。国家主权豁免原则是根据国家独立主权与平等的基本原则而引申出来的一项国际法基本原则。具体包括司法管辖豁免、诉讼程序豁免及强制执行豁免。司法管辖豁免是指不经该国同意，该国不受另一国家管辖，不得在他国法院对该国提起诉讼；诉讼程序豁免是指未经该国同意，不得对该国财产采取诉讼保全措施，不得强制该国出庭作证或提供证据；强制执行豁免是指未经该国同意，不得对该国国家财产强制执行。这一法律原则的基本效果是国际社会的各主权国家有义务尊重其他国家的主权，有义务不对其他国家行使任何管辖权。[1]

（四）国际经济组织

国际经济组织根据国际条约设立，具有独立参加国际经济关系和直接承受国际法上权利和义务的能力。国际经济组织可以与其他法律主体缔结条约，取得和处置财产，并通过诉讼或采取其他合法手段保护自己的权益。因此，国际经济组织也是国际投资法的主体。

在国际投资领域，最重要的国际经济组织有三个：解决投资争议国际中心、多边投资担保机构和世界贸易组织。解决投资争议国际中心是根据《解决国家与他国国民之间投资争议公约》设立的，旨在解决缔约国和其他缔约国国民之间直接因投资而产生的法律争议；多边投资担保机构是根据《多边投资担保机构公约》设立的，旨在鼓励生产性投资在会员国之间，尤其是向发展中国家会员国流动；世界贸易组织是根据《建立世界贸易组织协定》设立的，旨在实质性消减关税和其他贸易壁垒，消除国际贸易关系中的歧视待遇，以实现贸易自由化。

（五）跨国公司

跨国公司是国际经济关系的重要参加者，在国际经济交往中发挥着举足轻重的作用，是国际投资法的重要主体。

1．跨国公司的定义和特征

对于究竟什么是跨国公司，国际社会众说纷纭，至今没有一个明确的定论。目前国际社会普遍接受的是联合国跨国公司委员会拟订的《跨国公司行动守则（草案）》中关于跨国公司的定义：本守则所用跨国公司一词，是指由分设在两个或两个以上国家的实体组成的企业，而不论这些实体的法律形式和活动范围如何；这种企业的业务是通过一个或多个决策中心，根据一定的决策体制经营的，可以具有一贯的政策和共同的战略；企业的各个实体由于所有权或别的因素相联

[1] 王贵国著：《国际投资法》（第2版），法律出版社2008年版，第34~35页。

系，其中一个以上的实体能对其他实体的活动施加重要影响，尤其是可以同其他实体分享知识、资源以及分担责任。根据上述定义，跨国公司具有如下基本特征：

（1）经营活动具有跨国性。

跨国公司一般以一国为基地，设立母公司，在全球其他国家和地区设立子公司、参与公司、分公司等多种形式。因此，跨国公司的实体分布在多个国家，在多国从事投资经营活动，经营活动具有跨国性。

（2）公司内部的关联性。

跨国公司各个实体虽然分布在多个国家，但跨国公司各个实体之间，特别是母公司和子公司之间存在着密切联系，从而使母公司或公司内的某些实体，能对其他实体分享知识、资源和分担责任。因此，跨国公司的主要法律形式，是根据各种法律制度成立的多个公司聚集，但受母公司的集中控制，因而构成一个单一经济体，也就是说，跨国公司内部各实体间在法律上往往是相互独立的实体，而在经济上又是在母公司控制下所形成的一个整体。从跨国公司具有共同的商业目的、中央控制和内部一体化的活动等方面看，可以说跨国公司具有企业的特征，是一个经济实体。但它并不是一个法律实体。❶

（3）战略的全球性和管理的集中性。

跨国公司因为具有跨国经营的特性，所以在其制定战略时，不是仅仅从本国以及子公司、分公司所在的国家出发，而是从整个公司的利益出发，以全世界市场为角逐目标，从全球范围考虑公司的生产、销售、扩张的政策和策略，以追求效益的最大化与长久的高额利润。❷在一切内部关系中最为重要的是母子公司间的关系，而恰恰也是这层关系最能体现出跨国公司管理的集中性。作为子公司控制公司的母公司几乎掌握着跨国公司的整个管理权，子公司虽然具有独立的法律人格，但其在不同程度上都受到母公司的集中控制与管理。❸

2．跨国公司的法律地位

（1）跨国公司的国内法地位。

在国内法上，组成跨国公司的各实体没有特殊地位，它们与所在国的其他经济组织具有相同的地位。母公司与子公司的概念相对应。在子公司中享有全部或多数股权，或通过合同等其他手段控制子公司的公司就是母公司。总公司与分公

---

❶ 余劲松著：《跨国公司法律问题专论》，法律出版社2008年版，第2~4页。

❷ 姚梅镇主编：《国际经济法概论》，武汉大学出版社1989年版，第48页。

❸ 范剑虹编著：《国际投资法导读》，浙江大学出版社2000年版，第90页。

司的概念相对应。设立该分公司的公司称为总公司。跨国公司的母公司或总公司依据母国的法律成立，与母国其他公司具有相同的权利能力和行为能力；跨国公司在东道国的实体主要有子公司和分公司。子公司是根据东道国的法律成立的具有东道国国籍的法人，与东道国的其他公司在法律地位上没有区别。分公司是总公司在东道国的一个分支机构或附属机构，虽然在东道国登记注册，但仍属于外国公司。无论这些跨国公司实体拥有本国国籍还是东道国国籍，它们在法律地位上与一般的公司并无差别。

但是，子公司与分公司在法律上有着不同的地位。在国外设立的子公司，依照东道国的法律，是相对于母公司的独立法人，具有法人资格，有自己的财产，对外能独立承担责任。母公司也仅以其出资对子公司承担责任。由于子公司一般是东道国的法人，因此，子公司必须遵守东道国的法律并受其法律的保护。在设立子公司的情况下，外国母公司往往控制多数或全部股权。在法律上，它只是子公司的股东。因此，子公司与外国母公司的关系是公司与股东的关系。跨国公司对其子公司的控制，主要通过控股进行。股权在50%以上，为优势股权或多数股权，股权在20%~49%，也称质量参股。实际上公司许多重大事项决策，只需要1/4的股权便可阻止其通过。

而国外分公司是总公司在国外设立的办事机构、营业机构。这种机构没有独立的法律地位，不具有独立的法律人格，总公司对分公司的行为直接负责任。许多国家的法律规定，外国公司在东道国设立分公司必须经过核推注册登记，才能进行经营活动。注册的目的是核准外国公司的法人资格。经核准注册后，分公司可以其总公司的名义进行活动，也就是承认外国法人在东道国的权利能力和行为能力。[1]

（2）跨国公司的国际法地位。

跨国公司不是国际法的主体。组成跨国公司的实体都是依据国内法而设立的本国或外国法人或其他实体，因此跨国公司是国内法的产物。跨国公司不是政府，不是国际组织，也不是国际法人，只是国内法人。既然它们是国内法人，于是国内法赋予了它们权利能力与行为能力。而在国际管辖中，跨国公司作为国内法人，必须服从国家的管辖，因而跨国公司无法根据自己的意思表示独立参加国际关系，也无法直接承担国际义务和享受国际权利。[2]所以说跨国公司不可能成为

---

[1] 姚天冲主编：《国际投资法教程》，对外经济贸易大学出版社2010年版，第52页。

[2] 余劲松主编：《国际投资法》，法律出版社1994年版，第39页。

国际法主体。

3．跨国公司母公司对其子公司的法律责任

关于跨国公司对其子公司的法律责任问题，国际社会主要存在着三种不同主张，即整体责任说、有限责任原则说和揭开公司法人面纱原则。

（1）整体责任说。整体责任说是指把母公司与子公司视为一个整体，主张在任何情况下，母公司均应对全资控股、持股、相互参股的子公司的债务承担责任。这种观点完全排斥了有限责任原则，与现代公司法制度的基本精神相违背。

（2）有限责任原则说。有限责任原则说主张严守公司法的有限责任原则。跨国公司母子公司之间在经济和管理上存在着密切的联系，如果实行严格的有限责任原则，就会使得跨国公司母公司对子公司的法律责任与它们之间的经济联系相分离，有限责任就很有可能成为母公司逃避责任的工具。

（3）揭开公司法人面纱原则。所谓揭开公司法人的面纱，就是指司法审判人员在特殊情况下，对公司的董事及股东特别是母公司在管理公司事务中从事各种不正当行为而造成对公司债权人的损害时，应不考虑公司的独立人格，而要求公司的股东、母公司或侵权董事直接承担责任。[1]该原则主张有限责任原则是公司法的基本原则，但在特殊情况下，如果子公司的债务是母公司的原因导致的，为避免母公司逃避责任，应当由母公司为子公司的债务负责。这一观点已经被国际社会广泛接受。根据我国《公司法》第20条的规定，公司股东应当遵守法律、行政法规和公司章程，依法行使股东权利，不得滥用公司法人独立地位和股东有限责任损害公司债权人的利益。公司股东滥用公司法人独立地位和股东有限责任，逃避债务，严重损害公司债权人利益的，应当对公司债务承担连带责任。

二、国际投资管理关系

为保证国际投资活动的有序进行，为促进母国和东道国经济发展目标的实现，世界各国对国家直接投资都进行不同程度的干预或者管理。投资者进行国际投资时主要考虑其营利性目的，而不是首要考虑母国和东道国的经济发展，因此，无论是母国还是东道国对国家私人直接投资的干预，其实质都是力图使投资收益向本国倾斜并使投资活动与国民经济发展目标一致。

（一）母国对海外投资的管理

海外直接投资对母国有利也有弊，所以，母国政府在鼓励海外投资的同时，也要保证国家利益不因此受到损害，并尽可能地从对外投资中获得更多的好处。目前，大多数发达国家对海外投资都有一定的限制性措施，以维护本国的利益。

---

[1] 甘培忠：“论母子公司关系的法律调控”，载《中外法学》1997年第4期。

这些措施主要集中在资本和技术转移、就业及税收领域。在资本和技术转移方面的管理措施主要是对外流资本、技术进行审查，以根据本国的需要决定是否允许某些投资外流。在就业方面的管理措施主要是关注对外直接投资对国内就业的影响和关注对外投资输出就业机会的可能性。比如，母国要求东道国取消对外资企业的出口实绩和本地成分方面的要求，以避免因直接投资输出而影响国内就业。由于跨国公司逃避税的情况非常普遍，母国都采取相应的措施解决这一问题，如要求海外投资企业披露信息、采用“正常交易原则”确定关联企业间交易的价格、防止利用避税港逃避税收、限制费用补贴和国外亏损的扣除等。

（二）东道国对外国投资的管理

东道国在对外国投资采取鼓励性措施的同时，也对外国投资采取一些限制性措施，以使外国投资与本国的经济发展目标相协调，减少外国投资对本国利益的消极影响。这些限制管理措施主要表现在外资准入方面，如绝大多数东道国对来源于外国的直接投资要经过正式的审批才确认其合法有效，包括设立新企业及接管本国现有企业。具体的审批机构、程序及标准各国互不相同。审批的目的，是确保外国投资与本国的经济发展目标基本一致，并对其进行有效的管理。再比如限制外资进入特定的行业或部门，如公用事业、邮政通信、交通运输、烟酒生产与销售、军工部门等禁止或限制外资进入。某些行业虽然允许外资进入，但须经专门机构批准并受特殊条例管制。

事实表明，在各国均对外资有所限制的情况下，国际私人投资仍以较高速度增长。当东道国具备良好的投资环境时，投资收益率相对较高，则适宜的限制性措施不会构成外资进入和发展的障碍。如果鼓励性措施和限制性措施综合运用得当，国家干预将有助于投资环境的不断完善，并在最大限度内促使外资企业的经济活动与本国的经济发展目标协调一致。

三、国际投资合同关系

（一）国际投资合同的类型及法律适用

大部分国际投资活动中，投资者都会签订国际投资合同。因此，国际投资合同关系是国际投资法律关系的重要内容。国家投资合同包括两种类型：一种是国家契约（用于自然资源开发或BOT项目或者其他基础设施项目），由东道国政府与外国投资者签订；一种是商业性投资合同，由外国投资者与东道国投资者签订。不管是哪类，均涉及东道国的经济发展利益，也容易产生与投资者之间的利益冲突。此外，投资合同履行期长，也导致了东道国法律适用的必然性，从而限制了当事人的意思自治，即不得选择外国法或国际法作为投资合同准据法。不过这一问题在一定程度上也取决于投资争端的解决方式。对于国家契约，如由东道国境外机构处理争议，则可能按当事人意思自治，适用国际法或外国法来处理争议，当然也只有国家契约才可能在第三国解决。因此意思自治原则并不适用于私人间的投资合同，因为此原则意味着东道国监管法律因当事人排除而不能适用。我国合同法则通过单边冲突规范解决了这一问题。

关于国际投资合同的法律适用问题，其处理原则不同于一般的国际商事合同或国际货物买卖合同。多年的国际投资实践似乎表明已经形成了以下的冲突原则：第一，所有合同，只要不是国家间的协议，均受制于国内法。这是常设国际法院早在1929年塞尔维亚债券案的判决中所采用的原则。第二，有关国际债券的履行应适用发行地国家法律。关于国家契约，欧盟国家也认为，外国投资者与国家之间的合同应受制于东道国法律。❶

由于国际直接投资的特点，东道国有关外国投资管理与许可制度属于强制规范，必须予以适用而不得通过当事人意思自治予以排除。国际条约不得作为准据法适用于国家契约，因为只有具体的法律规则（事关当事人具体权利、义务）才适用于合同，而国际条约通常不是这类规则。当然也有例外，主要指私法内容的国际条约，例如《联合国国际货物买卖合同公约》。国际投资的法律适用中亦会涉及法律域外效力的问题，主要指投资国法律在东道国效力问题。法律域外效力其实有两层含义：一是指内国法律在外国法院被承认与适用，此为客观的域外效力；二是指内国法律或机关将本国法适用于发生于境外的行为，此乃主观的域外效力。❷

（二）国家契约的性质与法律适用

国家契约通常是指外国投资者与东道国政府之间签订的投资合同。国家契约一般具有以下几个特征：第一，在合同的主体上，东道国政府作为合同一方，外国投资者作为合同另一方；第二，在合同客体上，一般都涉及自然资源开发或大型基础设施建设等重要工程项目，这些项目具有风险大、耗资多、对技术要求高、投资回收期限长等特点；第三，国家契约有效期漫长（30年以上至50年或者70年不等），而且往往需要经过特别许可批准等程序；第四，许多国家契约含稳定性条款，以保证投资者的利益免受东道国法律和政策变更的影响。其中，国家契约最根本的特征是针对合同的主体性而言的。

由于国家契约具有不同于一般投资合同的特点，关于国家契约的性质，在理论和实践中都有分歧。分歧的焦点在于国家契约究竟是国际协议还是国内法契约。一些西方学者主张，国家契约具有国际协议的性质。主要理由如下：一是因

---

❶ 孙南申著：《国际投资法》，中国人民大学出版社2008年版，第37页。

❷ 姚天冲主编：《国际投资法教程》，对外经济贸易大学出版社2010年版，第64页。

为国家契约的主体一方为主权国家，而协议的内容往往又是国家许可外国私人投资者享有专属于国家的某种权利，这就表明国家基于协议的签订已经默认对方为国际法主体；二是在协议中通常订有选择国际法原则或一般法律原则为准据法的条款，事实上把协议"国际化"了。因此，他们认为，国家违反协议，即构成国际法上的不法行为，国家应负国际责任。该理论还认为，国家契约不受东道国国内法的约束，而应受制于外来的法律制度，即必须服从国际法律制度来解决合同争议。这一观点的理论基础仍是外国投资者或跨国公司可以通过国家契约享有国际法上的权利的主张。[1]

另一观点认为，国家契约具有国内法意义上的合同性质，而不是国际公法意义上的国际协议。主要理由如下：一是因为国家契约的主体一方虽然是国家，但另一方主体是不同国家的法人、其他经济组织或自然人，而不是国家政府机构。自然人、法人、其他经济组织在国际私人直接投资法律关系中地位是平等的，而且都是国内法主体。二是国家契约是依东道国国内法订立，经东道国政府审查批准生效并在东道国履行的。中外各国各类投资契约均依东道国国内法订立，受国内法管辖，并不直接与国际法发生联系。国际常设法院在1929年的塞尔维亚债券案判决中就明确表示：凡不属于国家之间签订的任何合同，都是以某个国家的国内法为依据的。至于究竟依据哪个国家的法律则属于所谓的国际私法或冲突法理论的内容。必须注意的是，国家契约的主体不同于一般意义上的私法合同的主体，一方是东道国政府，而另一方是外国私人投资者，所以在合同争议的处理上涉及国际法上关于投资争议处理问题。《解决国家与他国国民之间投资争议公约》明确规定了一国与他国国民之间投资争议的解决方式。但是，这并不能说明国家契约属于国际协议。国家契约具有国内法意义上的合同性质的观点已在国际投资实践中为各国所认可。

关于国家契约的法律适用，主要取决于两点：首先是当事人的选择，他们可以选择东道国法律或国际惯例。国家契约当事方有完全的自由选择适用法律，包括东道国的法律和一般法律原则。如未做选择可按密切联系原则，由仲裁庭或法院确定适用与投资项目有密切联系国家的法律。其次是取决于争议解决的途径，如在东道国境内解决，则适用东道国法律。如选择境外的国际仲裁方式，则完全可能适用国际法层面上的规则。

---

[1] 姚天冲主编：《国际投资法教程》，对外经济贸易大学出版社2010年版，第64~65页。

第二章　国际直接投资法律制度

第一节　三资企业

一、合资经营企业

（一）合资经营企业概述

1．合资经营企业的概念

合资经营企业是国际直接投资中常见的一种方式，简称合营企业，是指两个国家或者两个以上的国家或者地区的投资者，共同投资、共同经营、共同管理、共担风险、共负盈亏的一种企业形式。合营企业在英美法中统称为Joint Venture,其英文原意是“联合或共同承担风险”。最早见之于西方国家一些国内法的判例或学说。依美国国内法的解释，合营企业是指：“两个或两个以上的特殊联合，以从事某些追求利润的风险活动而不借助于合伙人、公司等形式。或或两个或两个以上的人将其财产、金钱、力量、技术和知识汇集于一体组成一个联合体负责一盈利商业实体的业务。”有的欧洲学者认为，合营企业指“为完成一个或几个项目或交易与其他企业组建的商业联合体”。因此，国际合营企业，是指由一个或多个外国投资者（法人或自然人）同东道国的政府、法人或自然人按法定或约定的比例共同出资，共同经营特定业务，共同分享利润，共同承担亏损的企业。

2．合资经营企业的法律性质

由于世界各国的法律规定和司法实践均不一致，因此对于合资经营企业的法律性质的认定，各国也不尽一致。

大陆法系中为数不少的国家认为合资经营企业在法律上属于法人，合资经营企业属于公司法范畴。根据德国的法律，有外资参与的合资经营企业依法可以组成股份有限公司或者有限责任公司。日本的有关立法及实践虽对合资经营企业的性质存在分歧，但一般认为，如果合营契约的目的是以设立公司的形式经营共同事业，那么在法律上则应属于法人，学说上一般也倾向于把合资经营企业纳入公司法体系，作为法人来对待。[1]

---

[1] 姚梅镇主编：《比较外资法》，武汉大学出版社1993年版，第360页。

英美法系中以英美为代表的国家则否认合资经营企业在法律上属于法人，认为合资经营企业在法律上属于合伙。这一学说的法律渊源在于：英美法认为合营者之间的关系实际上是一种人合关系——每一个合营者的行为都被看作是所有合营者的行为，每一个合营者都对其他合营者或者其雇员的过失行为所致第三者的损害负连带责任。所以，英美法上对合资经营企业以及合营契约的解释的理论基础是组合论（Aggregate Theory），而不是实体论（Entity Theory），一般否认合资经营企业的法人性质，认为合资经营企业不是法律实体，而是类似于合伙契约的一种法律行为或属于合伙关系的一种，其权利义务关系应适用（或类推适用）关于合伙的规定。[1]

另外一些国家则认为合资经营企业具有合伙和法人的双重特性。根据法国关于合营企业条例的规定：合资经营企业是一种独立的法人实体，但合资经营企业所经营的业务必须是合营者自身业务的某些扩展；合资经营企业所得利润不属于企业，而直接属于合营者；合营者对企业的债务负无限连带责任。东欧国家则不硬性规定合资经营企业的法律性质，而是允许合资经营企业根据实际需要采取法人、非法人等多种组织形式。例如，俄罗斯1991年《外商投资法》规定，合资经营企业可以包括股份公司、有限责任公司、无限公司、两合公司、生产合作社等方式。

根据以上不同国家的学说和实践，参照联合国工业发展组织编写的《发展中国家合营企业协议指南》，合资经营企业依据其法律性质的不同大致可以分为以下两种基本类型：（1）股权式合营企业（Equity Joint Venture），是指由合营者相互协商为经营共同事业而组成的法律实体。我国的中外合资经营企业以及比利时的合资公司均属此类。（2）契约式合营企业（Contractual Joint Venture），是指合营各方根据合营契约经营共同事业的经济组织。我国的中外合作经营企业、英美等国的合营企业大都属于此类。

3．合营企业法律形式比较

（1）美国。美国境内的合营企业广泛设立于各行各业。虽然合营企业的概念未见于美国联邦或州法律，但一些美国学者指出，美国的合营企业采取封闭公司（close corporation）法律形式；合营企业问题大多在概念上与封闭公司相同；在对合营企业的法律分析中，关键是必须明确，不论国际合营企业或国内合营企业，都是封闭公司。

封闭公司通常具有如下多数特征：股东较少、股东相互认识、股东积极参

[1] 姚梅镇著：《国际投资法》，武汉大学出版社1987年版，第181~182页。

与管理、股东会议取代董事会、股份不能自由转让、股份不能在一般股票市场上买卖。

（2）日本。合营企业通常由一个日本公司和一个外国公司组成，各拥有合营企业的1/2的股份。多数合营企业采取合股公司（joint stock company）形式。1938年，日本公司法规定了有限责任公司的法人形式。这种形式与美国的封闭公司类似。该法规定限制股东人数，允许召开非正式会议，限制转让成员资格并简化设立程序、公司结构等。在日本，几乎所有闻名的大公司都是合股公司，而许多小公司是有限责任公司。尽管有限责任公司的形式更适合于合营公司，但在日本却未得到普遍采用。

（3）中国。在中国合资经营企业采取有限责任公司的形式。中外合资经营企业符合有限责任公司的共同特征：股东人数有限制；股东仅就其出资额为限对公司担责；股东只对公司负有限责任，对公司的债权人不负直接责任；公司不能发行股票；公司的股份一般不能任意转让，若要进行股东出资的转让，必须经大多数股东一致同意批准，并在公司登记，对欲转让的股份，其他股东有优先购买权；公司的设立程序简便，只有发起设立而无募股设立，其成立可以由一个或几个人发起，股东的出资额须在公司成立时缴足。

（二）中外合资经营企业

1．中外合资经营企业的概念

中外合资经营企业，是由外国的公司、企业和其他经济组织或个人同中国的公司、企业或其他经济组织，依照中国法律和平等互利的原则，经中国政府批准，在中国境内举办的共同投资、共同经营、共负盈亏、共担风险的企业。

根据我国合营企业的立法和实践，对中外合资经营企业法律性质的理解包括以下两点：

首先，中外合资经营企业是中国的法人。中外合资经营企业符合中国法律对法人条件的规定。其主要表现在：合营企业具有必要的财产，该财产不仅与合营者的财产相分离，且达到有关法律、法规的最低要求；合营企业具有经核定的名称和固定的经营场所，并设有相应的组织机构；合营企业能够以自己的名义从事民商事活动、设定权利和履行义务，并以自己的名义起诉或应诉，且以企业的资产独立承担责任。

其次，中外合资经营企业是股权式合营企业。中外合资经营企业具备股权式合营企业的基本特征。主要表现在：中外合营者的出资依法划分为一定的比例；合营各方依其出资比例对合营企业享有权利和承担义务，分享利润和分担风险及亏损；合营企业是一个独立的经济实体，且具有独立的法律人格，并设置有相应的管理机构，作为法人的代表。

2．中外合资经营企业与其他企业形式的比较

首先，较之合伙企业，中外合资经营企业更有利于吸引外资。中外合资经营企业采取有限责任公司的形式，具有独立的法人资格。在内部关系上，合资各方按照注册资本的比例分享利润和分担风险及亏损，合营各方对合营企业的责任，只以各自认缴的出资额为限；在外部关系上，合营企业以一个独立的法律实体从事经济活动，其对外承担债务的责任，仅以企业的全部资产为限。这些特点，有效克服了合伙企业不具有法人资格、企业资产缺乏独立性、合伙人须对企业的债务承担无限责任等因素所致的投资规模不大而投资风险大的弊端，有利于更大量、更有效地吸引外资。[1]

其次，较之股份有限公司，中外合资经营企业更有利于达到举办合营企业的目的。有限责任公司既具有资合的性质，又具有人合的性质。由于合营各方是双向选择最终确定的结果，因此在合营企业的发展过程中合营各方的合作共事关系相对紧密。同时，合营者的股权的转让受到严格的限制，故合资经营的关系比较稳定。这种形式的中外合资经营企业，股东数额有限，股权相对集中，管理机构比较简单，且股东的所有权与企业经营权相结合，合营者既是企业的投资者、受益者，又是企业的经营管理者。这样，既合资，又合营，有效地克服了股份有限公司股份任意转让、股东流动不定、股东所有权与企业经营权相分离、股东对公司缺乏足够控制力和责任感等因素所致的弊端，有利于达到既利用外国资金，又引进外国投资者的先进生产技术和管理技术的目的。

（三）中国的外商投资股份有限公司

1. 外商投资股份有限公司的概念

有外资参与的股份有限公司具有投资规模大、融资便利等其他类型的企业所不具有的优点，在世界范围内的利用外商直接投资活动中发挥着极其重要的作用。在我国，这种形式的企业在立法和实践中被特称为外商投资股份有限公司。依据《关于设立外商投资股份有限公司若干问题的暂行规定》第2条的规定，所谓外商投资股份有限公司，是指依规定设立的，全部资本由等额股份构成，股东以其所购的股份对公司承担责任，公司以全部资产对公司债务承担责任，中外股东共同持有公司股份，外国股东购买并持有的股份占公司注册资本的25%以上的企业法人。

根据《关于设立外商投资股份有限公司若干问题的暂行规定》第1条、第2条的规定，外商投资股份有限公司是由中国股东和外国股东在中国境内共同举办的

[1] 余劲松主编：《国际投资法》，法律出版社2014年版，第42页。

企业法人。《中外合资经营企业法》第1条和《中外合资经营企业法实施条例》第2条的规定则表明，中外合资经营企业是中国股东和外国股东在中国境内设立的企业法人。外商投资股份有限公司具有合资性质的特点，在法律性质上应将其视为合营企业的一种：股权式合营企业。虽然《中外合资经营企业法》第4条明确规定合营企业的组织形式为有限责任公司，同时该法出台之时，《公司法》尚未颁布，以至于使得国人认为合营企业就是有限责任公司，有限责任公司就是合营企业，但实际上，从公司制度的角度看，股权式的中外合资经营企业除有限责任公司外，还包括股份有限公司在内的其他多种形式。因此，外商投资股份有限公司实质上是一种特殊的中外合资经营企业，其特殊之处在于它的组织形式为股份有限公司，而非有限责任公司。

2. 外商投资股份有限公司的特征

中国的外商投资股份有限公司有三个特点：首先，外商投资股份有限公司的中国股东只能为中国的公司、企业或其他经济组织，不能为自然人。根据《关于设立外商投资股份有限公司若干问题的暂行规定》第1条的规定，外商投资股份有限公司的外国股东可以是公司、企业和个人。这里的个人，通常是指居住在中国境外的外国公民，但也包括居住在港、澳、台地区的同胞，甚至包括在中国境外取得了居住权的中国公民。其次，外商投资股份有限公司注册资本最低限额为三千万元。根据《关于设立外商投资股份有限公司若干问题的暂行规定》第7条规定，外商投资股份有限公司注册资本的最低限额为三千万元。最后，外商投资股份有限公司外国股东购买并持有的股份不低于公司注册资本的25%。

二、合作经营企业

（一）合作经营与合作经营企业

现代国际直接投资领域通用的Joint Venture是指合资经营企业，简称合营企业，是指两个国家或者两个以上的国家或者地区的投资者，共同投资、共同经营、共同管理、共担风险、共负盈亏的一种企业形式。在联合国工业发展组织编写的《发展中国家合营企业协议指南》中，合资经营企业依据其法律性质的不同大致可以分为以下两种基本类型：（1）股权式合营企业（Equity Joint Venture）；（2）契约式合营企业（Contractual Joint Venture）。契约式合营在国际实践中大致可以分为两类：一类是没有组成实体的合作经营；另一类是合作经营企业。

1．合作经营

没有组成实体的合作经营是世界各国普遍采用的引进外资和技术的一种契约式合营形式。没有组成实体的合作经营，通常指两个或两个以上国家的企业基于合同目的进行合作，共同从事某项产品的研究、制造或销售，或者某个项目的经营，合作者之间依合同的约定投入资金、技术或设备以及劳务，并依合同的约定分享权益和分担风险。

没有组成实体的合作经营一般具有以下法律特征：第一，合作以合同为基础；第二，合作不组成经济实体，更不组成法律实体，而单纯基于合同而活动；第三，合作关系一般不受公司法或企业法支配，而受合同法支配。

2．合作经营企业

合作经营企业是指两个不同国家的公司、企业、其他经济组织或个人，根据合营合同中约定的投资条件、收益、或产品的分配办法、风险和亏损的分担方式、经营管理方式等设立的企业。

合作经营企业作为国际直接投资的一种企业形式，是由国际合作生产发展、演变而来的。这种合营也是建立在合同基础之上的，通常是由外国投资者提供资金、技术、设备等，而由当地合作者提供基础条件或设施以及劳务等，双方合作从事特定项目的经营，并依据合同的约定对企业分享权益和分担责任。虽然，它们与前述没有组成实体的合作经营都属于契约性安排或非股权式合营，但事实上它们像其他合营企业一样经营，有企业名称、企业财产，有经营管理机构，合作者有控制企业和分享权益的权利。

（二）中外合作经营企业

1．中外合作经营企业的含义

根据2000年修订的《中外合作经营企业法》的规定，中外合作经营企业是指中外合作各方建立在契约上的一种合作关系，是中外双方依照中国法律在中国境内共同投资举办的，以合同规定双方的权利义务关系的一种经济组织。

合作企业的设立、投资方式、收益分配的方式和比例以及风险承担、终止等完全以契约意志为转移。合作企业的经营，实际上就是合作经营合同的实际履行。

2．中外合作经营企业的法律性质

《发展中国家合营企业协议指南》将合营企业分为股权式合营企业和契约式合营企业。关于契约式合营，《发展中国家合营企业协议指南》这样描述：“在企业经营所在国的国家法律不承认私有财产制概念的情况下，诸如在一些中央计划经济国家里，常常采用契约式合营企业方式”；“订立契约安排，规定由外国合营者向所在国政府或当地合营者提供资金、设备、工业产权、技术协助和专门技术知识，以收取使用费作为报酬，而这种使用费可视生产、销售、利润等情况而定”。从上述规定可以看出，在这种契约式合作关系中，合作双方是两个相互独立的经济实体之间的契约关系，而没有结合成为一个经济实体或法人的企业。即当事人为一个项目开展合作，协商合作条件，在项目完成后，契约式合营也随之结束。

中外合作经营企业与国际上通说所说的契约式合营不尽相同。我国关于合作经营企业的法律实践颇具特色。《中外合作经营企业法》规定，中外合作经营企业可以组成法人，也可以不组成法人，符合条件规定的，可以依法取得法人资格。《中外合作经营企业法实施细则》第4条明确规定：中外合资经营企业包括依法取得中国法人资格的合作企业和不具有法人资格的合作企业。在一些学术著作中，依法取得法人资格的合作企业被称为"法人式合作企业"，不具有法人资格的合作企业被称为"非法人式合作企业"。

中外合作企业完全是在中国的实际国情中产生的，它吸收了国际上"契约式合营企业"的特点，以契约为基础，双方的意思表示有极大的自由度，使得外商的投资和对企业的经营管理具有更大的自主权；同时，它又吸收了中外合资经营的很多长处。它既有别于"契约式经营企业"，又有别于中外合资经营企业。因而它是我国在利用外资实践中独创的一种企业形式。[1]

3．中外合作经营企业的法律特征

（1）资本制度。

《中外合作经营企业法》第 8 条规定："中外合作者的投资或合作条件可以是现金、实物、土地使用权、工业产权、非专利技术和其他财产权。"所谓其他财产权一般指公司的股票、债券或公司的其他收益，包括对金钱的请求权。这与中外合资经营企业法的相关规定相比，合作企业法对于投资方式的规定较为灵活、广泛。这也正是中外合作经营企业灵活性的最突出表现。在实践中，一般是外国合作者提供资金、技术和设备，中方合作者提供基础条件，如场地使用权、现有厂房和设备、劳务等。中外合作者提供的资金或合作条件不必作价，不折合成股份，因此没有可比的数量概念。往往只是注明合作项目有关投资的规格、品质、数量等，并不规定具体的资金数额。这样就减少了对实物及工业产权等进行估算、作价的麻烦和困难。

至于外方投资比例，《中外合作经营企业法》并未作出明确的上下限的规定，《实施细则》也仅要求法人式合作企业中的外国合作者投资一般不低于合作企业注册资本的25%，而对非法人式合作企业中的合作各方向企业的投资或提供合作条件的具体要求，则由对外贸易经济合作部决定。

（2）经营管理制度。

合作企业的经营管理体现了形式多样、机动灵活的特点。《中外合作经营企

---

[1] 莫凌侠："论中外合作经营企业的法律性质及法律特征"，载《政法论坛》2000年第3期。

业法》第12条规定：“合作企业应当设立董事会或联合管理机构，依照合作企业合同或章程，决定企业的重大问题。中外合作者的一方担任董事会的董事长、联合管理机构主任的，由他方担任副董事长、副主任。董事会或联合管理机构可以任命或聘请总经理负责合作企业的日常经营管理工作。总经理对董事会或联合管理机构负责。”合作企业既可以采取董事会负责制，也可以采取联合管理制，还可以采取委托管理制。董事会和联合管理机构都是合作企业的权力机构，负责决策。下设经营管理部门，由总经理负责日常的经营管理工作，这是两重管理。有的企业设立联合管理机构，既管决策，又负责日常经营管理，这是一重管理。有的合作企业成立后，也可以委托给中外合作者以外的第三方负责经营管理，但必须经董事会或联合管理机构同意，审查批准机关审批，并向工商行政管理机关办理变更登记手续。合作企业允许外方担任董事长，可以委托第三方经营管理，进一步体现了经营管理方面的灵活性，有利于调动外商合作的积极性，更好地发挥其经营管理水平，按通用的国际惯例管理企业。

（3）先行回收投资制度。

《中外合作经营企业法》第22条规定：“外国合作者在履行法律规定和合作企业合同约定的义务后分得的利润、其他合法收入和合作企业终止时分得的资金，可以依法汇往国外。”这一条规定了合作各方分配利润的原则，即由合作各方协商决定。从实践看，分配利润的方式各种各样，概括起来有三种：一是合作期的前几年双方不分配利润，所得利润全部归外方，用于偿还其投资，还本期满后各年的利润双方再按比例分配；二是实现的利润有一个固定的份额先用来偿还外方投资本金，其余双方按比例分配；三是以加速折旧的方式，偿还外方的投资本金，不足部分再从利润中偿还。这三种方式有一个共同点，就是首先照顾外方合作者的利润，使其投资能较快地和稳定地回收。这种做法在实践中受到外商的欢迎，成为合作企业迅速发展的重要因素之一，现已成为合作企业的通行做法。这种做法也被认为是中外合作经营企业最突出的法律特征。

（4）收益分配及风险承担制度。

中外合作企业区别于中外合资经营企业的一个重要特征，在于中外合作者并非一律按注册资本的比例分享利润和分担风险及亏损，而是依照合作企业合同的约定分配收益或者产品，承担风险和亏损。相对而言，中外合作企业分配收益的方式要灵活一些，中外合作者可以采用分配利润、分配产品或者合作各方商定的其他方式分配收益。至于合作企业风险及亏损的承担，则依据合作企业性质的不同而异。法人式合作企业，除合作企业合同另有约定外，合作各方以其投资或提供的合作条件为限对合作企业承担责任，合作企业以其全部资产对合作企业的债务承担责任；非法人式合作企业，合作各方对企业的债务一般负无限连带责任，除非合作企业合同有相反的约定。[1]

三、外商独资企业

（一）外商独资企业概述

在国际投资领域，外商独资企业是相对于合资经营企业、合作经营企业而言的一种国际投资企业形式。它是一种传统的投资形式，也是一种常用有效的形式。目前，国际上对外资企业尚无相对统一的定义。一般而言，外资企业是指按照东道国的法律在东道国设立的，由外国投资者提供全部或大部分资本的企业。

外资企业有着合资企业、合作企业等其他国际投资形式所不具备的诸多优点。对外国投资者而言，他们提供全部资本，自主独立经营管理，自己承担风险，无论在资金运用还是在采用先进技术和科学管理上，都能充分发挥其积极性；对东道国来说，既不出资也不承担风险，又能通过外资企业引进资金，特别是先进的科学技术和科学的经营管理理念，促进本国企业和经济的发展，而且还能通过征收税款及其他费用，增加国际财政收入和外汇收入。所以，不论在发达国家，还是在亚、非、拉美等发展中国家，外资企业都得到很大的发展。有的发展中国家，外资企业的数目，远远超过合营企业（如巴西）。

外资企业既可以组成法人实体，也可以不组成法人实体。法人实体可以采取有限责任公司和股份有限公司等形式，非法人实体可以采取合伙、无限公司、两合公司等形式。但从国际投资的实践来看，外资企业大多具有独立法人资格，采用有限责任公司和股份有限公司的组织形式。

（二）中国的外商独资企业

1．中国的外商独资企业的概念

根据《外资企业法》第2条的规定，中国的外资企业又称外商独资企业，是指依照中国有关法律在中国境内设立的全部资本由外国投资者投资的企业，不包括外国的企业和其他经济组织在中国境内的分支机构。现时各国法律对一个企业中外资构成达到多少比例才视为外资企业有不同的规定。有些国家的法律规定，凡是外资占大部分的企业，均为外资企业；而包括中国在内的一些国家的法律则严格限定，只有那些全部资本为外国投资者所有的企业，才为外资企业。

外资企业与合营企业、合作企业的最大区别在于外资企业中没有中方的合

---

[1] 余劲松主编：《国际投资法》，法律出版社2014年版，第49页。

营、合作者。外国投资者选择设立外资企业，往往是为了方便管理、控制生产技术和销售等，而对于东道国来说，外商举办外资企业，同样能为东道国带来建设资金、技术和管理经验、外汇收入等好处，所以，我国允许外国投资者举办外资企业。当然，由于我国允许举办外资企业的根本目的是为了扩大对外经济合作和技术交流，促进中国国民经济的发展，所以，我国对外资企业既要保护其合法权益，又要依法对其进行监管。

2．中国的外商独资企业的法律特征

（1）外资企业的全部资本归外国投资者所有。这一点是外资企业区别于中外合资经营企业和中外合作经营企业的显著特征。外资企业中没有中方投资者。外资企业可以是只由一个外国投资者单独投资举办，也可以是多个外国投资者共同投资举办，但是只要企业的全部资本为外国人拥有，就属于外资企业。外国投资者指外国的企业、其他经济组织或个人。此外，依据国家对港、澳、台同胞和海外华侨实行的特殊政策，香港、澳门、台湾地区的企业和其他经济组织或者个人以及在国外居住的中国公民来境投资兴办企业，只要企业的全部资本是从境外向境内投资的，也视为外资企业。但中国在国外投资建立的公司又回国建立的企业，不是外资企业。

（2）外资企业是中国的企业。这一特征使得外资企业与在中国境内的外国企业相区别。外国企业是指依照外国法律设立，在我国办理必要的登记手续，在我国境内从事经营活动的企业。依据我国法律，外国企业包括：在中国境内设有从事直接经营活动的分支机构或者从事非直接经营活动的代表机构的外国公司、企业和其他经济组织；在中国设有营业代理人的外国的公司、企业和其他经济组织；同中国企业合作生产、合作经营或合作开发的外国的公司、企业和其他经济组织，以及在中国承包建筑、安装、装配、勘探等工程的外国公司和企业等。外国企业具有外国国籍，中国对外国企业只有属地管辖权，而没有属人管辖权。而外资企业则是依照中国法律在中国境内设立的企业，具有中国国籍。中国对其不仅有属地管辖权，而且还有属人管辖权。

（3）外资企业是独立的经济实体。这一点外资企业与外国企业或其他经济组织在中国境内设立的分支机构不同。分支机构属于外国企业或其他经济组织的附属机构，其本身在法律上和经济上没有独立性。在法律上，分支机构只能以总公司的名义从事活动，并由总公司承担法律责任；在经济上，分支机构不实行独立核算，盈亏均归总公司。外资企业是一个独立的经济实体。外资企业可以组成法人式企业，也可以组成非法人式企业。法人式外资企业的组织形式为有限责任公司，经过批准也可以为股份有限公司及其他责任形式。外资企业为有限责任公司形式的，外国投资者对企业的责任以认缴的出资额为限。外资企业为其他责任形式的，外国投资者对企业的责任适用中国法律、法规的规定。非法人式外资企业的组织形式如何，《外资企业法》及其实施细则没有明确规定，实践中一般采用合伙企业形式或独资企业形式。

3.中国的外商独资企业的组织形式和注册资本

（1）组织形式。《外资企业法实施细则》规定："外资企业的组织形式为有限责任公司。经批准也可以为其他责任形式。"外资企业采取有限责任公司形式的，外国投资者以其认缴的出资额为限对外资企业承担责任，外资企业以其全部资产对企业的债务承担责任，采取有限责任公司形式的外资企业是中国的企业法人。实践中，大多数的外资企业都采取有限责任公司形式。

外资企业经批准采取其他责任形式，一般是指独资企业、合伙企业形式。外资企业为其他责任形式的，外国投资者对企业的责任适用中国法律、法规的规定。

对于外资企业的组织机构，我国法律未作规定，由外国投资者自主设置。《外资企业法实施细则》仅对外资企业的法定代表人做了规定，即外资企业的法定代表人是依照其章程规定，代表外资企业行使职权的负责人。法定代表人无法履行其职权时，应当以书面形式委托代理人，代其行使职权。

（2）注册资本。从严格意义上讲，外资企业的注册资本仅指采取有限责任公司形式的法人型外资企业的注册资本，非法人的外资企业无所谓注册资本。

外资企业的注册资本，是指为设立外资企业在工商行政管理机关登记的资本总额，即外国投资者认缴的全部出资额。外资企业的注册资本要与其经营规模相适应，注册资本与投资总额的比例应参照执行《关于中外合资经营企业注册资本与投资总额比例的暂行规定》。

为鼓励外商投资，减少外资企业债权人的风险，我国法律规定，外资企业可以增加注册资本，但是，外资企业在经营期内不得减少其注册资本，因投资总额和生产规模等发生变化，确需减少的，须经审批机关批准。外资企业将其财产或者权益对外抵押、转让，须经审批机关批准并向工商行政管理机关备案。

第二节　BOT投资方式

BOT是20世纪80年代以后在国际上兴起的一种新的投资合作方式。一些国家和地区基础设施服务不足但又缺乏资金，于是就采取政府与国际私营企业合作的方式，也即BOT投资方式，以加快基础设施和公用事业的建设。例如英法海底隧道、我国香港东区港九海底隧道等耗资巨大的项目都是BOT方式集资建设并投入运营的。我国较多采用了BOT方式来发展基础设施建设。1984 年香港合和实业公司和中国发展投资公司等作为承包商和广东省政府合作在深圳投资建设了沙角 B 电厂项目，是中国首家 BOT 基础项目。1995 年广西来宾电厂二期工程是中国引进 BOT 方式的一个里程碑，为中国利用 BOT 方式提供了宝贵的经验。为了规范BOT投资方式，我国相关部委分别于1995年发布了《关于以BOT方式吸引外商投资有关问题的通知》和《关于试办外商投资特许权项目审批管理有关问题的通知》，并于1997年发布了《境外进行项目融资管理暂行办法》，对BOT项目的审批与融资的有关问题进行了规定。

一、BOT投资方式概述

（一）BOT投资方式的定义

BOT是对“建设—拥有—转让”（Build-Own-Transfer）、“建设—经营—转让”（Build-Operate-Transfer）两种形式的简称。现在国际上流行的用法多指后一种含义。BOT是指政府（通过契约）授予私营企业（包括外国企业）以一定期限的特许经营权，许可其融资建设和经营特定的公用基础设施，并准许其通过向用户收取费用或出售产品以清偿贷款、回收投资并赚取利润；特许权期限届满时，该基础设施无偿移交给政府。

BOT投资方式的主要特点是：（1）私营企业基于许可取得通常由政府部门承担的建设和经营特定基础设施的专营权；（2）在特许权期限内，该私营企业负责特定项目的建设和经营并取得效益；（3）特许权期满后应无偿将设施移交给政府。

但是BOT是一包含丰富内涵的一般性概念。各国的立法实践和法学研究对BOT的认识不尽相同，至今尚未有一个国际公认的BOT定义。

1．国际权威机构对BOT特许权项目的定义

（1）《世行1994年世界发展报告》。《世行1994年世界发展报告》(*World Development Report* 1994)认为，“BOT中以BOT（Build-Operate-Transfer）为主，是指私人合伙人或财团同意融资，建设某一种基础设施并经营和维持特定的一段时间，然后将该设施移交主国政府或其他公权力代表”。

（2）联合国国际贸易法委员会。联合国国际贸易法委员会把BOT定义为，“在一定时期内对基础设施项目进行筹资、建设、维护及运营的私有组织，此后所有权移交公有”。

（3）亚洲发展银行（ADB）。亚洲发展银行把BOT定义为，“项目公司计划、筹资和建设基础设施项目，经所在国特许，在一定期间内经营项目，特许权利到期时，所有权移交给国家”。

2．我国国内学者对BOT的界定

（1）BOT是一种工程承包方式。持此观点的学者把BOT方式等同于一种“涉

外工程承包”方式，认为它是与一般工程承包的不同之处在于其履约期长，需要依银行要求行事，以及具有国际性，风险较大等特点。

(2) BOT方式是国际技术转让、知识产权贸易的新形式，是各国开拓技术和成套设备出口市场的重要途径。

(3) BOT的实质是一种债务与股权相混合的产权，它是由项目构成的有关单位（承建商、经营商及用户）所组成的财团成立的一个股份组织，对项目的设计、咨询、供货和施工实行一揽子总承包。

(4) BOT实质上是一种项目融资方式。此主张非常强调资金的流通在整个工程项目建设中的作用，并把还债的风险由传统融资方式的借款人承担转移到工程项目身上，由借贷双方共同承担。

(5) BOT实质是一种投资方式。目前越来越多的人赞同这一观点。这种观点又可以分为两种：第一种观点认为，BOT方式中含有项目所有权的转移。政府通过合同方式把某一重大项目的设计、施工、融资、经营和维修的权利和责任让渡给私营企业，该企业在合同期间内，拥有该项目的所有权、经营权、受益权，特许期结束后，项目无偿转移给业主国政府。第二种观点认为，BOT投资方式体现了所有权与经营权分离的特点。该说认为，在BOT中，“政府和私人企业在基础设施建设和运营管理方面的合同中，政府作为委托方始终拥有该项目的所有权”，“私营企业在合同期内则拥有该项目的使用权，负责该项目的建设和经营，在合同期结束时将该项目移交给政府”。

（二）BOT投资方式的演化形式

(1) BOO（Build-Own-Operate）即建设—拥有—经营。这一方式与BOT的不同之处在于：项目公司拥有项目的所有权，其所有权也不转让给政府，政府只是项目服务的购买者。采用此方式，一般首先要订立购买保证合同（take or pay contract），以保障其产品有稳定的销售渠道，克服需求变动的风险。

(2) BOOT(Build-Own-Operate-Transfer)即建设—拥有—经营—转让。这种方式的特点是项目公司对所建项目设施拥有所有权并负责经营，经过一定期限后再将该项目转交给政府。

(3) BLT(Build-Lease-Transfer)即建设—租赁—转让。它指项目完工后在一定期限内出租给第三者，以租赁分期付款方式收回工程投资和运营收益，此后再行将该项目转让给政府。

(4) BTO（Buil-Transfer-Operate）即建设—转让—经营。由于某些项目的公共性很强（如发电厂、机场、铁路等），不宜让私营企业在运营期间享有所有权，因而采用BOT方式，项目完工后转让所有权，其后再由项目公司进行运营维护。

此外，还有ROT（Rehabiliate-Operate-Transfer）、DBF（Design-Build-Finance-Operate）等方式。

二、BOT投资方式的特征

（一）BOT项目以东道国政府特许为前提

BOT投资方式的主体一方为主权国家的政府，他方则主要为外国国民或公司、企业。是外国投资者基于东道国的政府许可，享有并行使专属于国家的特种权利。这种由政府部门与私人或公司、企业签订的合同，不同于一般经济合同，国外法学界一般称为“国家契约”（法国将之称为行政合同），但仍以普通合同法为基础。不过，值得注意的是，普通合同法中没有任何规定保证政府比任何其他签约当事人有更多的权利，但大多数经济发展协议（包括BOT合同）都订有标准的“变更”条款，明确授予政府单方面变更合同履行条款的特权。不过，这种特权受两个条件的限制：一是这种变更不是“根本性”的；二是政府要根据它所做的变更，对合同实行全面的“公平调整”。同时，合同中还包括“任意终止”条款，只要另一方当事人获得他所完成的全部工作的合同价金及预期利润的补偿，政府一方就具有任意终止合同的特权。

（二）BOT投资方式是一种合同安排

BOT项目是一个相当复杂的系统工程，其法律关系主体众多，除主体是东道国政府外还包括项目筹建集团、项目公司、银行融资机构、承建商、经营管理公司、保险人等一般主体。它们之间通过签订一系列合同、协议来确立、保证和调整各当事方之间的法律关系，这些合同、协议共同构成了BOT投资方式的法律框架。如前所述，BOT的核心是政府特许，外国投资者要进行基础设施项目投资，首先需要获得东道国政府的许可以及在政治风险和商业风险等方面的支持和保障，而其表现载体就是特许权协议。因此，特许权协议构成BOT法律框架的基础，其他所有合同诸如贷款、工程承包、经营管理、担保等合同均是以此协议为依据，并为实现其内容服务。

（三）有限追索权是BOT投资方式的本质

在传统的公司融资方式中，贷款人追索还款的主要来源是借款人的自身资产，而典型的BOT项目融资是一种有限追索权的融资，完全依靠BOT项目本身的优势而非项目主办人的信用能力，它是将归还贷款的资金来源限定在特定项目的收益和资产范围之内的融资方式。在BOT项目中，项目主办人在融资时，贷款人是针对该特定的特许权项目提供贷款，贷款清偿效果和保障依赖于项目产生的收益及其他股东和参与者在合同中约定的义务。

（四）BOT投资方式法律关系复杂

BOT投资方式作为国际经济合作的一种新型的投资方式，其内容涉及投资、融资、建设、经营、转让等一系列活动，当事人或参与人包括东道国政府、项目主办人、项目公司、项目贷款人、项目原材料供应商、融资担保人、保险公司、经营管理公司以及其他可能的参与人。因此BOT投资方式形成了由众多当事人或参与人组成的多样复杂的法律关系。

（五）特许权期限届满，项目公司无偿将基础设施移交给政府

由于在特许权期限内，外国投资者已经偿还贷款、回收投资并赚得利润，所以BOT项目终结时不需要进行清算，而是由东道国政府收回特许权，并全部无偿收回整个项目。虽然政府作为一方直接参与BOT项目，但政府在特许期内不投入资金，不承担风险，项目风险全部或大部分由项目公司承担，这与传统合营形式的共同投资、共担风险的基本特点不同。

三、BOT投资方式中的法律关系

（一）BOT投资方式法律关系的主体

BOT投资方式，不同于传统的的外商直接投资，也不同于各种贷款协议，而是一个涉及公众利益的大规模的“系统”工程，牵涉很多关键的、需要相互之间能良好协调与合作的关系人。BOT投资方式涉及的当事人，概括起来主要包括：（1）政府及其授权部门；（2）项目联营集团（项目主办人）；（3）项目公司（特许权公司）；（4）项目贷款人（银行或财团）；（5）项目工程建筑承包商；（6）项目原材料供应商；（7）项目工程设计公司；（8）项目投资回报和贷款偿还的担保人；（9）保险公司；（10）项目的经营管理人；（11）项目产品、服务的购买人或设施使用人；（12）其他可能参与的人。

（二）BOT投资方式中当事人之间主要法律关系

BOT投资方式涉及众多当事人的一系列权利、义务的安排，当然也就形成了复杂的法律关系。在BOT项目运作的过程中，围绕着政府和企业这两个核心，在各当事人间基于项目的运作可能发生如下所述的多种法律关系。

1．政府与项目发起人之间的法律关系

BOT投资方式适用范围的特殊性决定了它的产生需要一个由政府专门授予项目发起人以特权的法律文件，即BOT特许协议。它是政府与项目发起人关系形成的法律基础。特许协议的内容主要是许可项目发起人创设项目公司并赋予其相应的权利，而其他相关当事人的权利和义务也得以该特许协议为基础。

2．项目发起人与项目公司之间的法律关系

项目公司是项目发起人依据BOT合同投资设立的公司，因此，项目发起人与项目公司之间的关系即是发起人股东和公司之间的关系，适用我国《公司法》的

有关规定。比如公司成立后发起人股东不得抽回其股本、发起人对公司未成立所造成的债务应承担责任等。

3．政府与项目公司之间的法律关系

项目公司是在中国境内、依据中国法律由境外私人投资者投资设立或者由境外私人投资者和境内企业合作或合资设立的企业法人。它应属于外商投资企业或中外合作或合资经营企业，具有中国法人资格。对于政府与项目公司之间的关系，则可以认为是在国内法基础上基于行政许可而形成的法律关系，不是涉外法律关系。

4．项目发起人、项目公司与项目贷款人的法律关系

项目发起人、项目公司与贷款人的关系是基于资金借贷的金融业务而形成的平等主体间的经济法律关系。具体地说，三者的关系是：项目发起人是项目贷款的筹措者，项目公司是项目贷款的借款人；项目公司与项目贷款人是借贷合同的双方当事人；而项目发起人是项目公司的股东，对项目贷款人不负直接的合同责任。

5．项日公司与承建公司、供应公司和经营管理公司之间的法律关系

为了建设工程，需要和承建公司签订工程承包合同；为了获得原材料，需要和供应公司签订原材料供应合同；为了有效经营项目设施，需要和经营管理公司签订经营管理合同。上述合同从性质上看均属于我国合同法律、法规体系中的经济合同，因此项目公司、承建公司、供应公司、经营管理公司之间的法律关系便是基于上述经济合同建立起来的合同法律关系。

（三）BOT投资方式涉及的法律文件

BOT项目通常会涉及一系列复杂的法律文件，这些法律文件包括：招投标文件及类型、特许权协议、安慰函、股东协议、项目融资文件、设计合同、物资供应合同、保险合同、产品购买合同、转让移交合同等。其中最为重要的是特许权协议，以其为主体构成伞状合同体系。

（1）招投标文件及类型。招标文件是招标者招标的法律文件，包括预审文件和正式招标文件。按照国际惯例，一般由政府委托律师事务所和专业咨询机构编制，主要内容是：①招标通告；②招标须知；③技术参数说明；④合同格式和合同条款；⑤投标保证格式和投标履约保证金条款；⑥附件等。招标文件重要的有两类：①BOT项目标书；②意向书。

（2）特许权协议。特许权协议是BOT投资方式得以运行的基石。项目公司与政府签订的特许权协议不同于政府对建设和经营该项目给予必要的批准和同意，而是政府与私营企业之间的一项协议。

目前国际上尚无统一的标准特许权协议。特许权协议的内容通常视项目不同

而有所差别。特许权协议作为BOT方式中的基本合同，其内容涵盖协议当事人的基本权利、义务和责任。特许权协议主要条款包括：特许权协议签字各方的法定名称和地址，特许内容、方式及期限，东道国政府和特许各方的权利和义务，项目工程设计、建筑施工、经营和维护的标准规范，项目的组织实施计划与安排，项目转让、抵押、征管、终止条款，项目风险承担及保险，特许期限届满的项目移交标准及程序，罚则，特许协议的仲裁及所适用的准据法等。

（3）安慰函。安慰函是指政府为表示支持、承诺、保证等所作的相关的法律解释。

（4）项目融资文件。BOT项目贷款的法律特征是以项目为主要追索对象的有限追索权的项目贷款，贷款人除了以项目产生的收益作为还款付息的来源和在项目资产上设定担保物权以外，虽然还可以要求与项目有利害关系的第三方提供相应的担保来清偿到期债务，但第三方对项目债务的责任仅以他们各自提供担保的金额和有关协议约定的义务为限。

项目融资的合同结构有二联式、三联式和四联式。二联式最为简单，由借贷合同和担保合同组成；三联式包括借贷合同、担保合同和长期购买合同；四联式包括金融公司合同、借贷合同、担保合同和先期购买合同。融资协议的共同条款包括协议生效的先决条件、借款人对事实的说明与保证、约定事项及违约条件条款等。

（5）完工担保合同。完工担保合同是项目主办人与贷款人之间的一种法律文件。它可以是独立合同，也可以附在项目公司与债权人签订的贷款合同中。完工担保合同的核心内容是项目主办人向债权人保证，为了使项目能够如期完成并投入运营，除原计划内的融资外，如果还需要额外资金，项目主办人将承担进一步追加资金的义务。如果不履行该义务致使项目达不到要求，则应偿还债权人的贷款。其中要明确规定“完工”的标准和含义、提供额外资金的方式、风险承担及担保有效期限等。

（6）产品购买合同。产品购买合同是项目公司与项目使用者订立的长期购销合同。根据该合同，不论项目公司能否交货，项目使用者都有义务支付约定数额的使用费，其最低数额应相当于偿还贷款所需要资金额。产品购买合同是买方向项目公司提供的一种财务担保，实际上起着由项目产品的买方向项目的债权人提供担保的作用。

四、BOT投资方式特许权协议

（一）BOT投资方式特许权协议的含义

BOT投资方式特许权协议，是指东道国政府或代表政府的授权机构与私人投资者签订的关于政府授权许可投资者在特许期内建造、经营专属于政府的公共基础设施的契约性文件或合同。依据该协议，私人投资者被准许在项目所在国设立一项目公司，然后由该项目公司分别同贷款人、承建公司、供应公司、设计公司、经营管理公司等签订各种合同，如借款合同、工程承包合同、供应合同、设计合同和经营管理合同等，直至完成BOT项目。可见，政府与私人投资者签订的协议，即特许权协议，具体规定了政府与投资者的权利和义务，是整个BOT项目的核心和依据。而BOT项目中的设计合同、原材料供应合同、工程承包合同、经营管理合同等则都是为了实现特许协议的目的而签订的。有鉴于此，我们通常将为实现BOT特许权协议目的而签订的设计合同、原材料供应合同、工程承包合同、经营管理合同等统称为BOT特许协议的辅助合同。两类合同的地位存在着较大的差异，特许权协议是基础合同，也是本合同，它是投资者签订辅助合同的依据。从主体层面上看，辅助合同一般没有政府的参加，而特许权协议必须以政府作为主体。

（二）BOT投资方式特许权协议的法律性质

关于如何定性特许权协议的法律性质，国际和国内历来存在争议。对争议进行归纳和总结，争议的焦点不外乎两个问题：一是特许权协议是国际法契约还是国内法契约；二是特许权协议是行政合同还是民商事合同。

1．国际法契约与国内法契约之争

根据订立合同形式主体的不同，特许权协议可以分为两种类型：一类是外国投资者在东道国设立项目公司，由项目公司与东道国政府签订的特许权协议；另一类是外国投资者在东道国不设立项目公司，直接与东道国政府签订的特许权协议。

在第一类特许权协议中，项目公司作为外商投资企业，无论它是外国投资者在东道国设立的全资子公司，还是与本地投资者共同设立的合资或合作企业，都属于东道国国内法人。在这种情况下，特许权协议实际上是东道国政府与国内企业之间根据国内法签订的协议，这种协议的性质不论是从合同主体来讲还是从合同据以订立的法律上来讲，都应该属于国内法契约。

关于第二类外国投资者与东道国政府直接签订的特许权协议实际上相当于国际投资法上的经济特许协议（economic concession）。关于这类特许权协议的法律性质，发达国家和发展中国家长期存在重大分歧。发达国家大多主张其为国际契约，要求对协议适用国际法或一般法律原则，国家承担国际责任。其理由是特许权协议的一方当事人为主权国家的政府合同条款有政府直接以主权国家名义表达的意志，且协议中常订有国际法原则或一般法律原则为准据法的条款，或附有国际仲裁条款，因而它是一种“国际化”的契约。[1]它们认为，既然协议的一方为主权国家，协议的内容又是国家特许外国私人投资者享有专属于国家的某种权利，这就表明，国家已默示地承认另一方外国投资者为国际法主体，从而使协议具有国际协议的性质，而特许协议中常订有选择国际法或一般法律原则为准据法的条款，或附有国际仲裁条款，从事实上把特许协议“国际化”了。这种观点固然有受其本国合同法理论影响的原因，但也不能否认里面有某些国家利益因素的考虑。因为发达国家往往处于资本输出国的地位，从国际利益出发，主张特许权协议为国际协议更有利于发达国家保护本国的私人海外投资者。

与发达国家的观点截然相反，大多数发展中国家坚持特许权协议是一种国内契约。当然，这也是我们一贯坚持的立场。其理由是特许权协议的一方当事人的私人投资者不具有国际法主体资格，而且协议的订立是以国内法为依据的。至于国际仲裁条款和适用国际法规则问题，本来是不应当有的，出现的原因是协议双方实力不平等、迫于压力或者是便于解决争议。这种不反映契约签订者真实意思的内容，不能作为改变契约性质的理由。按照合同法上的“情势变迁”原则，东道国政府在特定情况下有权取消或修改已经签订的特许权协议，而根据东道国的当地救济措施赔偿外国投资者的损失，无须承担什么责任。

发展中国家坚持特许权协议是国内契约，除了上述理由之外，还包括以下几个理由：

（1）法律主体的资格是由法律确定的，而不是由另一方赋予或默认的，任何一种法律关系的主体都具有本身法定的权利能力和义务能力。在现代国际法上，只有国家、国际组织和争取民族独立的民族才被认为是国际法的主体，因此，外国投资者不能由于一纸协议的存在而成为国际法的主体。

（2）特许权协议是依据东道国政府的立法来确定其权利义务的，并必须经东道国政府法定程序的审查批准才能成立，所以它不是依据国际法准则来确定的。

（3）由于基础设施的建设周期长、投资费用大、见效时间短，再加之东道国政府资金短缺以及技术水平和管理水平落后，从而迫使东道国政府把本应属于自己的专营权暂时转让给外国私营企业，以换取日后对该项设施的所有权利。因此，在签订协议时，一定程度上东道国政府是明显降低了自己的地位，以一个普通的民事主体身份同外国私营企业签订该项合同，而不是将外国私营企业的地位提高到国际法主体的地位。

（4）从法律适用的角度来看，无论从协议的签订地、履行地，还是从协议的

[1] 余劲松主编：《国际投资法》，法律出版社1994年版，第100页。

内容，都与东道国的联系最为密切。因此，从总体上讲，协议的适用必然是以东道国的国内法为主。至于在协议中订有适用国际法或一般法律原则为准据法的条款，我们可以从两个角度理解：第一，它是对国内法不足的补充；第二，它是双方当事人意思自治的体现。而且，我们还应看到，这类条款在特许权协议中一般都是占少数的。

（5）国际判例也表明，特许权协议是国内法契约，而非国际协议。例如，1929年国际常设法院审理的塞尔维亚贷款案和国际法院1952年审理的英伊石油公司案。两案判决都确定了国家或政府为一方与外国私人公司为另一方签订的协议为国内契约，而非国际协议。

因此，从以上五个方面可以看出，特许权协议是国内法契约。

2．行政合同与民商事合同之争

在认可特许权协议的法律性质为“国内法契约”的基础上，各国之间以及各国不同学者之间又存在其究竟是行政合同还是民商事合同之争。

在大陆法系国家如德国、法国，特许权协议被作为一种行政合同，适用行政合同法的规定，受行政法院的管辖。[1]在英美法系国家如美国、英国等，特许权协议原则上适用普通合同法的规定，一般倾向于认为它是一种私法意义上的契约。在我国国内理论界，有的学者从维护社会公共利益出发，认为特许权协议有别于一般的民商事合同，应属于公法契约的范畴。目前国内有相当一部分学者持这一观点。笔者也认同这一观点。也有一些学者从保护私人投资者利益和追求合同双方当事人地位平等的角度出发，认为特许权协议是一种民商事合同，属于私法契约的范畴。我国台湾地区学者多持此种观点。

主张特许权协议是民商事合同的学者认为，首先，特许权是民事权利。一方面，行政合同只能存在于行政权力作用的领域，属于行政法律关系。另一方面，在我国，行政机关往往以“双重身份”出现，即“所有权人”和“行政机关”，行政合同仅看到了行政机关一面而忽视所有权人一面。并不是与政府有关的所有权利都带有行政色彩，如政府订立采购合同的目的是为满足自身需要，此时的政府不过是个购买者的角色。追本溯源来说，行政法律关系其实来源于民事法律的理论。因此，只要有政府参与的法律关系一律归入行政法调整的做法很牵强。BOT模式中的的特许权是“权利”而不是“权力”，所涉及的利益就是政府实行管理的过程中的具体需要。因此，本质上讲，特许权是政府从事民商事行为时拥有的一种权利。其次，特许经营权的经济纠纷不具行政法上的可诉性。行政合同

---

[1] 应松年著：《行政行为法》，人民出版社1991年版，第590页。

只存于行政权力作用的领域，属于行政法律关系。而国家在国有土地使用权出让合同中，并不是主权者和社会最高管理者，而是土地所有权人。作为所有权人，国家与公民、法人的法律地位平等，都是民事权利主体。我国法律规定土地使用权出让合同应当按照平等、自愿、有偿的原则订立。[1]

与此相反，我们主张特许权协议是行政合同的理由在于：（1）特许权协议是行政授权性法律文件。由于BOT合同的目的是实现国际行政管理的某些目标或公共利益，表面上称为"协议"，实际上是地方行政机关的一个行政授权文件。（2）特许权协议主体之间地位不平等。政府在特许权协议中具有双重身份，既是一个与外商地位平等的合作伙伴，又是一个政府特许权利先行获得者、承受者和具体实施的监督者。签订BOT特许权协议是为了满足社会对公用事业的需求，而且还可以基于公共政策的考虑而单方面变更和终止合同，体现了"国家意志"。而另外一方私人投资者则处于弱势的地位。（3）合同标的的特殊性。BOT合同的标的一般为大型公共基础设施，关系到东道国的国计民生，具有公益性，与我国粮食、棉花、烟草订购合同、国有土地使用权出让合同、国企承包经营合同的标的类似。例如，有些学者提出应把BOT特许权协议理解为类似于国有土地使用权出让合同的行政合同。因为它们都以国家专有或专管的公共物为标的；政府和对方当事人签订契约的目的在于公共利益；双方权利具有不对等性；它们适用特定的法律或法规规范，游离于现有的合同法体系之外。

第三节　合作开发

一、国际合作开发概述

（一）国际合作开发的概念

国际合作开发是国家利用外资共同开发自然资源的一种国际合作形式。通常由资源国或国家公司同外国投资者签订协议、合同，允许外国投资者在资源国指定的开发区以及一定的年限内，同资源国合作，进行勘探、开采自然资源，并共同生产，按约定比例承担风险、分享利润。目前我国主要在海上和陆上石油勘探中采用。

（二）国际合作开发的发展历程

国际合作开发是国家利用外国投资共同开发自然资源的一种方式，这种方式可以适用于各种自然资源的大型开发及生产，但是通常主要用于石油或其他矿产

---

[1] 王传丽主编：《国际经济法》，中国政法大学出版社2003年版，第262页。

资源的开发，其中石油资源的合作开发在国际上有较长的历史，并经历了曲折的发展过程，各国石油立法也渐趋完善，因而当今提及国际合作开发时我们自然而然会想到石油开发。

石油资源对于加快一国的经济发展具有重要作用，资源国想要发展本国经济，就必须注重开发利用石油资源。但是石油资源埋藏在地层深处或者海底深处，其真实的储藏量和可开采性往往是人们所无法预料的，必须投入大量的资金和技术，经过较长时间的勘探，才能查明。而且，一个油田从勘探到建成并收回投资一般需要10~20年的时间。可见，石油资源的开发，风险大，投资多，技术要求高，建设投产周期长，单靠资源国本国的技术资金，往往难于形成规模，因此许多发展中国家，甚至一些发达国家，都采用国际合作的方式开采石油资源。

对于外国投资者来说，与资源国合作开发自然资源，虽然风险大，但是利润也高，若是能发现和开发商业性的油气田，就能较快地从其中分得的石油中收回投资，取得利润。同时，外国投资者还可以采取各种措施避险。如联合多个石油公司组成投资开发集团，或者同时在不同的国家和地区进行开发活动，以分散风险；要求资源国通过立法或者协议对其投资开发活动提供政府保证，保证在开发期间投资的安全，避免政治风险；甚至在协议中订立稳定条款，使其权益不受以后法律不利变化的影响等。所以与资源国合作开发自然资源，外国投资者也有利可图。

早在19世纪末，主要资本主义国家的石油公司就开始在海外，例如在中东，开始开采石油资源。近百年来，石油资源国际合作开发的方式以及资源国与外国石油公司在合作开发与生产中享有的权利和承担的义务也经历了巨大的变化，这些变化与民族解放、国家的独立密切相关。

在第二次世界大战以前，石油资源国际开发主要采用特许协议的方式，这种特许协议主要有利于外国石油公司。外国公司享有广泛的权利和巨大的利益，通常完全控制或垄断了石油生产、运输和销售，仅向资源国缴纳数量很低的特许权费或租金。资源国实际上失去了管理权和控制权，所获收益与外国石油公司相比微不足道。

第二次世界大战以后，许多国家获得了政治独立，为了自主地发展经济，它们主张维护其对自然资源的永久主权，并开始对本国石油进行控制，主要有颁布石油立法，建立国家石油公司，对以前订立的特许协议进行重新谈判，变更原有合同的条款和内容，采取许多合同方式，加强政府参与和合作管理。合作方式渐渐趋于多样化，同时也开始照顾到双方彼此之间的利益。

（三）合作开发的法律特征

1．国家对其自然资源享有永久主权

国家对其自然资源拥有永久主权，是公认的国际法基本原则之一。因此，自然资源的所有权、管辖权和统治权永远属于资源国国家及其人民。利用外资合作开发自然资源与一般利用外资的合作方式不同。首先，外国投资者必须取得自然资源开采权，开采权的取得通常是经资源国批准，给予特许权，或者是通过国际招投标方式，从享有资源开发专营权的国家公司取得。其次，外国投资者获得开采许可证之后，也只能在指定的区域进行勘探和开采活动。再次，外国投资者不能随意转让其开采权，需严格按法定程序办理。若外国投资者没有履行合同义务，资源国有权取消其开采权。最后，在正常情况下，合同期满后，资源国收回开采权。

2．合作主体具有特殊性

与其他国际合作方式不同，合作开发的主体通常一方为资源国政府或法定的国家公司，另一方为外国公司。

合作开发的东道国一方当事人是特定的。在传统的石油特许协议中，资源国一方只有政府，另一方为外国公司。由于资源国政府既是主权者又是协议的当事人的双重身份，在协议的性质和效力上多有分歧，在实践中也常因此种协议产生争议。后来，许多国家仿效石油输出国组织国家设立了国家石油企业，通过对这些企业的管理和监督来维护国家在石油开发方面的广泛利益。国家石油公司独立行使，或同外国公司联合行使石油业的特许权，如勘探、开发、生产、销售石油的权利。只有法定的国家石油公司才能成为合作开采的东道国一方当事人，任何其他公司、经济组织都不具有合法资格。

合作开发的外国投资者，是指与资源国或资源国国家石油公司签订石油合同的外国企业，可以是公司，也可以是公司集团。因为石油开采风险大、投资多、技术复杂，是个人或一般的经济组织无法承担的，所以在实践中，绝大多数外国投资者都是大型跨国石油公司。

3．合作方式大多为特殊的契约式合营

国际合作开发大多数采取契约式合营。合作双方并不组成独立的法律实体，仍是分别独立的法人。合作双方在平等互利的基础上签订合同，依照合同确定双方的权利和义务，按照合同规定的权利和义务进行合作。

合作开发不同于一般的契约式合营。例如，在合同形式上，合作开发石油资源合同通常是由东道国国家公司出具制作的标准合同将双方的权利义务以及合作方式具体化作为双方谈判基础。当事人在不违反东道国法律规定的情况下，可以根据实际需要对合同具体条款自行协商最后达成一致并签字。

二、国际石油合作开发的基本模式

国际石油合作开发模式是指资源国政府（或资源国国家石油公司）与外国石油公司（或外国政府），就资源国的油气勘探、开发、交易和消费事宜进行合作，经过长期实践，逐步形成的比较固定的运作方式。国际石油合作开发有如下几种模式：

（一）特许协议

所谓特许协议，又称经济开发协议，是指一个国家同外国私人投资者，约定在一定期间，在指定地区内，允许其在一定条件下享有专属于国家的某种权利，投资从事于公用事业建设或自然资源开发等特殊经济活动，基于一定程序，予以特别许可的法律协议。

一般而言，特许协议具有以下法律特征：（1）协议一方为主权国家的政府，另一方为外国私人投资者；（2）基于东道国政府的许可，外国私人投资者享有并行使专属于国家的某种权利，如石油的勘探开采权，有外国公司负责投资并承担全部风险进行勘探与开采，石油产品原则上全部属于石油公司所有，东道国获取地租和开采税以及其他税收；（3）协议一般须事先经立法授权的行政机关批准，甚至需要提交立法机关审批。特许协议是外国公司在资源国进行石油开发最早使用的一种形式。传统的石油特许协议是外国石油公司剥削和掠夺资源国的有力工具，现代的石油特许协议已经消除或减少了传统协议中不公平的规定，强调东道国在勘探、开发、销售石油资源的各个阶段的国家主权。

关于特许协议的性质前文已有过论述。特许协议属于国内契约已毋庸置疑，但特许协议属于什么法律性质？是私法性质还是公法性质？我国学者对此仍有争议。笔者认为，国际特许协议仍属国内法性质，将这种协议看作行政合同可能更为适当。因为这种协议的一方是政府，他方是私人投资者，协议的内容涉及公共利益，合同通常要受公法支配，政府为了公共利益，可以变更合同。因而它与一般民事合同是有区别的。

（二）合营制

从20世纪50年代开始，有些国家就采用合营的方式进行国际合作开发海洋石油资源。合营分为两种:一种是合资经营方式，又称股权分享方式。[1]合营企业是由东道国（一般是东道国国家石油公司）与外国石油公司组成的以勘探、开发石油资源为经营目标的企业。其基本特征与其他部门的合营企业大体相同，即共同投资、共同管理、共负盈亏和共担风险。在法律上合营企业是独立的法人。另一种是联合作业协议。这种形式也具有东道国或东道国国家石油公司与外国石油公司共同投资、共同管理、共负盈亏和共担风险的特点，但不同的是合作者仅仅达成一个联营协议，而没有组成联合的企业组织；合作双方为联合作业而设立的机构，只是一种技术性、业务性的机构；合资双方在法律上是独立的，各自承担法

---

[1] 王贵国著：《国际投资法》，法律出版社2008年版，第88项。

律责任，但勘探风险由外国公司承担；合资双方在财务上也是独立的，分别计算开支和收入，各自向国家纳税。

（三）产品分成合同

产品分成合同是在资源国拥有石油资源所有权和专营权的前提下， 外国石油公司承担勘探、开发和生产成本， 并就产量分成与资源国政府(或国家石油公司) 签订的石油区块勘探开发合同。于1966 年在印度尼西尼首创， 由IIAPCO公司与印度尼西亚的国家石油公司签订。之后， 产品分成合同模式逐步被许多国家采用，现已成为国际上较通行的一种国际石油合作模式，包括我国在内的十几个国家等都采用这种模式，这种模式把管理责任授予国家公司，东道国对资源和产品的控制权大，财务程序也较简单。其主要特征有：（1）资源国拥有作业区的土地和资源的所有权；（2）资源国国家公司负责石油开发作业的经营管理；（3）外国石油公司负责实施石油作业并提供石油勘探、开发和生产所需费用和技术；（4）全部石油产品在弥补开发费用后由国家公司与外国石油公司依合同规定分成。

（四）服务合同

服务合同形式在拉美和中东国家普遍采用。在将石油开采专有权授予国家石油公司的发展中国家，由于国家石油公司的技术能力和资金的限制，它们就经常雇用有合适先进技术和设备的私人公司提供服务，因而服务合同就应运而生。服务合同分为无风险服务合同和风险服务合同。无风险服务合同，是指外国石油公司为取得报酬同意为资源国或其国家石油公司履行特别义务，如提供技术服务，或承包部分勘探开发工作。无风险服务合同一般是在开发以后各阶段采用的，没有投资风险，通常是在那些石油储量已经勘探证实，外国石油公司所投入的资本已经从生产的石油中提取的一定百分比而得到补偿的情况下采用。风险服务合同规定由外国石油公司负责勘探与开采作业，承担勘探费用和风险，若勘探结果未能取得商业性发现，亏损和费用全部由外国石油公司承担。只有在取得商业性发现并开采出原油后，勘探费用才能在产品中得到补偿。风险服务合同后来又被称为“巴西式风险服务合同”。

（五）回购合同

回购合同实际上是风险服务合同的一种变型， 首先由伊朗在1997 年采用， 后被伊拉克采用。外国石油公司承担油田勘探开发的全部费用和技术服务， 油田投产后， 从油田生产原油的销售收入中回收投资、作业费用、财务费用和报酬。其主要特点有:

（1）回购合同是阶段性合同。资源国政府把整个勘探开发活动分为勘探和开发两个阶段， 每个阶段都要招投标。在勘探阶段结束时， 无论有无商业油气被发现，第一阶段合同都告终结。如果有商业油气被发现， 资源国就开发作业权进行第二轮招标，原来的外国石油公司享有同等条件下优先中标的机会，但不是当然的中标人。

（2）作业权必须被回购。油田开发阶段结束即油田所有设施已建立、试车并正常运行后，资源国通过向外国石油公司偿付投资成本和费用或通过新中标人支付原外国石油公司的投资和费用，回购原外国石油公司的作业权。但不公平的是，作业权一次性回购(移交)完，而原投资成本和费用的偿付却不是一次性的，有天花板限制，原外国石油公司每个季度得到的实际回收成本及补偿费不能超过当期总收益的60%，未支付的成本和补偿费可以结转到下一季度继续回收。

三、我国石油资源的中外合作开发

（一）基本原则

国家对自然资源的永久主权，是现代国际法的基本原则，我国与外国企业合作开采石油，当然也应该坚持这一原则。

中国政府依法保护参与合作开采石油资源的外国企业的投资、应得利润和其他合法权益，依法保护外国企业的合作开采活动。同时合作开采石油资源的一切活动，都应当遵守中华人民共和国法律法规和国家的有关规定；参与实施石油作业的企业和个人，都应当接受中国法律的约束，接受政府有关主管部门的检查监督。

（二）合作开采方式

我国对外合作开发海洋石油资源的方式参考了国际上的通行做法，采取契约合作方式进行。中国负责对外合作开发海洋石油资源业务的公司是中国海洋石油总公司，该公司是具有法人资格的国家公司，享有在对外合作海区内进行石油勘探、开发、生产和销售的专营权。其公布对外合作石油开采的海区、面积、区块，通过组织招标，签订石油合同，同外国企业合作开采石油资源。

根据《条例》规定，除了法律、行政法规另有规定或者石油合同另有约定外，中外合作开发海洋石油资源的方式是：有石油合同的外国企业一方投资进行勘探，负责勘探作业，并承担全部勘探风险；发现商业性油田后，由外国合同者同中国海洋石油总公司双方投资合作开发，外国合同者并应负责开发作业和生产作业，直到中国海洋石油总公司按照石油合同规定在条件具备的情况下接替生产作业，外国合同者可以按照石油合同规定，从生产的石油中收回其投资和费用，并取得报酬。

采用这种合作开采方式，可以在我国不担风险的情况下，取得加速海洋石油资源开发的最大效益。有了商业性油田发现后，合作开发就可以在我国资金短缺技术力量不足的情况下，利用国外先进技术，加速海洋石油资源的开发和利用，并有利于我国先进技术和管理经验的学习，培养本国力量，促进我国石油工业的发展。

（三）中外石油合作开发合同

1．石油合作开发合同的定义

国际石油合作合同，是指资源国政府（或国家石油公司）与外国石油公司为合作开采油气资源，依法订立的包括油气勘探、开发、生产和销售在内的一种国际合作合同。国际石油合作合同涵括宽泛，如石油勘探合同、国际石油勘探开发合同、国际油气合作合同等。

中外石油合作开发合同，则是指由我国三大石油公司即中国石油化工集团公司、中国石油天然气集团公司和中国海洋石油总公司与涉外企业或组织，依据中国法律订立的为合作开采中国海洋或陆上油气资源而进行石油勘探、开发、生产和销售的合同。

中外石油合作开发合同是由我国的三大石油公司和外国石油公司或经济组织订立的合同，不是特许协议，在性质上更不属于所谓“国际化”契约或所谓的“国家契约”，而是我国国内的契约。理由在于：首先，作为石油合同中中方当事人的我国三大石油公司是具有法人资格的国家公司；其次，因为石油合同是依照中国法律在中国境内签订，并经中国审批机构批准生效的，其适用法律为中国法律。

2．石油合作开发合同的特点

（1）合同主体的特殊性。石油合作合同对主体准入方面有着严格的限制，只有部分法定的国家公司才能与外国企业进行合作开发自然资源。依据我国的合作模式，合同主体主要为国内三大石油公司及涉外石油公司。

（2）开发经营权的事先取得是签订合同的前提条件。取得石油开发经营权是进行石油合作的前提，也是勘探开发活动具备合法性的依据。开发经营权的取得通常是经资源国批准，给予特许，或是通过招投标、谈判协商方式，从享有石油开发专营权的国家石油公司取得。

（3）合同的长期性及由此导致的风险不确定性。一般而言，石油合作合同期限较长（特别是开发合同），有的甚至超过25年。由于石油价格的易变性、政权变更等因素而导致原有石油合作合同的履行是否适用“条约必须遵守”原则等问题，均会对石油公司的利益带来较大的风险。

3．中外石油合作开发合同的主要模式

我国跨国油气合作起步较晚，20世纪80年代前后的合作开发以适用标准合同为主要模式。因为海上石油的合作开发和陆上石油合资开发各具特点，因此其采用的主要模式也存在差异。

海上石油合作开发更多的是采用复合合同。它是对一些常用石油合作合同的综合，而非简单复制。中国式复合合同“集中了许可证、合作经营和产品分成合同这三种类型合同的各自特点。既维护了国家对石油资源的主权和利益，又使外国石油公司有利可图”。其特点主要包括：（1）外国石油公司自担勘探风险，不享有自然资源所有权，在产量分成之后获得份额；（2）外国石油公司的投资从生产的石油中补偿，并取得预先规定比例的石油所有权和处分权；（3）合同的勘探期为7年，总的合同期限不超过30年；（4）中国海洋石油总公司有权在合作企业中获得51%的参股权等。

我国陆上石油对外合作则主要采用产量分成模式合同。产量分成合同上文已经有过论述。在产量分成合同中，石油生产的费用被分成石油费用（cost oil）、利润油（profit oil）及相关税收，合同双方仅对利润油部分进行分成。该合同最大的特点是资源国拥有资源的所有权和相应的经济利益，勘探开发的最初风险由承包商承担，但发现商业油气之后，就可以回收成本，并与资源国一起分享利润油。

4．中外石油合作开发合同的立法现状

我国现有的石油合作合同法律规范除了两部条例之外，其他少有规范涉及。我们应借鉴国外的成功经验，以法律的形式将我国常用的模范合作合同予以规范化、标准化、法律化，从而减少谈判成本。我们应逐渐尝试从石油的勘探、开发、生产、经营、储备、运输、销售等环节进行规范，并应关注产业法、涉外法和环境保护法等方面的规定。

随着石油行业市场化运作的不断深入，我们应就国际石油合同的主体资格进一步地明确化，以解决石油合作合同的法律适用问题。一方面，应明确规定外国公司在我国设立子公司情况下进行合作的法律适用问题，以及设立分公司和代表机构进行合作时的法律适用问题。之所以进行区分是因为法律主体的性质不同，会导致合同后续处理的不一致。此外，要特别防范因主体资格的不明确所带来的“公司的面纱”陷阱。另一方面，为了逐步实现石油行业的市场化运作，应对我国石油主体资格进行逐步放宽。三大石油巨头主要开发重大国内外石油项目，而其他一些较小的项目或是下游行业则可由部分私人企业参与进来。

第四节 外商投资成片开发土地

我国为了加快土地成片开发，以加强开发区的公用设施建设，改善投资环境，吸引外商在开发区投资举办先进技术企业和产品出口企业，发展外向型经济，允许外商投资从事开发经营成片土地。因此，外商成片开发成为我国土地合作开发的一种新形式。海南经济特区已建有多个成片开发区，其中规模最大的是洋浦开发区，面积达30平方公里。广东、福建也批准设立了多个土地成片开发项目，上海浦东新区也已批准有外商投资成片开发项目。1990年国务院颁布了《外商投资开发经营成片土地暂行管理办法》（以下简称《办法》），用以调整成片开发土地的有关问题。

一、外商投资成片开发土地的概念

所谓外商投资成片开发土地，根据《办法》第2条规定，是指外商在取得国有土地使用权后，依法成立开发企业，并依照开发规划对土地进行综合性的开发建设，平整场地、建设供排水、供电、供热、道路交通、通信等公用设施，形成工业用地和其他建设用地条件，然后进行转让土地使用权，经营公用事业，或者进而建设通用工业厂房以及相配套的生产和生活服务设施等地面建筑物，并对这些地面建筑物从事转让或出租的经营活动。允许外资成片开发是我国土地使用制度的重大改革，它实现了土地从无偿使用、禁止转让到有偿使用最终过渡到土地使用权可以依法转让的根本转折。

二、外商投资成片开发土地的法律特征

（一）成片开发应设立开发企业

根据《办法》，外商投资成片开发，应分别依《合资企业法》《合作企业法》《外资企业法》的规定，成立从事开发经营的中外合资经营企业、中外合作经营企业或者外资企业。从事开发的这三类企业，简称开发企业。开发企业可以由中方投资者和外商投资者共同组成或由外商投资者单独设立。

（二）开发企业必须取得土地使用权

根据《办法》，开发企业应依法取得开发区域的国有土地使用权。这是土地成片开发的前提条件。由于开发企业所应取得的是未开发土地的使用权，而不是已经完成基础设施建设的土地使用权，因此，开发企业应主要通过土地使用权出让方式取得未开发土地使用权。土地使用权出让是指国家以土地所有者的身份将土地使用权在一定年限内让与土地使用者，并由土地使用者向国家支付土地使用权出让金的行为。出让可采取协议、招标、拍卖方式。

（三）开发企业应依法对土地进行开发建设、利用与经营

开发企业取得土地使用权后必须对土地进行开发建设。为此，开发企业必须首先编制开发规划或可行性研究报告，明确规定开发建设的总目标和分期目标，实施开发的具体内容和要求，以及开发后土地利用方案。依法取得使用权后，开发企业可以利用和经营开发后的土地，也可以交地方公用事业企业经营，开发企业可以建设通用工业厂房以及相配套的生产和生活服务设施等地面建筑物。它还可以吸引投资者到开发区投资，受让国有土地使用权，设立企业，但应符合国家有关法律和法规。

（四）成片开发必须在特定的时间、地域进行

根据《办法》，外商投资开发经营成片土地在经济特区、沿海开放城市和沿海经济开发区范围内进行。并且外资成片开发是有期限的，土地出让期限届满需要续期的，受让人应提出申请，并重新签订合同。

（五）使用权转让的条件

《城镇国有土地使用权出让和转让暂行条例条例》第4条规定：“依照本条例的规定取得土地使用权的土地使用者，其使用权在使用年限内可以转让、出租、抵押或者用于其他经济活动。”

一般来讲，允许将成片开发后的土地使用权转让必须符合下列条件：（1）开发企业应编制成片开发规划或者可行性研究报告，明确规定开发建设的总目标和分期目标，实施开发的具体内容和要求并付诸实施。（2）必须在实施成片开发规划，并达到出让国土使用权合同规定的条件后，方可转让国有土地使用权。开发企业未按照合同和开发规划的要求投资开发并对这些地面建筑物从事转让或出租的经营活动的，不得转让国有土地使用权。转让土地使用权的基本标准是对土地开发后，能形成工业用地和其他建设用地条件。具体涉及平整土地，建设供排水、供电、供热、道路交通、通信等公用设施。（3）缴纳有关税费。开发企业在取得国有土地使用权后，仍应依法缴纳土地使用费。根据国家税务局《关于对外商投资企业从事土地开发和使用权有偿转让征收工商税和企业所得税的问题的通知》，“外商投资企业受让土地使用权再转让所得取得的转让金，包括场地使用费、土地处置费，应按照5%的税率缴纳工商统一税。”“从事土地开发经营和建造商品房出售的外商投资企业，不得列为生产性企业减免所得税。”国有土地使用者成片开发土地，在某种情形下国家有权“收回”其土地使用权而不允许其转让。

三、外商投资成片开发土地政策变迁

外商投资企业用地是我国最早实行有偿使用的。1979年颁布的《中外合资经营企业法》即表明中方合营者可以以场地使用权投资，并且“如果场地使用权未作为中国合营者投资的一部分，合营企业应向中国政府缴纳场地使用费”；1983年颁布的《中外合资经营企业法》进一步明确了合营企业使用的场地要以与土地主管部门签订场地使用合同的方式取得，合同要明确用途、期限和场地使用费。其后颁布的1983年《中外合作经营企业法》《外资企业法实施条例》及其实施细则均有类似的规定，同时随着我国土地使用制度改革的深化，国有土地使用权除以上述法律方式取得外，还可以依照中国其他法规取得土地使用权。1988年新《土地管理法》第85条规定:“中外合资经营企业、中外合作经营企业、外资企业使用土地的，适用本法。”1999年出台的《国土资源部关于加强土地资产管理促进国有企业改革和发

展的若干意见》明确规定：国有企业与外资进行合资、合作，凡符合《划拨用地目录》的，经批准可以划拨方式用地。2001年发布的《划拨用地目录》进一步明确：不再区分使用者身份，凡符合要求用地，经批准，均可以划拨方式提供。自此，外商用地与其他土地使用者已经享受到相同的土地利用政策。

四、外商投资成片开发土地存在的问题以及对策

随着经济的发展，土地会自然增值，土地开发和转让中的问题逐步凸显出来。如有的用地户获得土地使用权后，不按合同要求进行开发，而是坐等土地增值炒地皮；有的仅进行少量开发，未真正达到转让条件就开始转让土地；有的迟迟不动工开发建设；有的土地出让供大于求，价格偏低，国土收益大量流失；有的大量良田沃土被占用，或者闲置，建设用地严重超计划；有的土地出让后监控手段不力，管理薄弱，土地市场投机现象多；等等。此外，成片土地开发经常还存在一些其他问题，如忽视环境保护，引进项目雷同化、低水平，产业结构同构化等。

解决前述问题，概括说来，应转变观念，从追求数量、疏于管理转变到注重质量、强化管理。具体说来，主要有如下几个方面：（1）加强宏观控制，做好规划工作。从全国总体战略高度出发，为将来发展留出适当的空间，做到经济效益、社会效益和生态效益的协调统一。（2）鼓励外商投资开发经营成片土地，是政府有偿有限期出让土地、促进土地商品化的措施。合理确定土地出让价格，有利于提高国有土地资产收益率。（3）垄断土地出让一级市场，强化政府对出让土地的控制权。土地所有权和使用权分离，允许土地使用权依法进入市场，这是我国土地使用制度的重大改革。应允许外商获取土地使用权后进行投资开发，并可以依法经营土地，对土地使用权实行再转让。但土地使用权的出让，是建立在国家拥有所有权及地面、地下重要资源控制权基础上的。（4）鼓励开发生地，严格控制占用耕地，扭转建设用地失控局面。应采取经济的、行政的、法律的多种调控手段，鼓励外商成片开发经营荒山、荒坡、荒滩，提高土地资源的利用率。（5）土地出让中以招标、拍卖方式为主，减少协议、批租。这关键要做好两方面的工作：一是按照社会主义市场经济的规律，禁止权力进入土地市场，不以行政干预、长官意志阻碍土地真正走进市场的进程；二是对近期需出让的土地，按城镇建设总体规划的要求，与有关部门密切配合，提前做好分区控制性详细规划。（6）成片土地开发既要依法审批又要提高办理效率，要切实加强土地出让后的管理。在审批用地时不断改进工作作风，提高办事效率，增强服务意识，减少外商经营管理的外部成本。（7）加强立法工作，把土地资产管理纳入法制轨道。借鉴国外的成功经验，制定完善的地产法，保障土地使用权交易双方的合理权益，使土地资产管理有法可依，有章可循。

第三章　跨国并购投资

第一节　跨国并购投资概述

跨国并购投资，也称外国投资并购（简称外资并购），是近年来国际直接投资中发展最快的一种投资方式。在国际经济全球化的背景之下，跨国并购是旨在保护与增强竞争地位的竞争方式。

国际投资实践中，跨国企业在东道国进行直接投资，可以采取“新建投资”方式，即设立新的投资机构或企业，也可以采取“并购投资”方式，即收购或兼并东道国的现有企业。收购即跨国收购，指外国公司购买股权而取得对当地企业的资产与经营的控制权；兼并即跨国合并，将原来分属不同国家（投资国与东道国）的资产与经营合并为一个新的法人实体，或者被并入投资者的企业。跨国并购中，跨国合并所占的比例很少，绝大部分为跨国收购。因此，跨国并购主要指收购。❶

一、跨国并购的概念、类型

（一）跨国并购的概念

跨国并购是指一国企业收购另一国企业的全部资产或足以行使经营控制权的股份，从而对所收购企业的经营管理实施实际的或完全的控制行为。跨国并购是企业间跨越国界的并购活动，涉及两个或两个以上国家的企业，其中“一国企业”是并购方或进攻企业，“另一国企业”是被并购企业，也叫目标企业。

（二）跨国并购的类型

跨国并购根据不同的标准，可以划分为不同的类型。

1. 横向并购、纵向并购和混合并购

根据并购双方所经营的业务内容进行划分，可以分为横向并购、纵向并购和混合并购：

（1）横向并购。指具有竞争关系的、经营领域相同或生产产品相同的同一行

---

❶ 孙南申著：《国际投资法》，中国人民大学出版社2008年版，第91页。

业企业之间的并购。其目的在于通过资源的整合重组扩大资产，从而加强市场的力量与支配地位。跨国并购中约有70%是以这种方式进行的。

（2）纵向并购。是指企业为了将其业务向上游企业或下游企业扩展，对那些上游企业或下游企业进行的并购。在纵向并购中，并购双方是处于生产同一产品的不同生产阶段的企业，通常发生在中间产品生产者与最终产品生产者之间（如零部件生产商与汽车制造商之间），其目的在于降低生产与交易成本以获得范围经济的收益。这种方式在跨国并购中的比例不到10%。

（3）混合并购。是指在生产过程上并不直接关联、产品也不完全相同的企业间的并购行为。其目的有二：一是寻求风险分散；二是扩大范围经济。这种方式约占跨国收购中的20%。[1]

2. 股权并购和资产并购

按照并购的对象不同，并购可以分为股权并购和资产并购两种。

（1）股权并购。是指一企业通过对目标企业股权的收购以实现对该企业的控制。在股权收购方式下，收购公司成为目标公司的控股股东，收购公司在出资范围内承继被收购企业的原有债权债务，收购方在入主该企业后，还要在这些债权债务的处理方面花费较多精力和金钱，因此股权收购存在一定的负债风险。

近年来，通过这种股本置换来完成并购已成为跨国并购的一种通行方式。股本置换，即收购公司和目标公司之间的股本置换。主要是由收购公司向目标公司（被收购公司）的股东发行新股来换取它们的股票。这种方式使得许多大型的跨国并购不需要支付货币，亦称股票交换式并购。在跨国并购案中，股本置换方式的并购占有较大比例。

（2）资产并购。指一企业对另一家企业的收购标的仅仅是该企业的某一部分的核心资产。在资产收购中，资产的债权债务状况比较清晰，基本不存在或有负债的问题。这种收购方式下，企业的债权债务并不随着资产而转移，仍然由出售资产的企业继续承担。

3. 杠杆并购和非杠杆并购

根据并购资金来源划分，并购可以分为杠杆并购和非杠杆并购。

（1）杠杆并购。指收购方只使用少量的自有资金，主要利用目标公司资产的未来经营收入作为抵押，进行大规模的信贷融资来支付并购价金的收购方式。杠杠并购在20世纪60年代首先出现在美国，其后风行于西方国家。其特征在于，收购方使用自有资金相对较少，通常占并购总价款的10%~15%，并购资金来源单

[1] 隋平编著：《公司并购法律实务》，法律出版社2010年版，第4页。

一，绝大部分并购资金来源于债务融资，企业将来偿还并购融资债务的资金来源于其所并购的目标公司未来的现金流。

（2）非杠杆并购。指收购方主要以自有资金，不以目标公司的资产及其未来收益为担保融资来完成并购的一种并购形式。早期的并购形式多属非杠杆并购，但这并不意味着并购公司不用举债就可以承担并购价款。❶

二、中国的外资并购的类型

以投资者主体作为标准，外资并购在中国有两大类型：一种是以国际投资者身份直接并购中国企业；另一种是以外商投资企业身份间接并购中国企业。目前占主导地位的是第一种类型，具体有整体收购、部分收购和控股式收购、认购式收购等。

（一）整体收购

根据《指导外商投资方向规定》，我国允许外国投资者按照《外商投资产业指导目录》中所列明的鼓励类的投资领域项目，整体买断该领域相关企业（包括国有企业、集体企业和私营企业），使该企业成为其全资子公司，并依法设立变更为外商独资经营企业。

（二）部分收购

外商部分收购亦称控股式收购，外商可以根据我国《外商投资产业指导目录》中鼓励和限制的投资领域项目，收购国内公司的部分股权或股份。主要适用于我国外资立法所限定的“限于合资”或“由中方控股”的外商投资领域。实践中外商部分收购可以分为：（1）重组控股式收购。即通过参与国内原有企业的重组，收购该企业50%以上的股权，以达到控制企业生产经营的目的。（2）增资控股式收购。即在原有中外合资企业的基础上，外商增资扩股，中方相应降低所持股份，从而使外商控股。（3）股票认购式收购。即外商对中国上市公司，通过协议收购其不流通的法人股或增持B股或H股，达到参股或控股的目的。

外资并购的另一种类型是中国的外商投资企业并购中国的企业。中国法律允许外商投资企业作为收购主体参与收购活动。外商投资企业可以通过下列方式收购国内各类企业：（1）通过协议方式受让外商投资企业的股权；（2）通过产权交易市场收购国内企业的资产或股权；（3）通过拍卖市场收购国内破产企业的资产；（4）依照法律规定和合同约定取得该债务人的债权，将债权转为股权。❷

❶ 隋平编著：《公司并购法律实务》，法律出版社2010年版，第6~7页。

❷ 孙南申著：《国际投资法》，中国人民大学出版社2008年版，第93~94页。

三、各国对跨国并购投资的法律监管

各国大多推行投资自由化政策以促进跨国并购的发展，包括取消强制性的合资要求（允许全部收购或独资）、多数股权限制（允许多数股权收购）和重复审批要求等政策。但是，国际上也已形成了一致的看法，对某些跨国并购行为也必须进行法律监管。如加拿大法律规定，外国公司收购加拿大公司必须通知政府，但政府仅对重大收购进行正式审查，至于具体并购项目是否进行审查取决于被收购企业的资产价值。审查内容具体包括对加拿大的经济影响，对就业、资源、加工、出口的影响和外资在加拿大企业中的参与程度，以及对产业效率、产品创新、技术进步、行业竞争等的影响。

在国际投资中，美国不仅是对外投资最大的投资国，而且是吸收外资最多的东道国。外资并购是国际投资者在美国投资的主要方式，在对跨国投资进行法律监管上，美国的规定具有代表性。在法律制度上，美国对外资并购均给予国民待遇，但涉及国家安全或重大利益时，外资并购往往会受到较严格的审查与限制，包括国家安全审查与反垄断审查等。

（一）美国对跨国并购的国家安全审查

美国对跨国并购的审查基本上是出于国家安全的考虑。《埃克森-弗洛里奥修正案》是美国在1988年针对外资并购问题而专门制定的一个法案。该法案授权美国总统有权中止或否决某些确实威胁美国国家安全的外国投资者收购、合并美国企业。根据该法案，外国投资者对美国企业的并购如果涉及的产业与国家安全有关，则应向美国外国投资委员会书面提出申请，后者通过调查后如认为此类外资并购会影响国家安全则提请总统对该并购案进行审查。因此美国外国投资委员会是对外资并购的主要审查机关，负责外资并购的申报与审查，只要审查结果显示外资并购交易涉及国家安全，则并购活动面临中止。例如，1990年2月美国总统就曾以签署行政命令的方式，否决了中国航天航空技术进出口公司对美国玛莫克(Mamco)公司的并购投资。因为该公司为美国波音公司生产提供飞机零部件并拥有较高密级技术，所以美国政府要求中国该公司撤回对美国（Mamco）公司的并购方案。美国政府主要是担心其在国家安全领域中的技术领先地位会受到不利影响。又如在2004年中国联想收购美国IBM公司的PC业务中，美国外国投资委员会及财政部亦对其进行了安全审查，后在中美双方变更收购方案后才予以通过。

（二）美国对跨国并购的反垄断审查

对于涉及企业并购中的反垄断问题，美国法律的原则是禁止任何公司收购其他公司的股票或资产，如果此类收购会导致竞争被严重削弱或产生垄断。

美国的反垄断针对的是横向并购，主要看并购是否加强了市场垄断或阻碍市场竞争。如果构成，反垄断执法机构就会禁止此类并购活动。但是对于垂直并购与混合并购则采取不予干预的政策，因为只有横向并购才会有可能形成垄断。在美国，“横向并购是指因生产或销售同一类型产品或提供同种服务而处于相互直接竞争的企业之间的并购，纵向并购是指同一产业中处于不同阶段而实际上相互有买卖关系的各个企业联合在一起”。美国有关反垄断问题的主要执法机构是司法部和联邦贸易委员会，可以依职权对企业的违法并购案提起民事或刑事程序，但必须通过法院提起诉讼，因此实为以法院为中心的公诉案件，而无须相关与并购有利害关系的企业主动提出诉讼请求。❶

四、跨国并购的基本流程

一般来说，在并购中，无论并购属于何种类型，采取哪种模式，都会经历前期接触、尽职调查、合同谈判与签署、并购进入目标企业等步骤。概括地说，可以分为从前期接触到签署投资协议、从签署投资协议到并购结束这两个大的阶段。

（1）前期接触。与目标企业的前期接触是并购的第一步。一般来说，对于目标企业的前期接触，都会包括对于目标企业商业计划书以及相关材料的书面审查以及对于并购目标企业进行的实地的初步了解。

（2）签署并购意向书。对项目初审之后，如果收购方认为，该项目值得投资，就可以和目标公司签署初步的投资意向书。该种意向书对于双方并没有法律约束力。该意向书实际约定的条款非常详细，具有合同的完备形式，因此对于双方具有法律约束力。但是，双方会在意向书中约定，是否投资最终以尽职调查之后的结果是否符合意向书约定的标准为条件。

（3）尽职调查。收购方在与目标公司签订投资意向书后，组织专业的调查团队，对投资并购目标企业进行全面细致的调查，摸清拟投资并购目标企业的情况，用来作为是否进行投资的决策依据，也为在决定投资后，投资协议条款的确定以及对拟投资企业的重组提供一个非常好的基础材料。可以说，尽职调查是投资的核心环节，一定要慎重对待。

（4）签署投资协议。尽职调查结束后，经过论证，该投资项目具有投资价值，收购方与目标公司就会在投资意向书的基础上，签订正式的投资协议，约定相关的投资事宜。

（5）完成并购。在签署完投资协议之后，双方当事人就会按照投资协议的内容，进行相应的注资、股权转让、企业改组等一系列活动，从而完成收购方的资金注入阶段的工作。❷

---

❶ 孙南申著：《国际投资法》，中国人民大学出版社2008年版，第105~106页。

❷ 隋平编著：《公司并购法律实务》，法律出版社2010年版，第12~13页。

第二节　中国对跨国并购的法律规制

在中国外资立法中，跨国并购指外国投资者购买境内非外商投资企业股东的股权或认购境内公司增资，使该境内公司变更设立为外商投资企业，或者外国投资者设立外商投资企业，并通过该企业协议购买境内企业资产且运营该资产，或外国投资者协议购买境内企业资产，并以该资产投资设立外商投资企业运营该资产。

目前，中国关于外资并购的法律、法规主要集中在四个领域：一是关于外商投资企业并购的专项法规。主要包括：《外商投资企业投资者股权变更的若干规定》（1997年）、《关于外商投资企业合并与分立的规定》（2001年修订）、《关于外商投资企业境内投资的暂行规定》（2000年）、《关于外国投资者并购境内企业的规定》（2006年）等。二是关于外资证券并购的规章与政策。主要包括：《外资参股证券设立规则》（2002年）、《外资参照基金管理公司设立规则》（2002年）、《合格境外机构投资者境内证券投资管理办法》（2006年）等。三是有关外资并购的反垄断审查。主要包括《反垄断法》（2007年）等。四是有关外资并购准入领域的法规。主要包括《指导外商投资方向规定》（2002年）和《外商投资产业指导目录》（2015年修订）等。[1]

一、对不同类型跨国并购的法律规制

中国对不同类型的外国投资者并购中国境内企业进行了具体的规制。

（一）跨国并购的法定类型

根据《关于外国投资者并购境内企业的规定》，我国的外资并购分为股权并购与资产并购两种类型。股权并购，是指外国投资者协议购买境内非外商投资企业股东的股权或并购境内公司增资，使该境内公司变更设立为外商投资企业。资产并购，是指外国投资者设立外商投资企业，然后通过该企业协议购买境内企业资产且运营该资产，或者是由外国投资者协议购买境内企业资产，并以该资产投资设立外商投资企业来运营该资产。

（二）外商投资企业之间的股权变更

我国的外商投资企业之间的股权收购或转让行为，依法必须满足下列条件：（1）股权变更应遵守中国有关法律、法规，并经审批机关批准和登记机关变更登记。（2）不允许外商独资经营的产业，股权变更不得导致外国投资者持有企业的全部股权；需由国有资产控股或占主导地位的产业，股权变更不得导致外国投资

[1] 孙南申著：《国际投资法》，中国人民大学出版社2008年版，第97页。

者或非中国国有企业控股或占主导地位。（3）以国有资产投资的中方投资者股权变更时，必须经有关国有资产评估机构对需变更的股权进行价值评估，并经国有资产管理部门确认。

（三）外商投资企业之间的合并与分立

依据法律规定，具有法人资格的中外合作经营企业、外资企业、外商投资股份有限公司（以下统称公司）之间合并或分立，必须符合下列条件：

（1）符合《指导外商投资方向规定》和《外商投资产业指导目录》的关于投资领域的规定，不得导致外国投资者在不允许外商独资、控股与占主导地位的产业的公司独资、控股或占主导地位。

（2）因公司合并或分立而导致其所从事的行业或经营范围发生变更的，应符合有关法律、法规及国家产业政策的规定并办理必要的审批手续。

（3）涉及上市的股份有限公司合并或分立，应当符合有关法律、法规和国务院证券监督管理部门对上市公司的规定并办理必要的审批手续。

（4）公司与我国内资企业合并必须具备以下条件：①符合我国利用外资的法律、法规规定和产业政策要求；②拟合并的中国内资企业是有限责任公司或股份有限公司，投资者符合法律、法规对合并后公司所从事有关产业的投资者资格要求；③外国投资者的股权比例不得低于合并后公司注册资本的25%；④保证拟合并公司的原有职工充分就业或给予合理安置。

（四）外商投资企业与国内企业之间的股权收购

外商投资企业作为并购主体购买中国国内企业股权，必须符合下列条件：（1）不得违反关于《指导外商投资方向规定》和《外商投资产业指导目录》关于投资领域的规定；（2）外商投资企业的注册资本已缴清并已开始盈利，且无违法经营记录；（3）应按照有关规定，向原公司登记机关申请变更登记。若经营范围涉及限制类领域的，则应向商务部主管部门申请并经批准后，再按照有关规定，向原公司登记机关申请变更登记。

（五）合格境外机构投资者的境内证券投资

近年来，外资并购国内企业已开始转向资本运营和上市公司的层面。目前，中国利用外资的形式也已从过去的新建投资为主，逐步转向并购投资为主。2006年8月我国发布了《合格境外机构投资者境内证券投资管理办法》，规定了有关外资收购的新机制，即“合格的境外机构投资者机制”（英文简称QFII），允许合格的外国机构投资以人民币计价的A种股票。实施QFII机制后，中国对境外资金的进出以及外资持股比例仍有一定限制，一方面，规定了较严格的外国投资机构进入中国股市的规模标准和投资额度，规定那些只有管理资产超过100亿美元的外国基金公司才具备入市资格，且合格投资者的投资额度必须以人民币计价，单个合格投资者申请的投资额度不得低于等值5000万美元的人民币，也不得高于等值8亿美元的人民币。另一方面，境外投资者还应委托具有证券交易所会员资格的境内证券公司办理相关的证券业务。[1]

二、对跨国并购的反垄断审查与国家安全审查

《中华人民共和国反垄断法》和《关于外国投资者并购境内企业的规定》中的反垄断审查条款，规定了对外国投资者并购中国境内企业的反垄断审查和国家安全审查。

外资并购中的反垄断措施主要通过并购报告制度、并购听证制度和并购审查制度进行。中国反垄断审查不仅针对中国境内经济活动中的垄断行为，还可以针对发生在中国境外的，但对境内市场竞争产生排除、限制影响的垄断行为。

1．并购报告制度

外国投资者并购境内企业有下列情形之一的，投资者应就所涉情形向商务部和国家工商行政管理总局报告：（1）并购一方当事人当年在中国市场营业额超过15亿元人民币；（2）一年内并购国内关联行业的企业累计超过10个；（3）并购一方当事人在中国的市场占有率已经达到20%；(4)并购导致并购一方当事人在中国的市场占有率达到25%。

2．并购听证制度

对上述情况，政府认为可能造成过度集中，妨害正当竞争的，商务部会同有关部门和其他利害关系方举行听证会以便决定是否批准并购申请报告（是否同意并购）。

3．并购审查制度

境外并购有下列情形之一的，并购方应在对外公布并购方案之前或者报所在国主管机构的同时，向商务部和国家工商行政管理总局报送并购方案。商务部和国家工商行政管理总局应审查是否存在造成境内市场过度集中，妨害境内正当竞争、损害境内消费者利益的情形，并作出是否同意的决定。（1）境外并购一方当事人在我国境内拥有资产超过30亿元人民币以上；（2）或者当年在中国市场营业额在15亿元人民币以上；（3）并购方及其关联企业在中国市场占有率已达20%；（4）并购后并购方在中国市场占有率已达25%；（5）并购后并购方所直接或间接参股的外商投资企业超过15家。[2]

---

[1] 孙南申著：《国际投资法》，中国人民大学出版社2008年版，第98~99页。

[2] 同上书，第100~101页。

4．外资并购中垄断的认定标准

我国《反垄断法》以竞争者是否具有市场支配地位作为是否构成垄断的实质条件，即有下列情形之一的，可以推定经营者具有市场支配地位：（1）一个经营者在相关市场的市场份额达到½的；（2）两个经营者在相关市场的市场份额合计达到⅔的；（3）三个经营者在相关市场的市场份额合计达到¾的。虽有前述第二项、第三项规定的情形，其中有的经营者市场份额不足⅒的，不应当推定该经营者具有市场支配地位。此外，被推定具有市场支配地位的经营者，有证据证明不具有市场支配地位的，不应当认定其具有市场支配地位。

5．反垄断审查的例外

并非所有的反垄断行为都必须进行审查，依据规定，有下列情况之一的，并购一方当事人可以向商务部和国家工商行政管理总局申请审查豁免：（1）可以改善市场公平竞争条件的；（2）重组亏损企业并保障就业的；（3）引进先进技术和管理人才并能提高企业国际竞争力的；（4）可以改善环境的。

中国《反垄断法》除规定了反垄断审查之外，其第31条还规定了外资并购中的国家安全审查，该条规定"对外资并购境内企业或者以其他方式参与经营者集中，涉及国家安全的，除依照本法规定进行经营者集中审查外，还应当按照国家有关规定进行国家安全审查"。这一规定为我国对跨国并购行为进行国家安全审查提供了法律依据和支持。

三、中国外资并购审批程序

我国的跨国并购审批机关主要有：商务部及其省级商务主管部门、证监会及派出机构（证监局）、国资委、国家发改委。以上各机关均有中央、省级、市三级管理体系。

外资并购中，商务部及其地方外经贸委是最主要的审批机关，其审批职能包括对产业政策、市场收入、反垄断及特殊产业的审查。除上述机构外，外资并购审批还涉及外汇管理部门和特殊行业的主管部门。

四、中国外资并购实践

中国目前已是亚太地区继日本与澳大利亚之后的第三大资本并购市场，外商并购投资往往集中在关键行业的重点企业，如工程机械行业的德国FAG集团整体收购洛阳轴承、美国凯雷投资集团收购徐工，以及法国SEB并购苏泊尔，其意图除商业性外还具有一定的战略指向和垄断倾向。

我国的反垄断审查是在SEB收购苏泊尔案中，第一次进入公众视野。法国SEB集团是全球最大的小型家用电器和炊具生产商之一，该集团在国际同类产品中市场份额占24%。浙江苏泊尔炊具股份有限公司作为一家民族品牌知名企业，是中国最大的炊具研发、制造商之一，为炊具行业首家上市公司。为了获得进军中国市场的跳板，SEB一直在留意中国境内的收购机会，先后与苏泊尔、爱仕达、威尔等几家中国排名前列的炊具生产企业进行接触，分别提出过收购的意向。苏泊尔为了以低成本进入国际市场，也寻求与国际知名企业的合作。2006年8月15日，SEB与苏泊尔正式签署了一份“战略合作”框架协议，苏泊尔将通过股份转让、定向发行新股、部分要约三个步骤来实现外资战略投资的引进。在经过上述三个步骤完成全部交易之后，SEB持有的苏泊尔股份将达到52.7%～61%，成为苏泊尔的绝对控股股东。但是，这次收购引起了苏泊尔在国内烹任炊具行业的主要竞争对手们的关注，爱仕达电器有限公司、沈阳双喜集团公司、河南汤阴营养炊具有限公司等六家公司，向商务部条约法律司竞争法律处反垄断办公室递交了“征询意见函”，一致反对SEB收购苏泊尔，要求对此并购进行反垄断调查。2006年11月，商务部开始对此案进行反垄断调查，2007年1月23日，商务部就该案召开了非公开的反垄断听证会。听证会上，双方争论的焦点集中在是否构成垄断的数字真实性上，但是考虑到中国市场的城市与乡村二元结构，中国五金协会认为现阶段任何一家炊具企业在国内市场都不具备垄断地位，亦不认为苏泊尔案会导致垄断局面。因此，SEB得以最终完成对苏泊尔的收购案。[1]

凯雷并购徐工案，对我国针对跨国并购进行国家安全审查具有标志性意义。2004年4月，徐工集团（徐州工程机械科技股份有限公司）刊登公告，通过引进投资者的方式进行改制。徐工集团是徐州地方国有企业，是我国国内最大的工程机械制造企业。2005年10月25日，美国凯雷投资集团和徐工草签了收购协议，凯雷将投入最多3.75亿美元（约30亿元人民币）获得徐工机械85%的股权，徐工集团将保留15%的股权。这次收购是私人股权投资基金在中国第一个真正意义上的控股权收购。但是该项收购方案披露之后，引发社会各界对我国国内经济安全的思索。2006年7月，商务部和国资委召集行业内骨干企业及徐工的上下游企业进行内部听证，讨论收购中的焦点问题。最终有关部门达成一致意见，即凯雷收购徐工的方案必须重新修正。2006年9月13日，有关部门发文作出结论，称徐工并购案“经济行为的相关程序及审批程序不符合国家的相关规定”。2006年8月8日，我国正式颁布了《关于外国投资者并购境内企业的规定》。此后，凯雷方面主动修改了入股方案。2006年10月16日，交易方对协议进行修订，凯雷持股徐工机械的比例下降到50%，收购总价为18亿元人民币，单位价格明显上升。在徐工机械的10人董事会中，徐工集团和凯雷方面将各派5人。到了2007年3月16日，凯雷和徐工方面第三次修改了入股方案，凯雷进一步降低了入股比例。根据此次修改后的

---

[1] 该案详情参见http://finance.sina.com.cn/focus/sebsg/（2015年4月15日 访问）。

方案，凯雷收购的比例降低到45%，剩余55%股权全由徐州国资委持有，单位价格比第一次修改再次上升11%。董事会总人数调减为9人，徐工集团将派出5名董事，并获得董事长委任资格。但是，在经历三次修改后，凯雷入股徐工机械的方案仍然没有获得商务部的批准。2008年7月23日，双方发布联合声明，终止合作。徐工全面启动独立重组计划。[1]

[1] 参见http://finance.sina.com.cn/blank/xugong_2008.shtml（2015年4月15日 访问）。

第四章　国际间接投资法律制度

第一节　国际间接投资概述

国际间接投资（Foreign Indirect Investment, 简称FII），相对于国际直接投资，是指投资者通过借贷或购买债券、股票等有价证券的方式把资本输出国外，并由此获得一定利息、股息等收益的一种跨国性投资活动。其特点在于投资者对其投资所形成的资产并不直接参与经营和管理，其目的在于获得一定的利息、股息等收益。根据投资方式，国际间接投资主要体现为国际信贷投资、国际证券投资和国际融资租赁。

国际间接投资法是具体调整和规制国际间接投资行为与关系的法律规范的总称。从国际间接投资法的内容看，国际间接投资法具体包括交易性法律规范和管制性法律规范。从国际间接投资法的法律渊源看，国际间接投资法主要表现为国内法规范和国际法规范。国际间接投资虽然是一种跨国性投资活动，但具体的投资活动实际上都发生在某一国境内，所以，对其法律关系的调整首先是国内法规范主要包括：（1）民商法，如合同法、担保法、公司企业法、破产法等。此类法律规范重在调整平等主体间交易性的法律关系，如信贷法律关系、证券投资法律关系。（2）经济法，如证券法、涉外投资法、涉外金融管理法、涉外税法等。此类法律规范主要是一国基于其国内法对国际信贷、国际证券投资进行管理的管制性法律规范。就管制的立法模式，发达国家一般采取“涉内涉外合一”的立法管理模式，对国内间接投资与国际间接投资采用同一套法律体系进行管制，而且基于其资本市场发育早、发育完善，其对国际间接投资的管制相对来说比较宽松。发展中国家则基于其资本市场发育晚、发育落后，对国际间接投资采区“涉内涉外分流”的立法管理模式，对国内间接投资与国际间接投资采用不同的法律体系进行管制，而且各国基于各自的需求，有的对国际间接投资的管制比对国内间接投资的管制更严厉，有的对国际间接投资的管制反而比对国内间接投资的管制还要宽松。同时，国际间接投资毕竟是一种国际性投资活动，对其法律关系的调整，还有国际法规范具体包括：（1）国际条约，如政府信贷、国际金融机构信贷，往往通过一定的国际条约或基于一定的国际协定，来确认和调整彼此之间的信贷交易法律关系。同时，为了协调国与国之间对国际间接投资管制关系的冲突问题，还有对国际信贷、国际证券投资等国际间接投资进行管制协作的的国际协定。目前此类国际协定主要是通过双边或区域性国际协定体现出来，当然也有为数不多的全球性国际协定，如《国际货币基金协定》《国际开发银行协定》以及1995年联合国大会通过的《独立保函和备用信用证公约》。（2）国际惯例。长期的国际间接投资实践也形成了许多国际惯例。如信贷、债券投资方面的国际惯例：国际商业信贷协议的共同条款、国际开发协会《开发信贷协定通则》中所概括的国际信贷惯例、世界银行《贷款协定和担保通则》中概括的国际贷款合同惯例及被广泛接受的利息规则等。又如国际信贷、债券投资担保方面的国际惯例：国际商会的《见索即付保函统一规则》《国际备用信用证惯例》等。

第二节　国际信贷投资

一、国际信贷投资的概念和种类

国际信贷投资，简称国际信贷，俗称国际贷款，是指一国政府、商业银行、国际金融机构，作为贷款人或投资人（以下简称贷款人）以信贷协议的方式将资金贷给或投给其他国家或地区政府、法人及其他人使用，并届时收回本息的一种国际间接投资行为。国际信贷投资是国际间接投资的一种主要方式，也是传统国际资本流动的主要方式。尽管目前国际投资渠道与方式呈现多样化趋势与特点，但国际信贷投资以其资金收益的相对稳定性及法律制度的相对健全使其仍为国际信贷投资者所青睐，仍然是国际间接投资的重要方式与典型方式。

国际信贷投资根据贷款主体的性质可分为政府信贷、国际金融机构信贷及国际商业信贷三种。政府信贷是一国政府向另一国政府提供的一种优惠性信贷，具有利息低甚至无息、信贷时间长的特点，但一般而言，这种信贷往往会附加一定的条件，如要求借款国以一部分贷款向贷款国购买设备、物资、技术成果或技术服务等，或提出其他的经济合作要求。所以，从这个角度看，政府信贷并非“无利可图”，它实际是一种特别的国家投资行为，所以有学者把政府信贷称为“软贷款”。国际金融机构信贷是全球性或区域性国际金融机构向其成员提供的一种优惠性贷款，是一种封闭性信贷，且主要用于经济复兴或开发性项目，所以虽然不以商业盈利为目的，但也有一定的“目的”，也可视为一种特殊的信贷投资。国际商业信贷，区别于前两种信贷，是一种商业性信贷，是国际信贷投资中最重要、最典型的一种信贷投资。其典型特征是以营利为目的，贷款利率以市场利率为基础，利率比较高。本节主要介绍国际商业信贷。

二、国际信贷投资协议的共同条款

国际信贷投资是一种跨国性的借贷活动，实践中主要表现为国际定期贷款、欧洲货币贷款、国际银团贷款、国际项目贷款等形式。无论采用哪一种投资方式，双方当事人都需要以书面形式确定彼此的权利和义务关系，即信贷投资协议。虽然上述不同类型信贷投资的投资主体、投资客体、投资对象、投资方式、投资期限、具体内容等各不相同，但长期的国际商业信贷投资实践逐渐形成了一些共同性条款。而且，由于在国际商业信贷投资过程中，贷款人的风险最高，正所谓“覆水难收”，所以，国际信贷投资协议中的很多条款、共同性条款主要是旨在保护贷款人权益的条款。

（一）陈述和保证

陈述和保证，又称为“承诺与保证”，是指借款人就与信贷事项有关的本国法律和自己的经济、财务状况向贷款人作出说明，并保证此等说明是真实、准确和完整的。在国际信贷投资实践中，借贷双方通常位于两国，贷款人对借款人及其国内相关立法不甚了解。协议中通过设置此类条款，借以表明贷款人是据此作出信贷决策，一旦发现借款人陈述和保证存有瑕疵，贷款人即可以借款人违反该条款为由，启动相应的救济措施。陈述和保证的内容主要包括以下两个方面：

（1）合法性陈述和保证。具体说明借款人主体资格合法，是依法设立的；信贷协议的产生合法，签订合同的人依法获得授权；信贷协议内容合法，没有违反借款人所在国的法律和借款人内部的组织章程；信贷协议已经相关职权部门批准，各种必备的手续已经办好。

（2）商务状况的陈述与保证。具体包括借款人所附的最新会计报告及财务文件真实、准确、完整，其财务和经营状况良好；借款人没有卷入任何可能会减少其财产的纠纷或受到此类纠纷的威胁；借款人具有良好的商业信誉和履行记录；借款人的资产和收入是干净的，没有设定过担保物权，且承诺将来也不会设定其他担保物权；借款人承诺将合法经营等。在国际信贷投资实践中，贷款人为了加强对自己的保护，除了要求借款人在签订信贷投资协议时要做如此的承诺或保证，还要求借款人在整个信贷协议履行期内始终做这样的保证，即所谓的“永久保证”。当然，双方也可约定只就重大事项做“永久保证”。

此外，借款人尚需向贷款人提交本国的相关法律文件，并保证此等法律文件的合法性和时效性。

（二）先决条件

先决条件，又称“前提条件”，是指只有借款人满足这些条件，贷款人才开始或才会予以发放贷款。设置此类条款，旨在最大程度地保护贷款人的利益，保证借款人还本付息。先决条件包括两大类：

（1）一般性先决条件。一般而言，只有这类条件成熟，信贷投资协议才会生效，贷款人才会开始履行其贷款义务。这类先决条件主要表现为借款人必须提供上述“陈述和保证”事项之下的各项书面文件，具体包括借款人营业执照、内部组织章程、相关的授权与批准文件及手续，借款人所在国的相关法律文件，贷款人要求提供的担保文书、法律意见书及审计报告等。

（2）涉及提供每一笔款项的先决条件。国际信贷投资协议往往是贷款人分期提供贷款的协议。为了对借款人形成有效的追踪和监督，信贷投资协议往往规定，在借款人每提取一笔款项前，尚需重新提交一份书面声明，重新承诺原来的“陈述和保证”仍准确无误。[1]

（三）约定事项

约定事项，又称“约定”或“限制性约定”，是借款人具体承诺其在贷款期限内将会实施哪些行为或不实施哪些行为的条款的总称。设置此类条款，旨在限制借款人的行为，保证借款人按期还本付息，最大限度地保护贷款人的权益。如果借款人违反相关约定，贷款人即可有权启动相应的救济措施。具体包括：

（1）消极担保条款。依据该条款，借款人在偿还完贷款人的全部贷款之前，不得在自己的资产及其收益上再行设置任何其他类型的担保物权。本款意在保证贷款人在受偿上的优先性及借款人的偿债能力。

（2）平等位次条款。依据该条款，借款人承诺在贷款期间，无担保权益的贷款人与借款人的其他无担保权益的债权人将处于平等的受偿地位。当然，在国际信贷投资实践中，若借款人已进入破产清算程序，贷款人仍无法排除一些享有法定优先权的无担保债权，如清算费、借款人职工的工资及社会保险金等劳动报酬、所欠税款、公众的银行存款等。

（3）稳健经营承诺条款。依据该条款，借款人承诺合法经营、合理经营、依法纳税、不随意放弃其享有的各项权利，并使其资产处于良好的工作状态等。

（4）财务约定事项。依据该条款，借款人应定期向贷款人提交其财务报表，报告其财务状况和经营状况，并遵守约定的各项财务指标：或保持一定资产净值额，或保证一定的负债与资产比率；或保持一定的流动资产与流动负债比例；或保证最低周转资本额；或保证在一定限度内向股东分配股息等。

（5）贷款用途条款。依据该条款，借款人必须把全部贷款用于约定的用途，当然更不能用于违法目的。

---

[1] 也有学者将先决条件分为整个合同的先决条件和每笔贷款的先决条件。

(6) 保持资产条款。依据该条款，借款人除日常经营外，不得出售、转让、出租或以其他方式处置其资产的全部、大部或实质部分，不得过度举债或过度投资，借款人应就其资产向声誉良好的保险公司投保等。

(7) 保持主体同一性条款。依据该条款，借款人承诺：第一，主体经营范围的同一性，即借款人未经贷款人同意，不改变其经营性质和范围，以免经营风险和法律风险。第二，主体资格的同一性，借款人未经贷款人同意，不与其他公司企业合并，以免借款人的资信、资产及负债发生对贷款人不利的变化。第三，主体内部组织机构的同一性，借款人未经贷款人同意，不改变其内部组织结构，并应保持高级经营管理人员的稳定。第四，主体内部约定的同一性，即借款人不擅自修改公司章程等。

（四）违约事件

国际信贷投资协议中的违约事件特指借款人违约事件，协议往往会通过列举的方式具体列明借款人可能出现的各种违约情况，以防借款人以不可抗力为由免除自己的违约责任，并帮助贷款人迅速作出借款人是否违约的判断。一旦这些违约事件发生，贷款人即可采取约定的或法定的救济措施。

违约事件包括实际违约和预期违约两类。实际违约是指借款人陈述与保证失实、没有履行先决条件、违反上述约定事项、届时未能还本付息等实际违反协议的行为。预期违约是指在协议约定的履行期限到来之前，借款人的行为或客观事实表明其届时将无法履约或无法完全履约。一旦出现预期违约事件，贷款人便可提前采取必要的救济手段，无须等到借款人实际违约。预期违约事件具体包括：(1) 连锁违约。又称“交叉违约”“串连违约”或“相互违约”，是指凡借款人对第三人违约，即视为对贷款人违约，有特别约定的除外。其目的在于保证贷款人同其他人拥有平等受偿的机会。(2) 借款人丧失清偿能力。具体包括借款人破产、借款人停业、借款人处置资产的全部或实质部分、其他债权人已取得法院对借款人的判决或强制执行令等。(3) 借款人所有权或控制权发生变动、抵押品发生毁损或贬值、借款人的财务状况出现重大不利变化，以及借款人的资产被征用或国有化而无法得到及时、有效、充分的补偿等。(4) “兜底条款”，说明无论出现何种情况，只要对借款人的还贷产生重大不利影响，贷款人即可视之为预期违约事件。

贷款人可采取的救济措施，具体包括约定的救济措施与法定的救济措施。约定的救济措施，又被“内部救济措施”，具体包括：(1) 停止发放贷款；(2) “加速到期”，即对借款人已提取的款项，宣布偿还期提前，要求借款人立即还款；(3) “抵销”，即对借款人未按期偿还的借款，如果贷款银行持有借款人的存款，那么可以将借款人的借款债务与存款债权相互抵销。此外，协议通常通过设置“累加救济条款”说明约定救济措施与法定救济措施的关系。根据该条款，约定的救济措施是累加在法定救济措施，即外部救济措施之上的。当贷款人采取约定的救济措施时，其并不妨碍贷款人另行采取法定的救济措施。约定的救济措施是对法定救济措施的一种补充或累加。法定的救济措施一般包括解除协议、请求借款人赔偿损失及偿还到期本息等。在国际信贷投资实践中，贷款人是否会行使相应的救济权利，采取相应的救济措施，还得通过权衡贷款的最终实现程度来决定。

除了上述主要的共同条款外，在国际信贷投资协议中通常还设有不可抗力条款、法律适用条款及争议解决条款。其中不可抗力条款中不可抗力的内涵、一般原理、法律程序和法律效果同于一般的不可抗力。区别在于，国际信贷投资协议中的不可抗力条款主要规定的是国际金融市场变动带来的不可抗力，所以又被称为“市场紊乱条款”或“市场不可抗力条款”，该条款对金融市场不可抗力情况做概括与列举。法律适用条款会分别规定，协议的解释、履行及争议的解决适用当事人选择的国内法，通常为贷款人所在国的法律或某一国际金融中心所在国家及地区的法律，借款人及协议的合法性将适用借款人所在国的法律。争议解决条款具体规定争议的解决方式，或和解、调解，或司法或仲裁等有关事项。

三、国际信贷投资协议的类型

国际信贷投资协议主要包括国际定期贷款协议、欧洲货币贷款协议以及国际银团贷款协议、项目贷款协议。其中国际定期贷款协议是最基础、最普遍、最一般的国际信贷投资方式，它为其他类型的国际信贷投资协议提供了一种蓝本或模式，具有惯例化趋势，其他类型的国际信贷投资协议只不过是在国际定期贷款协议基础上的变型而已。

（一）国际定期贷款协议

国际定期贷款，顾名思义，是指具有一定贷款期限的国际贷款，通常是由国际商业银行向各国私人发放的一种贷款，所以又被称为“国际商业贷款”，其特色在于“定期”。从结构上来看，国际定期贷款协议跟一般的借款合同类似，分为首部、正文和尾部三大块。首部通常包括协议名称、双方当事人、缔约日期、地点及缔约目的。首部虽然简单，却是整个协议的基础。缔约目的在英美法系国家具有解释合同和合同原则的效力。尾部通常是双方当事人的盖章、协议份数及附录。国际定期贷款协议的正文部分，除了上述共同性条款外，主要还包括以下条款：（1）定义条款，具体解释相关的专业术语、重要术语。（2）贷款货币条款，即具体确定借贷哪一种可自由兑换货币。实践中或采取“单一贷款货币”，或采取“选择贷款货币”，或采取“一揽子”货币，或采取多种贷款货币。（3）贷款金额、期限条款。国际定期贷款多为中短期贷款，最长不超过15年。（4）贷款提取条款，具体规定借款人提款的时间、每次提款的金额及提款地点等。为了避免货币调动带来的利息损失及外汇管制，协议通常约定提款地点为贷款货币发行国。（5）贷款利率。为了避免利率变动风险，协议大多采用浮动利率计息，据此会约定利率基础、加息率和利息确定方法。一些国家对贷款利率规定了最高限额，另一些国家则禁止收取不合理或不正当利息。贷款人一旦违反这类规定，有的国家法院将指定一种合理的替代利率，有的则没收超过法定限额的那部分利息，也有的没收全部贷款利息乃至处以罚金，直至追究贷款人的刑事责任。（6）贷款偿还条款，具体规定每次还款的时间、地点与金额。对于借款人提前偿还的，如果影响到贷款人的预期收益和资金运用计划，借款人应给予贷款人合理的补偿。（7）权利、义务转让条款。除非协议另有规定或转让会给借款人带来不利影响，贷款人一般可将其权利转让给他人。而借款人未经贷款人事先书面同意，不得将权利转让给第三人。关于借贷双方的义务，只有在征得对方同意时才能转让。（8）税收条款。协议中一般都会规定除预提税由贷款人承担外，其他税收均由借款人负担。

（二）欧洲货币贷款协议

欧洲货币贷款泛指一国银行以其非所在地国货币提供的贷款，即一国银行以境外货币提供的贷款。该贷款人所提供的非所在地国货币即为“欧洲货币”，提供此类货币的，从事欧洲货币业务的银行即为“欧洲银行”。由于此类业务最早起源于欧洲，故兼以“欧洲”冠名，目前欧洲货币贷款业务早已突破欧洲范围，冲向全球。其最大的法律特点是贷款人贷给借款人的货币不是一般的货币，而是“欧洲货币”，该贷款资金大多是通过同业拆借方式，从其他银行拆借而来的。由于其拆入时需要支付一定的利息，所以，拆入后，再将这笔拆入资金转贷给借款人，其收取的利息肯定高于其支出的利息，所以协议中的利息比普通的贷款利息高。在欧洲货币贷款协议中，一般都规定，借款人支付给贷款银行的利息率为“伦敦银行同业拆放利率”加利差，这个利率将均据当时的市场利率水平做适当的调整。所以，欧洲货币贷款协议除了上述共同性条款外，其不同于一般国际信贷投资协议的特色条款主要表现如下：

（1）补偿银行损失条款。欧洲货币贷款是采取“借短放长”的方式将贷款贷给借款人的，即贷款人先从同业拆放市场借入短期贷款，然后再把借来款项贷给借款人。这就要求借款人就每笔款项谨守约定的时间履行提款和还款义务，使其与贷款人从其他银行筹资的期限相吻合。借款人如不如期提款，将会导致贷款人备妥的资金闲置；借款人如提前偿还，也会导致贷款人资金闲置或利息受损；借款人如未能如期还款，则会导致贷款人商业信誉受损，影响其拆借能力。

（2）市场动乱条款。由于欧洲货币贷款是以境外货币作为贷款货币，所以很容易受到政治、经济等环境状况的影响。根据该条款的规定，若贷款人因此而无法进入同业拆借市场，需另找其他高成本的筹资渠道，或出现利率确定困难时，则借贷双方应本着“善意”进行磋商，以寻求合适的替代利率。

（3）保护利差条款。根据该条款的规定，如情况发生变化，增加了贷款人的贷款成本，则水涨船高，这种新增的成本应转由借款人负担，以保证贷款人获得预期的利差。这些情况如由于央行货币政策的调整，提高了存款准备金率、再贷款率或再贴现率等，减少了贷款人的货币资金来源渠道与数额，增加了贷款人的筹资成本，则增加成本将改由借款人承担。又如由于贷款利息预提税率的提高或税收的提高，影响了贷款人的净利润，增加了贷款人维持贷款的资本，则增加的成本由借款人承担。

（4）货币补偿条款。有的国家规定，本国法院对外币债务的判决必须以本币表示和执行。还有的国家规定，对破产企业外币债务的清算也得兑换成本币计价。则当贷款人在这些国家起诉或申报债权时，其获得的是当地货币，而不是贷款货币。为了向其他银行还款，贷款人需将本地货币换成贷款货币。所以，根据该条款的规定，因汇率变化而给贷款人造成的损失及支出的额外费用，借款人应给予补偿。

（5）非法性条款。根据该条款的规定，因贷款协议所适用的法律及其解释发生变化，造成贷款人提供的贷款或由借款人继续持有未偿贷款成为非法行为，则贷款人的贷款义务遂告终结，借款人应立即提前还贷。

（三）国际银团贷款协议

国际银团贷款，又称“国际辛迪加贷款”，是两家或两家以上的银行联合起来，组成集团，共同向借款人提供大额中长期贷款。对于借款人而言，这种贷款方式可解决其对资金的需求问题；而于贷款人而言，可以减少单独贷款的风险。国际银团贷款的最大特点在于贷款主体非常庞大，是国际银团。国际银团贷款包括直接参与型国际银团贷款与间接参与型国际银团贷款。

1．直接参与型国际银团贷款

在国际银团信贷实践中，主要采取直接参与型国际银团贷款。其贷款形成流程如下：

（1）借款人委托一家银行组建银团。具体是指借款人选定一家国际大银行作为代理行或牵头行（以下简称牵头行），并委托其组织银团贷款。具体步骤为：首先，由借款人向牵头行出具委托书，委托其安排银团贷款，并初步开列拟筹金额、利率、期限、货币、用途等初步贷款条件。委托书一般也没有法律约束性，只起到信誉上的约束作用。其次，牵头行接到委托书之后，通过贷款交易风险评估，如认为可行，则向借款人提交承诺书。实践中，牵头行在承诺书中会做三种类型的承诺：允诺提供全部贷款，不论能否招募到足够的参加行；允诺提供部分贷款，其余部分表示将尽力组成银团筹措；对全部贷款只愿尽力安排。承诺书在实践中仅有信誉上的作用。最后，贷款人在收到牵头行的承诺书之后，向牵头行提交授权书，正式授权其组建银团。授权书具有法律效力。实践中，若贷款规模庞大，牵头行往往会寻求协作行，一起完成银团的组织工作。

（2）牵头行招募银团成员，组织银团。招募时，牵头行通常会分发一种名为“情况备忘录”的法律文件。该备忘录一般是牵头行根据借款人提供的资料而作，主要说明借款人的法律地位、财务状况、经营状况及贷款条件，其他银行由此决定是否参与银团贷款。备忘录中如有虚假陈述，参加行可追究借款人的法律责任，同时也可对牵头行提起诉讼。牵头行作为备忘录的参与起草者，其对备忘录中的内容如作欺诈性虚假陈述，理应承担相应的责任，而如作疏忽性的虚假陈述，牵头行是否承担相应的法律责任，则取决于各国国内法的规定。一般而言，牵头行是否就此承担责任，需考虑以下因素：其参与起草情况备忘录的程度、其对起草情况备忘录是否尽到适当注意义务、虚假陈述内容的重要性、参加行参与银团贷款的经验、参加行从其他渠道获得有关借款人信息的可能性及其对信息的评估能力、虚假陈述与参加行损失之间的因果关系等。

（3）谈判与签署贷款协议。银团组建后，牵头行代表各参加行与借款人就贷款协议的具体内容展开谈判。贷款协议初步谈妥后，交由各参加行具体审查，直到最后定稿。定稿后，牵头行安排银团成员与借款人签署贷款协议。除了上述共同性条款外，国际银团贷款协议跟一般的国际信贷投资协议相比，其特色在于各银团成员之间的关系。实践中，逐渐形成了调整银团成员关系的三个原则：第一，按份之债原则，即银团各成员虽按同一贷款协议发放贷款，但只就各自的贷款份额与借款人发生借贷关系，相互间不负连带责任。第二，银团决策民主原则，即银团部分决策权交由“多数贷款权银行”掌握，如借款人是否出现违约事件、是否放弃追究借款人的违约责任等。但凡涉及贷款利率降低、期限延长、金额变化及先决条件放弃等重大事宜，仍由银团成员一致议决。此外，一些权利如诉权则可由银团各成员单独行使。第三，比例分享原则，即就借款人的任何还本付息，尤其是银团各成员通过抵销、诉讼或行使担保权益等所得的还款，应在银团成员间按各自的贷款份额比例分享。贷款协议一旦签署，牵头行的角色与任务即告完成，其与其他参加行处于相同的贷款人的法律地位。

（4）银团履行贷款协议。具体是指银团在其成员中指定一家银行为代理行，负责贷款协议的履行。贷款协议会具体规定代理行的代理职责，如充当银团成员发放贷款和借款人偿还贷款的收付中介、审查借款人是否履行贷款的先决条件、监督借款人的财务状况、对借款人采取违约救济措施等。在履行上述职责时，代理行的权限在实践中各有不同：有的享有较大的自由裁量权；而有的代理行为了减轻自己的责任，只愿向银团传达信息或传递文件，相关事项交由银团成员亲自决定，或要求在贷款协议中加入免责条款等。与此同时，银团为防止代理行滥用权利，也往往规定代理行须听从多数贷款权银行的指示而行事，或规定一切与贷款有关的收支都必须记在代理行名下的一个独立的信托账户上，以避免代理行将贷款或还款挪作他用等风险。根据有关国家的法规，代理行破产时，该信托账户上的款项仍属于银团所有，不列入破产财产。❶

2．间接参与型国际银团贷款

区别于直接参与型国际银团贷款，间接参与型国际银团贷款的显著特点是：先由牵头行单独与借款人签订总的贷款协议，而后由牵头行将部分贷款作为资产，以适当的法律方式转让给其他参与行，由此组成银团。牵头行转让贷款的目的或是减少贷款风险、或是满足银行监管标准、或是通过转贷提高利润率、或是规避各国的强制性法律等。如有的国家禁止本国小银行从事国际信贷义务，通过本国大银行的贷款转让，小银行可分一杯羹。实践中，牵头行转让贷款的方式主要有四种：

（1）权利让与。即牵头行向各参与行转让自己对借款人享有的权利，其法律后果同于合同法上的权利转让。接受权利让与后，各参与行可对借款人行使直接请求权。因牵头行让与的是权利而不是义务，当各参与行不履行自己的贷款义务时，牵头行仍需对借款人承担相应的贷款义务。

（2）转贷款。即先由各参与行贷款给牵头行，牵头行再将这笔款项转贷给借款人，其条件是牵头行在借款人还本付息的前提下，负责偿还参与行的贷款。在这种转让方式之下，有两种关系：一种是牵头行与其他参与行之间的信贷法律关系，一种是牵头行与借款人之间的信贷法律关系。这两种信贷法律关系是相互独立的，没有关联，其他参与行与借款人之间没有法律关系。假如牵头行破产，其他参与行不能要求借款人还款，借款人也无权要求其他参与行履行贷款义务。假如借款人不履行还款义务，其他参与行也不能对借款人追究违约责任。所以，在这种贷款方式之下，参与行将承担来自借款人和牵头行履约不能的双重风险。

（3）合同更新。即借款人、牵头行和参与行三方达成协议，解除牵头行原贷款协议下的部分贷款权利和义务，改由参与行享有与承担。实施合同更新必须取得借款人及其他所有参与行的认可。为了便于合同更新，实践中发展出了国际贷

---

❶ 实践中，代理行统统由牵头行担任，但牵头行与参与行又存在信息不对称问题，而这种问题会导致严重的代理问题即额外溢价及道德风险问题即次优监管。

款的证券化，目前普遍采用的是替代证书制度。其具体做法是：一开始由借款人签署替代证书，表示将接受日后可能发生的合同更新安排，这可视作借款人对未来参与行发出的一项不可撤销的要约。在贷款协议有效期内，如有参与行与牵头行一道签署该替代证书，且交由代理行，则代理行将有权代表借款人和银团的其他参与行签署，并对各方产生拘束力。这可视为对借款人上述要约的一项承诺。

(4) 隐形代理。即由牵头行代理银团其他成员（参与行）与借款人签订贷款协议，但不披露自己代理人的身份，借款人把牵头行看作本人，而不是代理人。据此，牵头行将承担所有的贷款义务，一旦借款人违约，只有牵头行有权诉请救济，反之，当牵头行违约时，借款人也只能向牵头行追索。但是，如果这种代理关系被公开，则一旦借款人违约，其他参与行也有权诉请救济，一旦牵头行违约，借款人也可向其他参加行追索。

（四）国际项目贷款协议

国际项目贷款，顾名思义，是贷款人对借款人某一项目所提供的贷款。其最大特点是，该贷款为项目而设，借款人原则上将以项目收益作为还本付息的资金来源，还款与收益挂钩，并以项目资产作为还款担保。项目主要出现在交通运输、电力、化工、林业和农业、自然资源开发等行业。国际项目贷款可分为无追索权项目贷款与有限追索权项目贷款。无追索权项目贷款，又称为“纯粹项目贷款”，是指由贷款人向主办人举办的项目提供贷款，以项目建成投产后所产生的收益作为偿还贷款的资金来源，并以该项目现有的或将来取得的资产为贷款提供担保，除此之外，贷款人对包括项目主办人在内的任何第三人无追索权。由此，如果项目收益好，贷款的收回就有保障，反之，如果项目中途停建或经营失败，其资产和收益又不足以清偿贷款，贷款人将自担风险。所以，该种贷款方式对贷款人而言风险很大。实践中，除非贷款人对项目非常有信心，否则，贷款人一般都不愿意接受这种贷款方式。所以，国际上多采取有限追索权项目贷款。有限追索权项目贷款是指，贷款人除要求以项目收益作为还本付息的资金来源外，除了在该项目资产和收益上设定担保物权外，一般还要求项目实体外的第三人提供各种担保。这些第三人包括项目主办人、项目产品的未来购买人、东道国政府以及其他担保人等。当项目不能完工或经营失败，项目本身的资产和收益又不足以清偿贷款时，贷款人有权向这些担保人追偿，但以他们各自提供的担保金额或按有关协议所承担的义务为限，故为“有限追索权”。有限追索权项目贷款涉及很多当事人，从当事人签订的各种协议层次来看，有限追索权项目贷款主要有以下三种形式：

1．双层次结构项目贷款

双层次结构项目贷款的当事人具体包括三个：贷款人、项目主办人及由项目主办人组建的具体运作和管理项目的项目公司。双层次结构项目贷款具体做法是：第一层次，贷款人与项目公司订立贷款协议，由贷款人向项目公司提供贷款。第二层次，项目主办人与贷款人、项目公司签订以下三种担保协议，具体由项目主办人向贷款人提供担保。（1）完工担保协议，由项目主办人和贷款人签订。协议中，主办人向贷款人保证项目如期完成。若项目建设成本超支或资金不足时，项目主办人将负责提供超支或不足部分的资金。（2）投资协议，由项目主办人与项目公司签订。协议规定项目主办人应采取增加股权投资或次位贷款的方式向项目公司提供一定数额的资金支持，以保证项目建成后稳健经营与项目收益。项目公司再将该协议之下的权利转让给贷款人。贷款人对项目公司的贷款是主位贷款，主位贷款优先于次位贷款得到偿还。（3）购买协议，由项目主办人和贷款人之间签订。协议规定当项目公司不履行他与贷款人签订的贷款协议时，项目主办人应以未偿贷款金额为价格向贷款人购买贷款协议项下的贷款债权，这实际上是债权转让。

2．三层次结构项目贷款

三层次结构项目贷款的当事人除了双层次结构项目贷款的当事人之外，还有项目产品的购买人，该购买人既可以是项目主办人也可以是第三人。三层次结构项目贷款的具体做法是：第一层次，同于双层项目贷款。第二层次，项目公司与项目产品购买人签订远期购买协议。协定规定项目产品购买人将以协议中的价格购买项目产品，项目公司用所得的货款偿还贷款人的贷款，该协议应履行到项目公司偿还完项目贷款。第三层次，项目主办人与项目公司签订担保协议，保证购买人履行付款义务。而后，由项目公司将远期购买协议与担保协议之下的权利一并转让给贷款人。

3．四层次结构项目贷款

四层次结构项目贷款的当事人除了三层次结构项目贷款的当事人之外，还多了一家贷款人全资拥有的金融公司。四层次结构项目贷款的具体做法是：

第一层次，贷款人与金融公司签订贷款协议，由贷款人向金融公司提供贷款，贷款金额相当于事先商定的向项目公司拟发放的贷款金额。

第二层次，金融公司与项目公司签订远期购买协议，金融公司把从贷款人那里借到的款项支付给项目公司，作为日后购买项目公司产品的预付款。项目公司由此取得的资金，虽然名义上是预付款，但由于项目公司就款项向金融公司支付利息，因此，仍具有贷款的实质。

第三层次，项目公司向金融公司交付产品，金融公司则将产品转售给购买人，以所得的货款偿还贷款人的贷款。

第四层次，项目主办人与金融公司签订担保协议，保证购买人履行付款义务。而后，金融公司将远期购买协议与担保协议之下的权利全部转让给贷款人。在该贷款方式中，之所以增设金融公司，主要在于：按照国际惯例，项目贷款属商业交易，如果贷款人是银行，根据一些国家的法律规定，银行不能参与非金融性质的商业交易，而通过非银行金融机构的金融公司开展项目贷款业务，可以不受此类法律规定的限制；其次，如果贷款人为多家银行，由一家金融公司与项目公司及其项目主办人磋商和完成贷款事宜，较之由几家银行各自分头进行，更为方便和经济。

四、国际信贷投资协议的担保制度

国际信贷投资协议一方面为借款人提供了融资便利，解决了借款人的资金需求，另一方面也为贷款人提供了投资渠道，获得了投资收益。但是，国际信贷投资协议基于信贷的国际性、各国法律政治等环境的差异性及信贷固有的风险，国际信贷协议还需有担保的支持。在国际信贷投资实践中，担保方式主要有见索即付保证、备用信用证、浮动抵押及意愿书四种。

（一）见索即付保证

见索即付保证，又称“独立保证”或“无条件保证”，是指一种独立于信贷投资协议，一旦借款人违约，贷款人无须先向借款人追索，即可无条件要求保证人承担第一偿付责任的担保方式。见索即付保证跟我国担保法上的连带责任保证相类似，但在某些方面，又有所不同，其实破了传统担保物权对主债权的从属性特征。[1]见索即付保证具有如下特点：

1. 无条件的保证

即保证人的保证责任是独立的、位于第一序位。一旦借款人不履约，贷款人可直接要求保证人承担还款责任，而无须先向借款人索要，贷款人对保证人享有直接追索权。与此相关的条款常有第一债权人条款与立即追索条款。前者规定保证人为第一债务人或主债务人，后者规定在借款人违约时，贷款人不必首先用尽一切法律手段向借款人追偿，便可立即要求保证人履行保证责任。

2. 持续的保证

即保证人需对贷款协议项下借款人的所有借款负责，以确保在透支账户下，不因借款人的分期还款而减少保证人的保证责任，使借款人再提取的借款能够继续得到担保保护，类似于连续保证，而非仅保证一次。与此相关的是“全部债务

[1] 目前，见索即付保证在我国仅适用于国际贸易。

条款”，具体规定保证人应对借款人到期的全部债务，连同其中的所有利息、损失及实现债权的费用等提供足额的担保。该条款突破一般担保法上的保证责任范围限制。

3．不可撤销的保证

即保证人不能向贷款人行使债务人的抗辩权，不能随意免除自己的保证责任。与此相关的条款常有：第一，融资协议无效条款。该条款突破一般担保法上保证从属性理论，具有单独性特征，具体规定保证人的责任不因贷款协议的无效而受到影响。第二，延期、修改与和解条款。该条款突破一般担保法上所规定的基础合同的修改须经保证人同意的原则，具体规定保证人的担保责任不因贷款人擅自延长借款人还款期限，不因贷款协议内容的修改等而减损。第三，担保人弃权条款。该条款突破一般担保法上保证责任一定原则，具体规定保证人担保责任不因贷款人解除贷款协议项下的担保物权和其他共同保证人的责任而受影响。第四，代位权条款。具体规定只有待贷款人全部受偿后，保证人才可以行使这项基于贷款协议所产生的代为求偿的权利。

尽管见索即付保证在国际贸易和国际投资领域中已经得到广泛的应用，各国的司法实践也认可其效力及对一般担保理论的突破，但绝大多数国家的立法尚未对此作出明确、具体的规定。为了指导和协调见索即付保证业务的开展，减少和消除这方面的法律障碍，1978年，国际商会在长期研究的基础上，公布了《合约保函统一规则》，但是其对见索即付保证的态度不甚明朗。1992年，国际商会公布了《见索即付保函统一规则》（URDG458），由于其是国际惯例的编纂，所以并不当然的对国际社会有约束力。1995年联合国大会通过了《独立保函和备用信用证公约》，并于2000年1月1日正式生效，但目前的批准国不多。《见索即付保函统一规则》和《独立保函和备用信用证公约》不仅强调保函的独立性，而且还突出此类保函的“单据化”特征，保证人的责任严格取决于受益人提交的索赔书及其他单据与保函的表面相符。在《见索即付保函统一规则》中，它把保函分为两类：

（1）直接保函。直接保函涉及委托人（债务人、借款人，下同）、受益人（债权人、贷款人，下同）及保证人，因此又称“三方保函”。其流程是：第一，委托人与受益人在基础合同中约定使用直接保函形式；第二，委托人与保证人签订偿付保证合同，委托保证人向受益人出具保函；第三，一旦委托人违约，受益人凭适格的索赔书和其他单据向保证人索赔；第四，保证人向受益人付赔后，根据偿付保证合同，凭受益人交来的索赔书和其他单据，转向委托人要求偿付。由此，直接保函涉及三个合同：基础合同、偿付保证合同及以保函形式表现出来的合同。

（2）间接保函。间接保函涉及委托人、受益人，保证人及指示人，因此又称“四方保函”。其基本流程是：第一，委托人与受益人在基础合同中约定采用间接保函方式；第二，委托人与指示人签订偿付保证合同，约请指示人要求保证人向受益人出具保函；第三，在接受委托人指示后，指示人便向保证人提供反担保，同时委托保证人向受益人出具保函；第四，保证人接受指示人的委托开出保函后，在有限期内，一旦委托人违约，受益人凭适格的索赔书和其他单据便可向保证人索赔；第五，保证人向受益人付赔后，根据其与指示人签订的反担保涵，并提交受益人交来的索赔书和其他单据，向指示人要求偿付；第六，指示人依反担保涵偿付保证人后，又根据其与委托人的偿付保证合同，并提交指示人转来的由受益人提供的索赔书和其他单据，再向委托人追偿。由此，间接保函涉及四个合同：基础合同、偿付保证合同、委托合同、反担保涵及保函。其中反担保涵具有独立性，届时指示人不能以其他合同的履行问题行使抗辩权。

（二）备用信用证

备用信用证是开证人（保证人）应申请人（债务人、借款人，下同）要求，向受益人（债权人、贷款人下同）开出的，凭受益人提交的与信用证条款相符的单据（如债务人的违约证明书及其他单据）付款的一种独立的书面承诺。备用信用证是19世纪中叶，美国银行为了规避美国法律禁止国内银行开立保函而产生的。1998年4月，国际商会正式公布了专门用以规范备用信用证业务的惯例——《国际备用信用证惯例》（ISP98），并于1999年元旦正式生效。备用信用证与见索即付保函都具有独立性、单据化、不可撤销性特征，所以联合国《独立保函和备用信用证》将二者合称为承保书，在许多方面一并加以规定。但二者适用的国际商会编纂的惯例不同。备用信用证可适用《国际备用信用证惯例》《跟单信用证统一惯例》《见索即付保函统一规则》及《独立保函及备用信用证》，而见索即付保函仅可适用《见索即付保函统一规则》和《独立保函及备用信用证》。在英美法系国家，二者生效的条件不同：对见索即付保函的开具具有对价要求，而备用信用证即使无对价也可成立。

实践中，备用信用证的使用领域更广。备用信用证与跟单信用证都具有信用证的共同特点，不同的是：（1）商业跟单信用证是一种国际支付方式，受益人（卖方）履行交货义务后，凭提单等商业单据要求开证行支付货款；而备用信用证主要适用于国际信贷投资领域，它是受益人（贷款人）在申请人（借款人）未履约时，凭申请人违约证明书等单据要求开证人予以赔偿。备用信用证往往是备而不用，具有保函的性质，有时被称为“担保信用证”。（2）根据《跟单信用证统一惯例》，商业跟单信用证的开证人只能是银行；而按照《国际备用信用证惯例》，备用信用证的开证人不限于银行，也可以是非银行机构。（3）在商业跟单信用证项下，在申请人（买方）赎单之前，开证行对受益人提交的进口单据及货物拥有所有权，这是开证行实现债权的重要保障，而备用信用证的开证人对借款人的追偿权是无担保债权，除非有反担保。因此，银行只给信誉良好的客户开立备用信用证。

（三）浮动抵押

浮动抵押是指债务人（借款人，下同）以其现有的或将来的全部或某一类财产为债权人（贷款人，下同）设定的一种担保物权。一旦债务人违约、破产或进行清算，债务人的资产便“固定化”，从而成为贷款人可接管或处分的担保物。而在此前，在日常业务中，浮动抵押的资产始终是不确定的，其数量和价值时增时减，其形式也处于不断变化之中。这是它与一般抵押的最大区别。浮动抵押对借贷双方均有特殊的益处。对贷款人而言，由于担保的资产范围大，所以将更加有利于其债权的实现。若借款人不履约，贷款人除了可拍卖、变卖担保物外，尚可派员接管借款人的全部资产，继续进行经营。如经营成功，贷款人则可从中获利，贷款风险也将因此缩小。对借款人而言，采取浮动抵押，其可随意使用、处分担保物，保证其经营能力。 对于浮动抵押，各国大多要求登记方生效或方可对抗第三人。需要注意的是，浮动抵押登记在先并不能对抗登记在后的一般抵押，如果债务人在浮动抵押的财产上再设定一般抵押，后者效力优先。所以，在国际融资实践中，为了保证所涉浮动抵押权的优先地位，贷款人或在信贷投资协议中规定消极担保条款，并就该浮动抵押协议办理登记手续，从而使这一限制性条款具有对抗第三人的效力，或先在借款人担保价值较高的财产上设定一般担保物权，然后再就借款人的其余财产设立总括性的浮动抵押。浮动抵押起源于19世纪的英国，后来逐步被许多国家所接受，但各国对其认可程度不同。英国浮动抵押的主体仅限于公司、合伙，个人不得以其资产设定浮动抵押；浮动抵押的财产多为债务人的全部资产，即采用一般浮动抵押的方式。美国在浮动抵押的主体上没有什么限制，但其浮动抵押的财产主限于债务人的某一类财产，其更多地采用有限浮动抵押方式。德国采用的是一种与有限浮动抵押具有类似法律效果的全面债权让与与担保制度，具体做法是将债务人现有和将来的某一类应收账款全部转让给债权人作为偿还债务的担保，在债务人违约或破产之前，已到期的应收账款仍归于贷款人受领，但债务人有义务持续保持一定数额的应收账款以供担保之用。我国2007年通过的《物权法》初步确定了浮动抵押制度。

（四）意愿书

意愿书，又称“安慰函”或“支持函”，通常是指一国政府为其下属机构或母公司为其子公司而向贷款人出具的表示支持并愿意为该下属机构或该子公司的还款提供适当帮助的书面文件。意愿书无固定格式和标准条款，类型大致有三种：（1）知悉函。即出具者（政府或母公司）表明其已知悉并同意借款人的融资安排。由此可防止政府或母公司日后以借款人未经其同意，而否认这项融资安排，并采取不利于贷款人的行动或拒绝给予借款人的支持。（2）允诺函。即母公司声明在子公司未还清贷款之前，将在子公司保持一定比例的股权，以示母子公司共担经营风险，而不会以退股或减资的方式弃子公司不顾。（3）支持函。即出具人表示愿意在各方面对借款人的还款给予支持。如母公司声明将在其权限之内尽力保证按审慎的财务政策使子公司得到适当的管理；在子公司偿清贷款之前，不接受来自子公司的分红或股息；对子公司提供资金或其他方面的支持，以免借款人产生财务危机等。意愿书最早产生于德国，是德国商界为了避税而创立的。最初，联邦德国政府对母公司为子公司提供担保的贷款征收2%的资本投资税。所以，为了避税，联邦德国商界创立了有法律拘束力的意愿书以代替有法律效力的担保函。虽然在1972年，联邦德国政府取消了资本投资税，但意愿书这种担保方式并没有消失，反而以其特有的功能流转下来。对于意愿书的效力，创立之初并不具有法律约束力，但时至今日，其法律性质不甚明朗。一般而言，意愿书仅仅有道义上的约束力，而无法律效力。但若在意愿书中，出具人作了明确的担保承诺，而不仅仅是表示支持的意愿，则法院就可能会“轻其名而重其实”，推定其为一种有法律约束力的担保。对于出具人而言，为了自身声誉和资信，通常都会履行自己在意愿书中所做的允诺。[1]

此外，在国际信贷投资实践中，银行是最主要的信贷投资主体。一些银行为了推动资本的输出、就近了解投资人的经济经营状况、逃避母国的法律管制，或为了其他的某种便利，往往会在国外建立跨国银行。跨国银行会对母国的国际收支、外汇管理、货币金融政策及税收产生一系列影响，所以实践中，母国都会对其国外分支机构的设立和经营进行必要的法律管制。同时，跨国银行对东道国而言，影响也是深远的，所以东道国也会对跨国银行准入的形式、准入的条件、经营的业务范围及风险给予必要的法律管制。由此，对国际信贷投资主体——商业银行的法律规制也就构成了国际信贷投资法的重要组成部分。目前，我国对跨国银行的法律管制主要体现为2006年的《外资银行管理条例》及其《实施细则》。2007年，中国银监会又发布了《中国银行业实施新资本协议指导意见》，明确要求在其他国家或地区，包括香港和澳门，设有业务活跃的经营性机构、国际业务占相当比重的大型商业银行，均应实施《新巴塞尔资本协议》。与此同时，为了避免监管的真空及基于监管的合作需求，对跨国银行的国际协调管制也是必不可

[1] 陈安主编：《国际经济法学》，北京大学出版社2013年版。

少的。目前，国际上协调跨国银行管制活动的最主要机构是1975年2月，由国际清算银行设立的“银行管制和监督常设委员会”，即“巴塞尔委员会”。它是一个国际民间组织，其主要目标是加强各国银行管理当局之间的联系与接触、制定广泛的统一管理规则、改进跨国银行管理的统计标准，其发布的有关跨国银行监管的各项文件，统称为“巴塞尔协议”。巴塞尔协议对各国虽然没有法律拘束力，但其确立的原则和规则体系，对各国管理跨国银行具有重要的指导意义。实践证明，巴塞尔协议被各国金融监管当局所广泛认同与接受，因而也成为跨国银行监管领域中最为重要的国际惯例。

第三节 国际证券投资

国际证券是一国政府或公司企业等为筹集资金而向涉外投资者发行的一种可自由流转的有价证券，具体包括股票、债券等。国际证券投资是指涉外投资者将资本投资于国外股票、债券等有价证券，以期获得一定的股息或债券利息的一种国际间接投资活动。国际证券投资是国际间接投资中的另外一种投资，是20世纪80年代新兴的一种新型投资方式，目前，其投资规模、势头已经远远超出了传统的国际信贷投资。为规范证券发行与交易行为，保护本国投资者的利益，也为了管制外资，国际证券投资的法律规范多为管制性法律规范，具体包括发行方面的法律规范和流通方面的法律规范。同时，国际证券投资是一种跨国投资，所以对其法律关系的调整既涉及发行人所在国的法律调整，也涉及发行地、上市地所在国的法律调整。

一、国际债券投资

（一）国际债券

国际债券，是指一国政府或公司企业等为筹集资金而向国外投资者发行的一种可自由流转的有价证券。其本质上是一种债权凭证，届时发行人需要向投资者偿还债务本金及利息。该特点使其区别于国际股权投资。

（二）国际债券的分类

国际债券根据不同的标准可以有不同的分类。

1. 外国债券和欧洲债券

国际债券按照是否以发行地国货币为债券面值货币可分为外国债券和欧洲债券。前者是指在某一外国市场上，以该外国货币标价发行，并在该外国证券市场交易的国际债券。后者是指在债券面值货币所在国以外的国际市场发行的国际债券，其理解类似于欧洲货币。

2. 固定利率债券、浮动利率债券和零息债券

国际债券按照利率的确定方式可分为固定利率债券、浮动利率债券和零息债券。固定利率债券具有固定利息，债券代理支付机构通常按照规定向息票持有人支付利息，并于到期日向债券持有人偿付本金。固定利率债券多在市场利率相对稳定的情况下发行，是目前国际债券投资中采用最多的投资形式。

目前，出现了一种新型的固定利率债券——可撤销债券。其做法是将债券期限分为若干期，第一期利率固定，其后每期视情况确定利率，以此来克服固定利率债券对市场利率环境平稳的要求。浮动利率债券的利息率是浮动变化的，其利息率通常是在伦敦银行同业拆放利率的基础上略提高一些，且其利息率浮动通常定有最低下浮限制，债券代理支付机构通常每3个月或6个月支付一次。这种债券降低了投资者因利率上升而引起资金贬值的风险。零息债券，表面上没有利息支付，也没有息票，但由于其是以低于面值的贴现方式发行，所以实际上还是有利可赚的。所以，零息债券是指于到期日按债券面值一次性支付本利的债券。

（三）国际债券投资的概念

国际债券投资，是指涉外投资者将资本投资于国际债券，以期获得债券利息的一种国际证券投资活动。债券条件及细则，又称为“债券票面条款”，是具体确定债券发行人与债券投资者权利义务的凭证，可以自由流转。形式上，债券条款记载于债券正面或反面，并通过细则性文件予以专门详细说明。其内容主要包括：（1）发行人。具体说明发行人的名称、住所及其所在国等情况。按照多数国际债券市场的要求，国际债券的发行人，即债券债务人，应当具备较高的信用等级，通常是指国际主要债券信用评级机构评估的BBB以上的等级。（2）债券。具体说明债券的名称、类型、性质、无记名属性、发行总额、发行方式、债券面值及币种、债券及息票的所有权推定、到期日、债券交付规则、债券转让规则等。（3）债券持有人的地位。将具体说明债券持有人是发行人的债权人、债券持有人与其他债权人的关系及债券发行人破产时，其应有的权利与责任等。（4）利息条款，该条具体说明债券计息办法以及债券投资者领取利息的时间、办法、凭证、数额、计付息时间、年利息率等。一般而言，债券持有人应自规定日期起凭债券和息票到支付代理机构领取利息。(5）担保条款。近年来，国际债券投资一般不需债券担保人，但如果发行人是新进入国际债券市场的，或企业规模小，或信用等级不足，就需要安排较著名的金融机构作为担保人，此时，担保人将承担连带清偿责任。对于有担保的债券来说，担保条款将具体说明担保人的名称、担保是否可撤销、担保的范围、担保文件等事项。实践中，担保条款具体表现为消极担保条款和财务限制条款。前者是指债券发行人承诺在其债券全部清偿完毕之前，将不再于其现有资产和收入上设定担保。后者具体规定发行人未来的长期负债不

得超过一定的比例，要求股东分配不得超过其净利润的一定比例，限制发行人以关联交易方式转移其利润或支付能力等。（6）赎回与购回。赎回是指债券发行人在债券到期时或之前，因约定事项的发生，以债券说明书中规定的参照价格买回其发行在外的债券的行为。购回则是指债券发行人在债券到期前，以市场价格买回其发行在外的债券的行为。条款中应规定赎回的时间限制、赎回原因、自愿赎回与强制性赎回规则、债券注销事项等。（7）税项。具体载明债券持有人是否应负担利息预提税，发行人负担利息预提税的条件和特殊情况下的预提责任等。一般而言，欧洲债券中通常载明债券持有人无须负担预提税。（8）支付条款。即具体载明发行人支付本息的地点、时间、币种、方法、支付代理机构及债券发行人如若违约提前偿付等事项。支付代理人是指根据与债券发行人签订的支付代理协议，具体代理债券发行人向债券投资者偿付债券本金和利息的人。（9）保护性修改条款。具体规定债券持有人召开会议和决议的程序、效力、修改债券条款的条件与限制以及信托受托人的权利等。根据各国信托法的规定，信托受托人由独立的金融机构担任，其职责是代表债券持有人向债券发行人主张债券上的权利，保存债券上利益的支付记录，参与债券本息偿付工作等。

与此同时，为了充分保障债券投资者的权益，债券投资者尚需关注其他文件，如债券发行说明书、专业性报告、承销协议、分销协议、支付代理协议、信托协议、债券清算登记代理协议等。债券发行说明书主要是指债券发行章程，它是详细披露一切跟债券发行有关的人、事情况的，并附带发行人、牵头经理人责任承诺与声明的基本文件。

牵头经理人，又称“国际协调人”“主干事经理人”，是指在国际证券发行中负责债券发行准备工作，组织承销团工作，并且通常负有主承销责任的国际性金融中介机构。在发行规模较大的项目中，牵头经理人还可以组建由若干金融机构组成的经理人集团共同工作。专业性报告，具体包括：会计事务所对发行人财务状况，如资产负债状况、损益状况、现金流量等所作的审计报告；律师事务所对发行人资格、发行行为等的合法性所作的法律意见书；债券评级机构对债券发行人债券的可靠性及违约风险程度所作的债券评级报告。债券评级机构，是指具体对拟发行债券进行债信评级的机构。一般而言，对于初次进入国际债券市场的发行人来说，对其债券进行评级是其发行债券的必要条件。实践中，牵头经理人在决定组织承销其债券之前也会要求先行对该债券进行评级。若债券发行人对债券评级机构所作的评级结果不甚满意，可以要求其不公布评级结果。但若债券发行人依然坚持债券的发行，则债券评级机构有权向投资者公布评级结果和资料。而且，对于债券发行人已发行的债券，只要尚未完全清偿，债券评级机构有责任定期或随时对该债券做跟踪审查，或升级或降级，并向投资者公布。承销协议是具体确定承销成员之间承销权利义务的文件。在国际债券投资实践中，债券的发行一般都是由牵头经理人组建承销团来具体负责债券的承销事宜。

二、国际股票投资

国际股票是指一国政府或公司企业等为筹集资金而向国外投资者发行的，一种可自由流转的股票。国际股票投资是指涉外投资者将资本投资于国际股票，以期获得股息的一种国际证券投资活动。国际股票投资是目前国际市场上发展最为迅速的一种投资形式。其最大特点是，专业性强、见效快，但收益不稳、风险高。需要注意的是，对于国际股票投资是直接投资还是间接投资，目前判断的主要标准是“有效控制权”标准。凡股票投资能达到有效控制投资对象的即为国际直接投资，反之即为国际间接投资。但是何谓有效控制股份占有比例达到多少才是有效控制，各国立法实践尚不一致。欧盟国家采取20%的股份作为国际直接投资和间接投资的分水岭；日本以10%的股份作为国际直接投资与国际间接投资的界限。根据我国《证券法》及国务院证券委员会于1996年5月发布的《股份有限公司境内上市外资股规定的实施细则》的有关规定，我国实行持有股份5%报告制度，即以5%作为警戒线。总之，若国际股票投资者购买股票是以参与或管理投资对象的经营活动为目的，而且有一定的影响力，则这种投资将转化为国际直接投资，否则，都视为国际间接投资。

我国目前发行的国际股票大致有两种，一种是境内上市外资股，另一种是境外上市外资股。

（一）境内上市外资股

境内上市外资股，又称B股，是指在中国境内注册的股份有限公司向境内外投资者发行并在中国境内证券交易所上市，采取记名股票形式，以人民币标明其面值，以外币认购、交易和结算的股份。根据国务院于1995年发布的《国务院关于股份有限公司境内上市外资股的规定》的规定，境内上市外资股投资人限于：外国的自然人、法人和其他组织，中国香港、澳门、台湾地区的自然人、法人和其他组织，定居在国外的中国公民，国务院证券委员会规定的境内上市外资股其他投资人。境内上市外资股投资人认购、买卖境内上市外资股，应当提供证明其投资人身份和资格的有效文件。境内上市外资股股票的代理买卖业务，应当由中国人民银行依法批准设立并经中国证监会认可的证券经营机构办理。经国务院证券委员会批准，境内上市外资股或者其派生形式可以在境外流通转让。前款所称派生形式，是指股票的认股权凭证和境外存股凭证。公司向境内上市外资股股东支付股利及其他款项，以人民币计价和宣布，以外币支付。境内上市外资股的股利和其他收益依法纳税后，可以汇出境外。根据国务院证券委员会于1996年5月发布的《股份有限公司境内上市外资股规定的实施细则》的规定，公司发行的境内上市外资股，可以在证券交易所上市交易。买卖境内上市外资股的投资人应当遵守证券交易所和证券登记结算机构的业务规则。买卖境内上市外资股，应当根据证券登记结算机构的有关规定开立境内上市外资股账户。境内上市外资股投资人可以委托证券登记结算机构接受的托管机构为其办理境内上市外资股托管业务。境内上市外资股的股东名册登记、股票存管、过户登记、资金结算应当由股票上市交易的证券交易所指定的证券登记结算机构进行。境内上市外资股股东名册为证明境内上市外资股股东持有公司股份的充分证据，但是有相反证据的除外。任何境内上市外资股股东直接或者间接持有境内上市外资股股份达到公司普通股总股本的5%时，应当自该事实发生之日起3个工作日内向中国证监会、证券交易所和公司作出报告并公告，说明其持股情况和意图，并在其持有该股票的增减变化每达到该公司普通股总股本的2%时，作出类似的报告和公告。境内上市外资股股东在作出前款规定的报告和公告之前及当日，不得再行直接或者间接买卖该种股票。境内上市外资股股利的外汇折算率的确定，由公司章程或者股东大会决议规定。如果公司章程或者股东大会决议未作出规定，则应当按股东大会决议日后的第一个工作日的中国人民银行公布的所涉外汇兑人民币的中间价计算。

（二）境外上市外资股

境外上市外资股是指我国股份有限公司向境外投资者募集（发行股票）并在境外公开的证券交易所上市、流通转让的股份。它也采取记名股票形式，以人民币标明面值，以外币认购。在境外上市时，可以采取境外存股证形式或者股票的其他派生形式。在境外上市的外资股除了应符合我国的有关法规外，还须符合发行、上市所在地国家或者地区证券交易所制定的上市条件。境外上市外资股主要由H股、N股、S股等构成。根据1994年《国务院关于股份有限公司境外募集股份及上市的特别规定》：依法持有境外上市外资股、其姓名或者名称登记在公司的股东名册上的境外投资人，为公司的境外上市外资股股东。境外上市外资股的权益拥有人可以依照境外上市外资股股东名册正本存放地或者境外上市地的法律规定，将其股份登记在股份的名义持有人名下。境外上市外资股股东名册为证明境外上市外资股股东持有公司股份的充分证据，但是有相反证据的除外。公司召开股东大会，应当于会议召开45日前发出书面通知，将会议拟审议的事项以及会议日期和地点告知所有在册股东。拟出席股东大会的股东应当于会议召开20日前，将出席会议的书面回复送达公司。公司召开股东大会年会，持有公司有表决权的股份5%以上的股东有权以书面形式向公司提出新的提案，公司应当将提案中属于股东大会职责范围内的事项，列入该次会议的议程。公司向境外上市外资股股东支付股利以及其他款项，以人民币计价和宣布，以外币支付。公司所筹集的外币资本金的结汇和公司向股东支付股利以及其他款项所需的外币，按照国家有关外汇管理的规定办理。存托证（存托凭证）又称“存股证”，是指由一国存托银行向该国投资者发行的一种代表对其他国家公司证券所有权的可流转证券，是为方便证券跨国界交易和结算而创制的。存托证所代替的基础证券即为其他国家公司的股票。存托证境外上市的做法是：一国际股票发行人通过国际承销人将国际股票向境外发行；境外的存托银行代表境外投资人统一认购、持有；存托银行通过国内承销人向本国投资人或国际投资人发行代表该股票的存托证，并将发行存托证的筹资用于认购国际股票的支付;安排存托证在该国证券交易所上市交易，并负责安排存托证的注册和过户。存托证注销的过程通常为，首先由存托银行以回购要约通过市场向存托证持有人购回存托证，其次由存托银行通知基础证券市场的经纪商售出基础证券，再次由存托银行将购回的存托证注销，最后将基础证券销售收入偿付存托证原持有人。存托银行在其中仅提供中介服务并收取服务费用，但不承担相关的风险。❶实践中，还有一种间接境外股，是指一国的境内企业通过其在境外的控股公司向境外投资人募集股份筹资，并将该募集股份在境外的证券交易所上市的一种国际股票，其本质是境外上市外资股，不是一种独立的股票类型。需要注意的是，中国证监会、中国人民银行和国家外汇管理局于2006年9月联合颁布的《合格境外机构投资者境内证券投资管理办法》与中国证监会于2007年4月发布的《合格境内机构投资者境外证券投资管理试行办法》，虽然分别旨在规范合格境外机构投资者在中国境内证券市场的投资行为与合格境内机构投资者境外证券的投资行为，虽然都是规范“投资者”的行为，但根据这两个办法的规定，所谓的合格境外机构投资者是指符合本办法的规定，经中国证券监督管理委员会批准投资于中国证券市场，并取得国家外汇管理局额度批准的中国境外基金管理机构、保险公司、证券公司以及其他资产管理机构。所谓的合格境内机构投资者是指符合本办法规定的条件，经中国证券监督管理委员会批准在中华人民共和国境内募集资金，运用所募集的部分或者全部资金以资产组合方式进行境外证券投资管理的境内基金管理公司和证券公司等证券经营机构。即这两个“投资者”实际上都是从经纪商的角度去定义的。

对于一个理性国际股票投资者而言，详细阅读国际股票发行人的招股说明书——招股章程是必需的。招股说明书会详细披露一切与国际股票有关的情况，内容具体包括：（1）绪言。具体说明招股章程的法律依据、发行人董事责任承诺、上市依据、股份的过户登记机构、股份转让规则、募股目的等。（2）释义。对使用的专用名词或概念加以详细说明。（3）发行人及其附属企业资料。全面说

---

❶ 郭寿康、赵秀文主编：《国际经济法》，中国人民大学出版社2006年版。

明他们的经营业务、经营政策、经营战略、经营状况和财务状况；他们的历史及发展；他们的企业重组过程和重组后的结构；他们的资产权益及不动产产权，他们过去三年在国际合并报表下的营业记录、损益记录及说明；他们未来的投资与发展计划及发展前景；发行人法定代表人、董事、监事及高级管理人员及雇员的姓名、国别、住所；发行人与其控股股东的关系及竞争关系和重大关联交易的处理；发行人的盈利预测与派息政策；募集资金用途及用资计划；截止到审计的最后会计日期，发行人未清偿完毕的负债总额、负债结构、负债担保、短期债务清偿安排、债务外汇折算等；发行人的银行贷款支持与资金需求等。（4）参与售股各方的名称、所在国、住所、联系方式等具体情况。具体包括上市保荐人、国际协调人、牵头经办人、主承销商及其他各承销商，有关法律顾问、财务顾问、审计师、物业估值师，以及收款银行、股票过户登记处、发行人主要往来银行等。（5）股本。应载明发行人法定股本数额；已缴足的股本数额；本次发行后的应缴足股本数额；发行人已发行的其他类型的股份；发行人未来拟再发行的股份及限制条件；本次股份拟发行总额、发行方式、公开发售份额、配售份额、国际配售地区、超额配售选择权、战略投资人购股、稳定市场措施、接纳认购的先决条件、发行价格、市盈率、发行当年的盈利预测、预期时间表（认购股票至发行完成的时间表，其中最重要的是认购申请截止时间、有效认股公布日期、退款支票寄发日期、股份交割寄发日期、股票上市交易日期等）；认股申请手续；股票上市安排等。（6）风险因素。充分披露所有可能影响拟发行股票的一切风险因素，主要包括对发行人可能造成不利影响的生产经营风险、原材料供应风险、市场需求风险、竞争风险、不完全担保风险、发行人所在国政治及经济环境风险、发行人所在国政府政策变动风险、发行人所在国外汇管制及汇率变动风险、发行人所在国法律与法制风险、发行人所在国与上市地法律差异摘录、拟发行股票的流动性及股价波动风险等。（7）行业背景资料。应载明影响发行人经营的有关地区性因素和行业性因素，具体包括发行人所在国、地区、行业经济状况、市场情况及未来发展，发行人所在国政府对其行业的管理和主要制度等。（8）附录文件。即作为招股说明书基础的专业性报告、权威性资料及其他依据。具体包括审计师报告及经审计的发行人公司合并会计报表、发行人公司的盈利预测及审计师的审核函、国际估值师的物业估值报告、发行人公司及其附属企业所适用的税项管理及税法摘要、对发行人所在国政治法制经济外汇管制的概括性说明、对发行人所在国有关重要法律法规和上市地相关法律的摘录、发行人公司章程及细则的披露和摘录、认购股份申请表格、承销协议等。

三、国际证券投资的管制性法律制度

（一）国际证券发行的审核制度

证券公募发行的对象是大众投资者，他们事先并不了解发行人及其所发行证券的有关情况，他们往往需要根据发行人披露的文件来作出是否购买该证券的判断。在这种情形下，为了防止发行人虚假陈述或欺诈，各国法律都对公募发行规定了相当严格的审核制度，即发行人在发行国际证券之前，需向证券管理部门呈交招募说明书。根据各国对招股说明书的审核程度，国际证券发行的审核制度基本上可以分为注册制和核准制两种类型。

1．注册制

即所谓的“形式审查主义”。其要求发行人在证券发行之前，须按法律规定向证券管理机关申请注册。在申请注册时，必须提交招募说明书这一核心文件。对招股说明书，证券管理机关只负责审查发行人披露的情况是否属实，而不涉及证券发行的实质性问题。如对发行条件是否公平、发行证券的种类是否合理、发行人信誉是否良好等一概不做审查。其理论依据为“阳光是最有效的防腐剂，灯光是最有效的警察”。

2．核准制

即所谓的“实质审查原则”。证券管理机关不仅审查发行人所提交的招募说明书是否真实，而且还审查证券发行的其他实质性条件，如发行人经营事业的性质、管理人员的资格是否合法合理、资本结构是否健全、偿债能力等。两种制度各有利弊。注册制强调发行人披露的高标准，有利于投资者掌握正确的信息，但由于其对发行的实质问题不做审查，从而提高了对投资者的专业要求。一些大众投资者可能因为自己不能阅读或不能理解招募说明书的有关内容、专业术语而做出错误的投资决策。核准制对发行实质问题的审查，加大了投资者投资的安全系数，但其对发行人披露的要求相对较低，同时也容易造成投资者对证券管理机关审查机关的过分依赖。此外，由于审查实质性问题需要的时间相对较长，对证券管理机关的要求也比较高，所以证券管理机关可能会行事保守，从而将发展前途好的，但有较大风险的公司排除在适格发行人之外。

根据1995年《国务院关于股份有限公司境内上市外资股的规定》与1994年《国务院关于股份有限公司境外募集股份及上市的特别规定》的有关规定，我国境内上市外资股与境外上市外资股兼需获得国家证券委员会，即现证监会的批准批方可发行。从上述文件中对申请人报送的文件或材料要求（如资金运用的可行性报告以及近 3 年的财务报告和审计报告、资产评估报告等）及我国《证券法》的规定看，我国实行的是核准制。

（二）国际证券上市的准入制度

公开发行的证券，经批准后即可在证券市场进行交易，即证券上市。各国证券法都对证券上市规定了一定的条件，这些条件有数量要求，也有质量要求。数量要求，即各国证券法都对上市公司设立了一系列的最低数量要求，如资本额、资本结构、股东人数、发行证券的总市价、股份分散、盈利水平等。质量要求，即各国证券法都对上市公司提出了严格的质量要求。如根据我国1995年发布的《国务院关于股份有限公司境内上市外资股的规定》第8条、第9条规定，以募集方式设立公司，申请发行境内上市外资股的，应当符合下列条件：（1）所筹资金用途符合国家产业政策；（2）符合国家有关固定资产投资立项的规定；（3）符合国家有关利用外资的规定；（4）发起人认购的股本总额不少于公司拟发行股本总额的35%；（5）发起人出资总额不少于1.5亿元人民币；（6）拟向社会发行的股份达公司股份总数的25%以上；（7）拟发行的股本总额超过4亿元人民币的，其拟向社会发行股份的比例达15%以上改组设立公司的原有企业或者作为公司主要发起人的国有企业，在最近3年内没有重大违法行为；（8）改组设立公司的原有企业或者作为公司主要发起人的国有企业，最近3年连续盈利；（9）国务院证券委员会规定的其他条件。公司增加资本，申请发行境内上市外资股的，除应当符合本规定上述第（1）（2）（3）项的规定外，还应当符合下列条件：公司前一次发行的股份已经募足，所得资金的用途与募股时确定的用途相符，并且资金使用效益良好；公司净资产总值不低于1.5亿元人民币；公司从前一次发行股票到本次申请期间没有重大违法行为；公司最近3年连续盈利；原有企业改组或者国有企业作为主要发起人设立的公司，可以连续计算；国务院证券委员会规定的其他条件。以发起方式设立的公司首次增加资本，申请发行境内上市外资股的，还应当符合本规定上述（6）的规定。

（三）信息披露制度

信息披露按照各国证券法的规定是指，证券发行人应真实、完整、准确和及时地说明其自身的财务状况、经营状况及发行证券的条件等。信息披露通常包括两个环节，一个是发行人在发行前于招募说明书中所作的信息披露，一个是已发行上市后，发行人就其最新的财务和经营状况所作的持续的信息披露。

1．信息披露的要求

有的国家对外国公司信息披露的要求实行国民待遇，有的实行差别待遇——或实行高于本国公司的优惠待遇，或实行低于本国公司的歧视待遇。虽然各国对信息披露的具体要求有所不同，但也有一些共同或类似的制度，对外国公司都有一些特别的信息披露要求：（1）发行人所属国相关法制的介绍，具体涉及公司法、证券法、与股息和利息的分配及汇兑相关的外汇管理法及税法等；（2）发行地国证券持有人行使权利的方法，如股东表决权应如何行使、股份应如何转让、新股应如何认购等；（3）证券保证人的情况，如保证人的财务状况和经营状况等；（4）外汇行情动态，如证券面值货币及发行人的财务记账货币与发行地国货币之间的近期的汇率变动情况等。

与此同时，各国还对外国公司信息披露的途径给予一定的限制。如未经批准，严禁外国发行人以下列方式向本国人推销在国外发行的证券：寄送招募说明书、散发邮品广告、张贴宣传广告、登广告、电话促销、派员走访等。但在国际性大报和杂志刊登广告，或在本国观众能收视的外国电台或在互联网上推销外国发行的证券，则较难禁止。也有国家，如阿根廷证券法规定，在特殊情况下，本国人可以从国外购买证券：如购买要求系本国人主动提出，且外国发行人没有促销行为；已经购买某外国发行人证券的本国人继续购买该证券；以及本国购买人为专业证券商。即使属于上述情形之一的，如外国人多次销售证券，仍有可能被认为在内国已构成投资活动，从而要求其事先必须取得当地有关部门的许可。随着证券市场的日益国际化，一些国家已开始通过相应的双边或区域性安排，相互承认已经对方认可的招募说明书，尽管这种相互承认的事项范围非常有限。[1]

根据我国证券法的有关规定，公开发行、上市的股票或债券，需披露以下文件：（1）招股说明书。（2）公司债券募集办法。（3）上市财务会计报告。（4）中期报告。具体包括公司财务会计报告和经营情况，涉及公司的重大诉讼事项，已发行的股票、公司债券变动情况，提交股东大会审议的重要事项，国务院证券监督管理机构规定的其他事项。（5）年度报告。具体包括：公司概况；公司财务会计报告和经营情况；董事、监事、高级管理人员简介及其持股情况；已发行的股票、公司债券情况，包括持有公司股份最多的前十名股东的名单和持股数额；公司的实际控制人；国务院证券监督管理机构规定的其他事项。（6）临时报告。即就发生可能对上市公司股票交易价格产生较大影响，投资者尚未得知的重大事件，具体说明事件的起因、目前的状态和可能产生的法律后果。重大事件具体包括：公司的经营方针和经营范围的重大变化；公司的重大投资行为和重大的购置财产的决定；公司订立重要合同，可能对公司的资产、负债、权益和经营成果产生重要影响；公司发生重大债务和未能清偿到期重大债务的违约情况；公司发生重大亏损或者重大损失；公司生产经营的外部条件发生的重大变化；公司的董事、1/3以上监事或者经理发生变动；持有公司5%以上股份的股东或者实际控制人，其持有股份或者控制公司的情况发生较大变化；公司减资、合并、分立、解

[1] 陈安主编：《国际经济法学》，北京大学出版社2013年版。

散及申请破产的决定；涉及公司的重大诉讼，股东大会、董事会决议被依法撤销或者宣告无效；公司涉嫌犯罪被司法机关立案调查，公司董事、监事、高级管理人员涉嫌犯罪被司法机关采取强制措施；国务院证券监督管理机构规定的其他事项。依法必须披露的信息，应当在国务院证券监督管理机构指定的媒体发布，同时将其置备于公司住所、证券交易所，供社会公众查阅。

根据我国国务院于1995年发布的《国务院关于股份有限公司境内上市外资股的规定》的规定，发行境内上市外资股的公司应当依法向社会公众披露信息，并在其公司章程中对信息披露的地点、方式等事宜作出具体规定。发行境内上市外资股的公司的信息披露文件，以中文制作，需要提供外文译本的，应当提供一种通用的外国语言文本。中文文本、外文文本发生歧义时，以中文文本为准。1996年5月发布的《股份有限公司境内上市外资股规定的实施细则》又对境内上市外资股的信息披露作了补充规定：公司发行境内上市外资股，应当在境内按照中国有关法律、法规要求的内容、格式和披露方式披露招股说明书；其在境外向投资者提供的招股说明书，除募集行为发生地法律另有规定外，应当按照中国有关法律、法规要求的内容制作和提供。公司在境内、外提供的招股说明书，在内容上不得相互矛盾，并不得有重大遗漏、 严重误导或者虚假陈述。公司根据《规定》提供外文译本时，应当保证外文文本的准确性。公司披露信息时，应当在境内外报刊上或者以其他中国证监会允许的信息披露方式向境内外投资人同时披露，披露内容原则上应当一致。根据我国国务院于1994年发布的《关于股份有限公司境外募集股份及上市的特别规定》的规定，公司分别发行境外上市外资股和内资股的计划，应当在公司各次募集股份的招股说明材料中全面、详尽披露。对已经批准并披露的发行计划进行调整的，必须重新披露。公司所编制的向境内和境外公布的信息披露文件，内容不得相互矛盾。分别依照境内、境外法律、法规、证券交易场所规则的规定，公司在境内、境外或者境外不同国家和地区披露的信息有差异的，应当将差异在有关的证券交易场所同时披露。

2．虚假陈述的法律规制

虚假陈述，即披露虚假信息，这不仅损害了投资者的合法权益，而且破坏了证券市场的公开、公平、公正原则，所以各国立法都对证券交易过程中的虚假信息披露进行严格的管制。我国《证券法》第63条规定，发行人、上市公司依法披露的信息，必须真实、准确、完整，不得有虚假记载、误导性陈述或者重大遗漏。

（1）虚假陈述的责任主体。虚假陈述的责任人可分为两类： 第一类是发起人、发行人或上市公司、控股股东等操纵发行人或上市公司进行虚假陈述的实际控制人。 第二类是证券承销商，证券上市推荐人，会计事务所、资产评估机构、律师事务所等专业中介服务机构，发行人或上市公司、证券承销商、证券上市推荐人中负有责任的董事、监事和经理等高级管理人员，会计事务所、资产评估机构、律师事务所等专业中介服务机构的直接负责人。

（2）虚假陈述的方式。结合我国最高人民法院2003年2月开始实施的《关于审理证券市场虚假陈述引发的民事赔偿案件的若干规定》第17条的规定及各国的法规，虚假陈述的方式有四种：第一种，虚假记载，即行为人在信息披露文件中将不存在的事实予以记载。第二种，误导性陈述，即行为人在信息披露文件中或通过媒体所做出的，容易使投资人做出错误投资决策的陈述。具体包括虚假说明、虚假预测及误导性概述。虚假说明是指本来没有此种意图，却透露这种意图；事实本来并非如此，却胡乱发表意见；法律理解并非如此，却做一致性说明。虚假预测是指发行人对预期利润等所做的没有科学依据、不合理的预测或估算。误导性概述是指对有关法律文件，如公司章程、担保合同及政府许可等的简介带有误导性。若具有误导性，不能以已点明“详见”有关文件而免责。第三种，重大遗漏，即行为人在信息披露文件中，未将应当记载的事项完整记载或只是部分记载。第四种，不正当披露，即信息披露义务人未在适当的期限内或者未以法定方式公开披露应当披露的信息。

（3）虚假陈述的归责原则。一般而言，各国证券法对上述两类人的虚假陈述的归责原则并不完全相同。相比之下，前一类责任人较之后一类责任人更容易被课以虚假陈述的责任。根据我国2003年发布的《最高人民法院关于审理证券市场因虚假陈述引发的民事赔偿案件的若干规定》的规定，对上述第一类虚假陈述的责任人，采取无过错责任原则，即只要此类责任人有虚假陈述的行为，并使得投资者在证券交易中遭受损失的，不管他们主观上有无过错，均得承担责任，这样做有利于保护投资者的利益。对上述第二类虚假陈述的责任人，由于投资者与融资者在信息掌控、经济实力、专业技能等方面都很不平衡，投资者往往处于弱势，要让他们来证明这些责任人主观有过错，很难。所以，法律往往采取过错责任推定原则，并配置举证责任倒置制度。据此，只要第二类责任人没有证据证明其没有过错，即推定为其主观有过错。据此，虚假陈述责任人承担虚假陈述责任的核心构成要件是：虚假陈述责任人作了虚假陈述，投资者有损失，二者之间存有因果关系，即可构成虚假陈述，相关的责任人就需承担相关的责任。而对于虚假陈述责任人的主观要件，为了打击证券市场上的虚假陈述，保护投资者的利益，法律对此并没有严格地要求。那么对于明知是虚假陈述仍然购买或投资，虚假陈述责任人是否需要承担责任？也就是说当投资者主张上述权益救济的时候，是否需要证明自己是基于对投资者的信赖而购买该证券？如何证明？美国证券法采取信赖推定原则，即只要证明被告对重大信息有虚假陈述的行为，就可推定原告在购进证券时信赖了被告的虚假陈述。除非被告能够反证。我国最高法院的上述司法解释第19条也做了类似的规定，当被告举证证明原告投资者明知虚假陈述存在而进行的投资，人民法院应当认定虚假陈述与损害结果之间不存在因果关系，进而免除了虚假陈述责任人的责任。

（四）对操纵证券市场行为和内幕交易的法律规制制度

各国证券法都规定，证券的发行、交易活动，必须遵守法律、行政法规，禁止欺诈、内幕交易和操纵证券市场的行为。

1．操纵证券市场行为的法律规制制度

操纵证券市场是指制造虚假的交易繁荣和交易价格，以便从中牟取利益或减少损失的行为。由于这种行为会损害其他投资者的利益，所以，各国证券法均对此类行为加以明令禁止。实践中，常见的操纵证券市场的行为表现为：（1）洗售（wash-sales），即操纵者在卖出证券的同时自己又买入该证券，证券的所有权并未发生实际转移。其目的是制造供求关系的假象，诱导公众投资者盲目跟进，达到影响市场行情或交易量的目的。（2）合谋（matching orders）。即两个操纵者恶意串通，由一方提出卖出或买进的交易委托，另一方完全依该委托的内容，在同一证券交易所同时买进或卖出该证券。其与洗售的区别是证券所有权发生位移，但却是二者合谋的结果，不是市场调整的结果。（3）联合操纵（pools）。即两个或两个以上的操纵者纠合各自在资金、交易经验、技巧、人才及信息等方面的优势，组成一个临时性团伙，共同完成对证券市场的操纵。其强调的只是人多，但操纵的行为或是洗售、或是合谋等。（4）扎空（corners）。即一伙操纵者垄断市场上某种证券，致使此前已与第三方订立出售该种证券合同的人，在无法从其他处寻得供应者的情况下，而被迫以高价从操纵者处购入该种证券，是联合操作的具体表现形式之一。（5）倒卖(scalping)。即一投资顾问先以低价买进某种证券，然后再公开进行推介，致使公众信以为真，以高价购买其证券。（6）倒腾（churning）。即在客户全权委托的情况下，经纪商利用客户的资金反复买进、卖出证券，赚取佣金。

2．内幕交易的法律规制制度

内幕交易，又称“知情交易”，指公司内部人员及其他有关人员，利用能影响本公司证券价格的非公开信息，非法进行证券交易而获利的行为。从事内幕交易的人员违反了其对公司的信义等义务，并扰乱了证券市场公平交易的原则，各国都对其实施严格的法律管制。

（1）内幕人员。内幕人员共有三类：第一类，传统内幕人员，具体包括公司董事、监事、经理、大股东、其他高级职员、雇员、代理人。第二类，准内幕人员，即具有获得公司内幕信息便利的人员，具体包括公司的顾问、律师、会计师、承销人、证券管理机关的工作人员、新闻记者、编排印刷人员、传统内幕人员的亲属等。第三类，受密者，即接受传统内幕人员或准内幕人员所泄露的内幕信息者。我国《证券法》第74条规定，证券交易内幕信息的知情人包括：发行人的董事、监事、高级管理人员；持有公司5%以上股份的股东及其董事、监事、高级管理人员，公司的实际控制人及其董事、监事、高级管理人员；发行人控股的公司及其董事、监事、高级管理人员；由于所任公司职务可以获取公司有关内幕信息的人员；证券监督管理机构工作人员以及由于法定职责对证券的发行、交易进行管理的其他人员；保荐人以及承销的证券公司、证券交易所、证券登记结算机构、证券服务机构的有关人员；国务院证券监督管理机构规定的其他人。

（2）内幕信息。内幕信息是指会影响公司证券价格的、与该公司有关的未公开的特定信息。具体构成要件有：第一，必须是内幕人员在进行内幕交易之前未公开的信息。什么是“未公开”，其判断标准如何，各国法律规定不一。根据英国法，存有下列情形之一者，仍有可能被判定信息未被公开。如只有经过努力或通过有关专家方可获得的信息；信息只对部分公众发布；经由观察才能发现信息；只有付费才能购得信息；以及信息只在英国之外的其他国家公开。第二，必须是准确的信息，而非谣言，也不是一种推测。第三，必须是与公司有关的特定信息而非该公司业务、该行业或该国经济发展趋势的一般信息。第四，必须是能引起公司证券价格波动的敏感信息或重要信息。我国证券法第75条规定，证券交易活动中，涉及公司的经营、财务或者对该公司证券的市场价格有重大影响的尚未公开的信息，为内幕信息。下列信息皆属内幕信息：中期报告中的重大事件；公司分配股利或者增资的计划；公司股权结构的重大变化；公司债务担保的重大变更；公司营业用主要资产的抵押、出售或者报废一次超过该资产的30%；公司的董事、监事、高级管理人员的行为可能依法承担重大损害赔偿责任；上市公司收购的有关方案；国务院证券监督管理机构认定的对证券交易价格有显著影响的其他重要信息。

（3）知情。一般而言，内幕人员要承担从事内幕交易的法律责任，必须以其实际知悉自己为内幕人员，其所得信息为内幕信息时，才承担从事内幕交易的法律责任。关于内幕交易的归责理论，在美国，目前占主导地位的是“不当占有理论”。即与公司或信息提供者有信义、信用和信任等类似关系的人，如在获得公司内幕信息之后，进行证券交易，就是违背了相关的义务，所以要承担相应的法律责任。上述的内幕人员即与公司或信息提供者具有这种关系，所以，一旦其从事了证券交易，就必须为此承担不利的法律责任。而对于一些偶尔得到内幕信息的人，如出租车司机在与公司内部人员闲谈过程中无意获得该公司的内幕信息、清洁工从户外的垃圾箱中意外拾得公司废弃的文件，得知公司的内幕信息等，因他们与公司或公司内部人员不存在任何信义或信用和信任等类似关系，因而不在内幕人员之列，从而也不在内幕人员之列。

（4）交易行为。内幕人员在获得了内幕信息后，往往会做出或售出或买进的行为。对于买进获利或售出避损行为，因为有交易行为记录，监管机关可以很容易地认定其责任。但对于内幕人员本打算出售，但在获得有利的内幕信息后，放弃了售出计划，从而避免了低价售出损失的行为，或内幕人员本打算买进，但在获得不利的内幕信息后，放弃了买进计划，从而避免了高价买进的损失行为，由于没有交易记录，对其不作为很难追究其法律责任。

为了防止内幕交易，各国证券法和公司法都规定了一些防止内幕交易发生的法律制度:

（1）人员持股报告制度。许多国家要求，内幕人员，如董事，必须披露其持股的状况。英国公司法规定，公众公司的董事、近亲及与其有重要利益关系者，还有持有公司普通股达30%以上的股东，必须及时披露交易的状况。我国《证券法》第54条规定，签订上市协议的公司除公告前条规定的文件外，还应当公告下列事项：持有公司股份最多的前十名股东的名单和持股数额，公司的实际控制人，董事、监事、高级管理人员的姓名及其持有本公司股票和债券的情况。

（2）上市公司的披露制度。各国证券法或证券交易所规则都要求上市公司应迅速公布所有会影响本公司证券行情的重要信息，以免这些信息成为内幕信息而被滥用。与此同时，还要求上市公司保守重要秘密，以防止其中的信息被盗用。这个在信息披露制度中已作详述。

（3）内幕人员交易的限制制度。一些国家，如美国及我国的证券法确立了规制短线交易的制度。所谓的“短线交易”是指上市公司的内部人员在法定期间内对所持本公司的证券进行先买后卖或先卖后买的反向操作。对由此而获得的利润，这些国家的证券法都规定，应收归公司所有，从而使得内幕人员无法从中获益，避免了内幕交易的可能。还有一些国家在其他方面限制内幕人员的交易。如英国公司法规定，董事及其家人不得从事上市公司证券的期权交易。我国证券法第43条规定，证券交易所、证券公司和证券登记结算机构的从业人员，证券监督管理机构的工作人员以及法律、行政法规禁止参与股票交易的其他人员，在任期或者法定限期内，不得直接或者以化名、借他人名义持有、买卖股票，也不得收受他人赠送的股票。任何人在成为前款所列人员时，其原已持有的股票，必须依法转让。第45条规定，为股票发行出具审计报告、资产评估报告或者法律意见书等文件的证券服务机构和人员，在该股票承销期内和期满后6个月内，不得买卖该种股票。除前款规定外，为上市公司出具审计报告、资产评估报告或者法律意见书等文件的证券服务机构和人员，自接受上市公司委托之日起至上述文件公开后5日内，不得买卖该种股票。第47条规定，上市公司董事、监事、高级管理人员及持有上市公司股份5%以上的股东，将其持有的该公司的股票在买入后6个月内卖出，或者在卖出后6个月内又买入，由此所得收益归该公司所有，公司董事会应当收回其所得收益。第76条规定，证券交易内幕信息的知情人和非法获取内幕信息的人，在内幕信息公开前，不得买卖该公司的证券，或者建议他人买卖该证券。

（五）证券商的法律规制制度

在证券交易所交易中，投资者包括外国投资者，不能直接从事证券买卖，而应通过证券商这一中介进行。所以，对证券商经营业务实行适当的法律管制，无疑是保护投资者利益所必需。

1．证券商的业务范围

对证券商业务范围的管制主要涉及其内部分业管制和外部分业管制两个方面。

（1）内部分业管制。内部分业管制旨在解决证券机构内部的分工问题，即证券商经营的证券业务范围有多大的问题。证券商有三个职能；一是经纪职能，即代理客户买卖证券，充当交易双方的中间人，收取佣金，自己不投入资本；二是自营职能，即依靠自有资本和借入资本自行买卖证券，自负盈亏；三是承销职能，即认购发行人向社会公开发行的证券，具体包括代销和报销两种方式。对于证券商职能的划定，关键在于其能否同时从事第一、二种职能。有的国家采取“单一经营制”，只允许证券商选择经营其中一种证券业务，以防止证券商与委托人发生自营交易，从而有可能会损害委托人的合法权益；有的国家则采取“综合经营制”，允许证券商兼营以上两种业务。虽然“单一经营制”可以防止证券商自营交易，但实践中，证券商总是能找到别的规避之道。所以目前“综合经营制”得到更多国家的认可。对于“综合经营制”产生的流弊则采用其他制度来约束。我国《证券法》第125条规定，经国务院证券监督管理机构批准，证券公司可以经营下列部分或者全部业务：证券经纪，证券投资咨询，与证券交易、证券投资活动有关的财务顾问，证券承销与保荐，证券自营，证券资产管理，其他。所以，我国采取的是证券商综合经营制。第136条规定，证券公司必须将其证券经纪业务、证券承销业务、证券自营业务和证券资产管理业务分开办理，不得混合操作。

（2）外部分业管制。外部分业管制旨在解决金融机构之间的分工问题，即其他的非证券的金融机构能否经营证券业务。对此，国际上有两种体制；一种是金融业务“分业经营”制，另一种是金融业务“混业经营”制。“分业经营”制有利于金融机构专业经营，减少金融风险的连锁反应；“混业经营”有利于金融机构扩大规模，降低金融业务风险，增强竞争力。早先西方发达资本主义国家，大都采用金融业务“分业经营制”，即银行、证券、保险、信托等金融业务分别由银行金融机构、证券机构、保险机构、信托机构等从事，彼此之间分工明确，不得交叉。德国是唯一一开始就实行金融业务“混业经营”的国家。德国银行一开始就实行全能银行制，其不仅可以从事银行业务，还可以从事证券等其他金融业务。但是随着金融全球化、国际化进程的加快，各国为了增强本国金融机构的竞争力，目前，大部分西方发达资本主义国家，如美国、英国、日本、法国等都开始实行“混业经营制”。根据我国目前最新的金融立法，我国仍实行“分业经营”模式，除非国家另有规定。我国《证券法》第6条规定，证券业和银行业、信托业、保险业实行分业经营、分业管理，证券公司与银行、信托、保险业务机构分别设立。国家另有规定的除外。

2．证券商的经营行为

对证券商经营行为的规制，大致包括以下几个方面：

（1）保护客户资产。证券商有义务将客户的资金存在某一银行单独开设的“信托账户”，以防止其破产而给客户带来损失；证券商也有义务将客户的投资单独开户立账，以免客户之间和客户与证券商之间的证券投资损失发生混同。同时证券商不得以客户的证券为自己或第三人的债务设定担保。我国《证券法》第139条规定，证券公司客户的交易结算资金应当存放在商业银行，以每个客户的名义单独立户管理。具体办法和实施步骤由国务院规定。证券公司不得将客户的交易结算资金和证券归入其自有财产。证券公司破产或者清算时，客户的交易结算资金和证券不属于其破产财产或者清算财产。

（2）戒绝利益冲突。证券商不得为与自己有利益冲突的证券经纪行为，如对自营与经纪业务进行不公开的混合操作；证券商不得为一客户与另一客户有利益冲突的行为，如私下交叉代理两个客户卖出和买进同一证券，损害其中一个客户的利益。我国《证券法》第136条规定，证券公司应当建立健全内部控制制度，采取有效隔离措施，防范公司与客户之间、不同客户之间的利益冲突。第137条规定，证券公司的自营业务必须以自己的名义进行，不得假借他人名义或者以个人名义进行。证券公司的自营业务必须使用自有资金和依法筹集的资金。第143条规定，证券公司办理经纪业务，不得接受客户的全权委托而决定证券买卖、选择证券种类、决定买卖数量或者买卖价格。

（3）限制信用交易。信用交易，又称“保证金交易”或“垫头交易”，是指客户通过缴纳一定数额的保证金取得证券商的信用，在委托买卖证券时，由证券商贷款，或在卖出证券时，由证券商贷给证券。各国证券法都禁止此类交易，目的是防止客户进行过度投资或进行过量的证券买卖。美国证券法限定客户从证券商处取得的信用额最多不得超过证券买卖价格的50%。

（4）禁止不当投资劝诱。证券商可以对客户进行适当的投资劝诱，但向客户提供的信息必须客观，以便投资者作出独立的判断，法律禁止虚假或致人误解的投资劝诱。在英国，不当劝诱可能构成证券法直接禁止的行为。在澳大利亚，则属“股票兜售”行为，也属于禁止之列。我国《证券法》第144条规定，证券公司不得以任何方式对客户证券买卖的收益或者赔偿证券买卖的损失作出承诺。此外，我国《证券法》第79条规定，禁止证券公司及其从业人员从事下列损害客户利益的欺诈行为：违背客户的委托为其买卖证券；不在规定时间内向客户提供交易的书面确认文件；挪用客户所委托买卖的证券或者客户账户上的资金；未经客户的委托，擅自为客户买卖证券，或者假借客户的名义买卖证券；为牟取佣金收入，诱使客户进行不必要的证券买卖；利用传播媒介或者通过其他方式提供、传播虚假或者误导投资者的信息；其他违背客户真实意思表示，损害客户利益的行为。欺诈客户行为给客户造成损失的，行为人应当依法承担赔偿责任。

除了上述国际信贷投资和国际证券投资之外，国际实践中还有一种间接投资，即国际融资租赁，具体确定相互权利义务关系的协议叫国际融资租赁协议。国际融资租赁具体是指一国出租人按照另一国承租人的要求购买租赁物并出租给承租人使用，承租人按期缴纳租赁费的一种国际租赁方式。由于在这种租赁之下，出租人用自己的资金解决了承租人资金短缺的问题，为承租人提供了融资渠道与便利，所以，这种租赁被称为融资租赁。这种租赁的租赁期限一般都很长，大都接近租赁物的使用寿命。承租人通过向出租人支付租金来补偿与回报出租人的资本投入及利润需求。租赁期满，承租人可选择或将租赁物退回，或继续租赁，或按残值购买。典型的国际融资租赁一般都涉及三方当事人和两个合同。一个合同是货物买卖合同，具体由供货人（卖方）与出租人（买方）签订。另一个是租赁合同，具体由出租人和承租人签订。租赁物的买卖合同原理、合同之下买卖双方的权利义务皆同于一般的国际货物买卖合同。不同的是，该国际货物买卖合同只有经过承租人的确认后才能生效或修改，而且供货人应按约定把货物直接交给承租人。租赁合同下，承租人应承担的义务除了按时支付租金外，还有：如供货人迟延交货、货物不符约定，甚至致人损害的，承租人不得向出租人追究责任；承租人应妥善保管、合理使用租赁物，不得随意迁移、改装租赁物；承租人应自负费用保养和维修租赁物；租赁物的所有权属于出租人，承租人不得擅自出售、转让、转租或作抵押；承租人应对租赁物的技术资料给予保密；承租人自担租赁物损坏和灭失的风险。出租人的义务是向承租人转让对供货人的索赔权；租赁期间，出租人不得擅自处分租赁物。在国际融资租赁协议中，有一种特殊的国际融资租赁，即国际杠杆租赁，又称国际衡平租赁。其最大的特点就是有银行等金融机构的参与。具体做法是租赁物购置成本的小部分，一般是20%~40%，由出租人出资；大部分，一般是60%~80%，由银行等金融机构提供贷款。[1]贷款以租赁物为抵押，但贷款人对出租人无追索权，贷款只能通过承租人支付的租金得到偿还。如承租人不愿或无力支付租金，贷款人可依约行使抵押权，处分担保物，即租赁物。对出租人而言，其先应以租金收入偿还贷款，通常约定由承租人直接向贷款人支付租金，只有当全部贷款清偿之后，出租人才有权收受其余的租金。

[1] 陈安主编：《国际经济法学》，北京大学出版社2013年版。

第五章　外国投资法律规制

为了吸引外国投资，东道国竞相推出鼓励外商投资的优惠政策。为了消除外国投资可能产生的消极影响，发挥其积极作用，维护东道国的经济主权与利益，东道国对外资往往进行必要的管理与引导。在这种背景下，外国投资法应运而生。外国投资法是指调整外国投资的法律制度。具体来说，是指东道国制定的关于调整外国私人直接投资关系的法律规范的总称，其内容主要包括外国投资的市场准入、法律保护以及外国投资的管理等制度。

第一节　外国投资的市场准入

外国投资的市场准入，是指东道国，即资本输入国规定的允许外国资本进入本国的条件及程序。各国外资法一般对外国投资领域、外国投资审批、外资企业的设立作了明确规定。

一、外国投资领域

外国投资领域是指东道国允许外国投资进入的行业部门。东道国出于保护国家安全、统筹安排产业结构并进而促进本国经济发展的需要，必然要对外国投资的领域加以限定。一方面，将关系到国家安全和重大利益的、关系到国计民生的行业和部门，保留在政府和本国国民手中。另一方面，将外资引导到本国亟待发展的行业和部门，使外国投资与本国的经济发展目标保持一致。因此，世界各国法律都有关于投资领域的规定，即规定禁止、限制、允许或鼓励外国投资的部门。

我国加入WTO后，国务院于2002年2月发布了《指导外商投资方向规定》，国家计委、原国家经贸委和原对外经贸部于2002年3月发布了新的《外商投资产业指导目录》，取代了1996年6月发布的《指导外商投资方向暂行规定》及《外商投资产业指导目录》。《外商投资产业指导目录》又分别于2004年、2007年、2011年、2015年进行了修订。2015年最新修订的《外商投资产业指导目录》总条目473条，其中鼓励类354条、限制类80条、禁止类39条。该目录将高端制造业作为鼓励外商投资的重点领域，促进外商投资使用新技术、新工艺、新材料、新设备，改造和提升传统产业；鼓励外商投资节能环保、新一代信息技术、生物、高端装备制造、新能源、新材料、新能源汽车等战略性新兴产业，提升我国承接国际产业转移的层次和水平，培育国际合作和竞争新优势；鼓励外商投资现代服务业，支持面向民生的服务业扩大利用外资，推进服务业开放进程。

（一）禁止外国投资的领域

各国往往规定关系国家安全、支配国家经济命脉、涉及公共利益的关键行业部门不允许外国投资进入。发展中国家禁止外国投资进入的行业部门一般包括：公用事业、航空、内陆运输、电信、国防与武器弹药、批发、小宗贸易和零售、印刷、无线电、电视、原子能、石油、进出口等。发达国家禁止外国投资进入的行业部门相对较少，一般包括国防、原子能、公用事业、交通等行业部门。

我国《外商投资产业指导目录》采取列举的方式，明确了禁止外商投资的产业。其第7条明确规定禁止外商投资下列项目：（1）危害国家安全或者损害社会公共利益的；（2）对环境造成污染损害，破坏自然资源或者损害人体健康的；（3）占用大量耕地，不利于保护、开发土地资源的；（4）危害军事设施安全和使用效能的；（5）运用我国特有工艺或者技术生产产品的；（6）法律、行政法规规定的其他情形。

（二）限制外国投资的领域

限制外国投资的领域，主要是限制外资在某些部门的股权比例，有时还涉及对董事会成员的国籍和住所地的限制。发达国家在某些部门，特别是在服务部门，对外国投资存在不同形式的限制。如银行、保险、通信、国内运输、农业、自然资源开发等。发展中国家一般对一些十分重要的行业或部门，或在本国已有一定发展基础，需要重点保护的行业的外国投资予以限制。凡属限制外国投资的部门，外资一般只占少数股权，而且须经严格审查。

根据我国《指导外商投资方向规定》第6条的规定，属于下列情形之一的，列为限制类外商投资项目：（1）技术水平落后的；（2）不利于节约资源和改善生态环境的；（3）从事国家规定实行保护性开采的特定矿种勘探、开采的；（4）属于国家逐步开放的产业的；（5）法律、行政法规规定的其他情形。《外商投资产业指导目录》则进一步列举了限制外商投资的产业。

（三）鼓励和允许外国投资的领域

许多国家明确规定了允许和鼓励外国投资的行业部门，以引导外资流向本国急需发展而又缺乏资金的行业。发展中国家允许或鼓励外国投资的规定可以分为两种。第一种是不具体列举鼓励和允许外国投资的领域，只是原则性规定引进外资的重点或目标，只要符合重点或目标的，均为允许或鼓励的行业部门。第二种是根据本国经济发展的需要，明确列举允许和鼓励外国投资的行业部门。发达国家允许或鼓励外国投资的规定同样分为两类：一类是不指明外国投资的重点领域，也不干预外国投资流向，完全由市场来调节，如美国；一类是明确引导外国投资的流向，对外国投资进行指导和管制，如新西兰。

根据我国《指导外商投资方向规定》第5条的规定，属于下列情形之一的，列为鼓励类外商投资项目：（1）属于农业新技术、农业综合开发和能源、交通、重要原材料工业的；（2）属于高新技术、先进适用技术，能够改进产品性能、提高企业技术经济效益或者生产国内生产能力不足的新设备、新材料的；（3）适应市场需求，能够提高产品档次、开拓新兴市场或者增加产品国际竞争能力的；（4）属于新技术、新设备，能够节约能源和原材料、综合利用资源和再生资源以及防治环境污染的；（5）能够发挥中西部地区的人力和资源优势，并符合国家产业政策的；（6）法律、行政法规规定的其他情形。《外商投资产业指导目录》则进一步列举了鼓励外商投资的产业。此外，根据我国《指导外商投资方向规定》的规定，鼓励类、限制类和禁止类的外商投资项目，列入《外商投资产业指导目录》。不属于鼓励类、限制类和禁止类的外商投资项目，为允许类外商投资项目。允许类外商投资项目不列入《外商投资产业指导目录》。

除了对外国投资的领域做了规定，各国法律对外国投资的比例也作了规定。外国投资者与东道国投资者之间的出资比例不但涉及合营企业的利益分配以及管理权的行使，而且是东道国限制外国投资者取得合营企业控制权的重要措施。一般来说，对于资本输入国越重要的行业，规定本国国民和公司控股的比例越高。通过规定出资比例，可以把某些行业中外国资本的影响限制在一定的范围之内，有助于实现东道国的经济社会发展目标。[1]如我国的《中外合资经营企业法》规定，外国投资者在企业中的投资比例一般不低于25%。《外商投资产业指导目录》中对一些外商投资项目规定“中方控股”或者“中方相对控股”。中方控股，是指中方投资者在外商投资项目中的投资比例之和为51%及以上；中方相对控股，是指中方投资者在外商投资项目中的投资比例之和大于任何一方外国投资者的投资比例。

二、外国投资审批

外国投资审批，即东道国政府对外国投资的审查和批准，具体是指东道国政府依据一定的程序、标准，对外国投资进行审查，以决定是否给予许可的一种制度。审查的目的是使国家能有计划、有选择、有重点地利用外资，充分发挥外资的经济效益。东道国对外国投资实行审批可以保证外国投资符合法律规定的要求，与本国的经济发展计划和发展目标相一致，还可以禁止和限制外国投资进入

---

[1] 姚天冲主编：《国际投资法教程》，对外经济贸易大学出版社2010年版，第122页。

某些涉及国家安全、国计民生的关键行业和部门。东道国对外国投资实行审批是为了规范、控制与管理外国投资，具有积极作用。当然，审批制对外国投资入境必然会有所限制。[1]

（一）审批程序

各国对外国投资的审批程序大致可以分为国民待遇原则、一般审批制和严格审批制。

（1）国民待遇原则。有些国家，如美国、德国、瑞典、瑞士、英国等，对待外国投资没有专门的法律和管理机构。外商在这些国家投资设厂的程序同国内企业的开办相同，完全适用公司法。这类国家为数并不多，且都是工业发达国家。例如，美国虽然在联邦财政部设立了外国投资委员会，但美国对外国投资采取相对自由的审查政策，因此该委员会的主要职责不是投资审批，而是分析或监督外国投资对美国经济和安全造成的影响，然后制定相应的外资法规措施。在美国，联邦政府财政部外国投资委员会对于外国投资项目，出于国家安全与利益考虑，认为有必要时亦有权进行审查，尤其是应国会要求审查，且近年来有加强的趋势。[2]如2005年中海油收购美国优尼科就被以损害美国国家安全与利益为由而不予批准，2003年中石油并购俄罗斯斯拉夫石油公司股权也因俄罗斯的紧急立法禁止而终止，理由同样是该并购会危害俄罗斯国家安全与利益。

（2）一般审批制。实行一般审批制的国家都通过外资立法详细规定设立外资企业的标准与审批程序，一般审批制是指外国投资者只要符合这些法定条件即可获得批准，不需要政府机构对具体的外资项目再逐个进行专门审批。一般审批制对外国资本的进入只进行形式上的审查，十分方便外国投资的进入。一般许可制主要由发达国家采用，它体现了资本输入国对外国资本进入的宽松政策。

（3）严格审批制。少数发达国家与大部分发展中国家，对外国投资实行严格的审批制度。这些国家有专门的外资法规并通过特殊政府机构或其授权机关对申请设立的外商投资企业进行逐个审批，对所有外资项目的立项申请、可行性研究报告、投资者资信、投资协议、合同章程、工业产权和其他必要文件都要进行审查，全部审查合格后才批准开办企业。[3]

---

[1] 余劲松、吴志攀主编：《国际经济法》（第三版），北京大学出版社、高等教育出版社2009年版，第262页。

[2] 孙南申著：《国际投资法》，中国人民大学出版社2008年版，第42页。

[3] 孙南申著：《国际投资法》，中国人民大学出版社2008年版，第42页。

（二）审批标准

各国对外国投资进行审批，一般采取积极标准和消极标准两种形式。积极标准是东道国审批机构鉴定外国投资积极作用的标准。一般来说，判断外国投资是否具有积极作用，是否符合东道国经济发展目标，要考虑以下几种情况：（1）对国际收支的影响（2）能产生的就业机会；（3）先进技术的引进；（4）对当地市场的影响；（5）对经济不发达地区发展的贡献；（6）出口多样化、促进出口等。

消极标准是指不予批准外国投资的条件。例如，我国法律规定，危害国家安全或者损害社会公共利益的、对环境造成污染损害的、破坏自然资源或者损害人体健康的、危害军事设施安全和使用效能的、运用我国特有工艺或者技术生产产品的都不予批准。

三、外资企业的设立

在东道国设立企业是外国直接投资的主要形式。设立外商投资企业首先要遵守东道国有关外资准入的法律规定，要符合投资者资格、投资领域、股权比例等方面的要求。其次要经过审批程序，最后经过注册登记完成企业设立。下面结合我国的《中外合资经营企业法》及《中外合资经营企业法实施条例》的有关规定介绍外资企业的设立程序。

（一）制作文件并提出申请

根据法律规定，申请设立合营企业，除了向审批机构提交设立合营企业的申请书之外，中外合营者还需共同向审批机构报送下列文件：（1）合营各方共同编制的可行性研究报告；（2）由合营各方授权代表签署的合营企业协议、合同和章程；（3）由合营各方委派的合营企业董事长、副董事长、董事人选名单；（4）审批机构规定的其他文件。

合营企业协议，是指合营各方对设立合营企业的某些要点和原则达成一致意见而订立的文件；合营企业合同，是指合营各方为设立合营企业就相互权利、义务关系达成一致意见而订立的文件；合营企业章程，是指按照合营企业合同规定的原则，经合营各方一致同意，规定合营企业的宗旨、组织原则和经营管理方法等事项的文件。合营企业协议与合营企业合同有抵触时，以合营企业合同为准。经合营各方同意，也可以不订立合营企业协议而只订立合营企业合同、章程。合营企业协议、合同和章程经审批机构批准后生效，其修改时同样需要经审批机构批准后生效。

（二）主管部门审批

在中国境内设立合营企业，必须经中华人民共和国对外贸易主管部门审查批准。批准后，由对外贸易主管部门发给批准证书。凡具备下列条件的，国务院授权省、自治区、直辖市人民政府或者国务院有关部门审批：（1）投资总额在国务院规定的投资审批权限以内，中国合营者的资金来源已经落实的；（2）不需要国家增拨原材料，不影响燃料、动力、交通运输、外贸出口配额等方面的全国平衡的。审查批准机关应在收到文件之日起3个月内决定批准或不批准。

（三）办理企业注册登记

申请者应当自收到批准证书之日起1个月内，按照国家有关规定，向工商行政管理机关办理登记手续。合营企业的营业执照签发日期，即为该合营企业的成立日期。合营企业为有限责任公司，合营各方对合营企业的责任以各自认缴的出资额为限。根据《企业法人登记管理条例》的规定，所有外商投资企业都必须办理注册登记，并按中国有关法律、法规规定的范围开展业务活动。外商投资企业通过注册登记，领取营业执照，具备法人条件的，依法取得企业法人资格。

第二节 外国投资的法律保护

东道国为了吸收外国投资，为了使外国投资者的投资安全、利益免受损害，往往由立法机构颁布有关外国投资的各类法律、法规，对外资提供切实可行的保护，为创设良好的投资环境打下基础。外国投资法律保护措施是反映一国外资政策、改善投资环境、调整及管理外国投资关系、保护外国投资者权益的重要措施。

一、外国投资待遇

外国投资待遇，即外国投资在东道国的法律地位问题，外国投资待遇决定着外国投资在东道国受到保护的程度，事关外国投资者的切身利益。东道国赋予外国投资者什么样的待遇，这是投资者非常关注的问题。虽然各主权国家之间可以通过缔结双边和多边条约，赋予外国投资者在东道国享受的待遇，但外国投资待遇问题从根本上讲是由各主权国家自主决定的，许多国家在国内立法中规定赋予外国投资何种待遇。[1]从整个世界范围来看，国民待遇和最惠国待遇是最常用的两种标准。

国民待遇是指外国投资者在东道国享有与东道国国民同等的待遇。根据国民待遇原则，外国投资者在东道国享有的权利不低于东道国国民所享有的权利，受到与东道国国民同等的保护，东道国不得给予外国投资者歧视性或不公正的待遇。发达国家把国民待遇看作双边投资条约中的一个重要原则，一般都对外资实

[1] 姚天冲主编：《国际投资法教程》，对外经济贸易大学出版社2010年版，第133页。

行国民待遇。如美国参议院1975年在审议《外国投资法》法案时就指出，美国对一切外国投资者给予国民待遇，允许外国投资者在美国有进行企业活动的自由，并给予与国内投资者同等的待遇，除国际上一般公认的合理例外，外资可自由出入。有一些发展中国家由于经济落后，国际竞争能力不强，仍需对国内企业实行特殊的保护，并对外资施以特别的管制以免外资的进入损及民族经济的发展，因而不愿接受国民待遇原则。也有一些发展中国家承诺给予外资国民待遇。如我国在《中国加入工作组报告书》中承诺给予外资国民待遇，对包括外商投资企业在内的中国企业、在华的外国企业和个人给予相同的待遇。当然，国民待遇是总的原则，其基本要求是外国投资者与东道国投资者法律地位平等，东道国不得对外国投资者施予歧视待遇，但这并不意味着外国投资者与东道国投资者在所有权利的享有上都绝对一致，也就是说国民待遇可以有例外。例如，外国投资者不能享有东道国国民的政治权利，东道国出于国家安全和维护本国经济利益的考虑可以对外国投资加以限制，除非东道国承担了不得限制的国际法义务。[1]

最惠国待遇是指东道国给予外国投资者的待遇，不应低于其已经给予或将来给予任何第三国投资者的待遇。最惠国待遇的范围一般包括投资者所进行的与投资有关的活动，如对于投资的管理、使用、拥有和处置等方面。其作用是创造同第三国国民间的平等待遇，赋予各外国投资者在东道国平等竞争的法律机会。与国民待遇赋予外国投资者不低于东道国国民的待遇不同，最惠国待遇以东道国给予第三国国民的待遇作为标准，外国投资者享有不低于任何第三国投资者的待遇。即国民待遇强调内外平等，而最惠国待遇强调的是外外平等。最惠国待遇标准主要通过国际投资条约确立。目前，世界各国签订的投资条约，绝大多数都规定了最惠国待遇原则。如我国与瑞典两国签订的投资保护协定中规定："缔约双方应始终保证公平合理地对待缔约另一方投资者的投资；缔约任何一方的投资者在缔约另一方境内的投资享受的待遇，不应低于第三国投资者所享受的待遇。"最惠国待遇原则也有很多例外，主要包括：（1）公共秩序保留。如果投资涉及公共利益与政策、道德风俗、国家安全、人民及生物生命健康问题，不适用最惠国待遇。（2）区域贸易安排例外。基于关税同盟、经济同盟、共同市场、自由贸易区协定等国际文件而给予特殊国家的特殊优惠待遇，区域外国家无权享受。（3）边境国家例外。边境国家相互给予的优惠待遇，不得视为违反对缔约另一方投资者投资的最惠国待遇。（4）产业部门例外。一些投资保护协定规定，对某些特定的投资部门，缔约一方可不对缔约另一方投资者实行最惠国待遇。（5）"祖父条

---

[1] 姚天冲主编：《国际投资法教程》，对外经济贸易大学出版社2010年版，第133页。

款”例外。有些投资保护协定中规定，先此存在的不符合最惠国待遇的规定仍可继续适用，不视为违背最惠国待遇原则。[1]

二、外国投资的保证

（一）关于国有化与补偿方面的保证

国有化是指东道国将外国投资者资产的全部或一部分收归国有的强制措施。东道国基于属地管辖权有权力对位于其境内的外国资产实行国有化。《各国经济权利与义务宪章》规定，每个国家都有权把外国资产收归国有、征用或转移其所有权，采取这一措施的国家应当根据本国的法律、法规给予适当的补偿。国际司法实践也肯定了国有化法令和国有化行为在国际法上的合法性。但是对外国投资资产实行国有化将影响到外国投资者的投资安全和利益，为了保护外国投资的安全和利益，改善本国投资环境，东道国往往采取种种措施给外国投资者提供关于国有化与补偿方面的法律保证。我国的《中外合资经营企业法》规定，国家对合营企业不实行国有化和征收，在特殊情况下，根据社会公共利益的需要，对合营企业可以依照法律程序实行征收，并给予相应的补偿。可见，我国严格限制了对外资实施国有化的条件，并承诺给予补偿。关于国有化的补偿标准，主要有三种观点，即全部补偿标准、适当补偿标准和不予补偿的理论。

全部补偿标准，即充分、及时、有效的补偿标准，其是以美国为首的发达国家所主张的标准。所谓“充分”，是指补偿的金额应等于受国有化措施影响的外国投资者所有利益的损失，包括直接损失和间接损失，对利息和未来利润也应赔偿。所谓“及时”，是指补偿应在国有化之前或之后很短时间内立即支付，否则须支付延迟的利息。所谓“有效”，是指该补偿应可随时为接受补偿的外国投资者有效地支配和使用，同时一定要以可自由兑换的货币支付。这一观点以私有财产不可侵犯为基础，以保护既得权和反对不当得利为法律依据。尊重既得权是西方学者主张的国际法基本原则之一。既得权说认为外国人有权要求恢复原状或给予全部损害赔偿。这种观点实际上是否认国家的征用权，并企图把外国私人财产永久化。反对者认为，尊重既得权原则和不当得利原则并不是国际法原则，而是国内民法的原则，一般适用于侵权行为或无法律依据的行为。将其作为补偿的依据，就等于把国有化这一合法行为等同于侵权行为或不合法的行为了，这是对国有化性质认识的错误。国有化是符合国际法的行为，而不是非法行为或无法律依据的行为，所以，适用既得权原则和不当得利原则是不妥当的，全部赔偿的主张是站不住脚的。[2]

---

[1] 吕岩峰、何志鹏、孙璐著：《国际投资法》，高等教育出版社2005年版，第78~79页。

[2] 吕岩峰、何志鹏、孙璐著：《国际投资法》，高等教育出版社2005年版，第93~94页。

适当补偿标准是广大发展中国家支持的标准。该标准主张国有化补偿的数额、时间、支付方式等问题，应由国有化国家考虑本国的财政经济状况、支付能力、被国有化资产的性质及其估价方法等因素，根据具体情况加以确定，即适当补偿是东道国国内法上的补偿标准。适当补偿标准的理论依据是公平互利原则、国家资源主权原则。公平互利原则要求在补偿时要考虑双方的情况，一方面，要考虑到采取国有化措施的国家实行社会和经济改革的需要以及其经济发展水平和财政支付能力。如果不从这种实际情况出发，不仅会损害采取国有化措施的国家的利益，而且也失去了补偿的客观物质基础。另一方面，在补偿时也要考虑外国财产所有人的合法利益所受损失的各种情况，并给予适当补偿。根据国家的实际情况对其损失予以适当补偿，是符合公平互利原则的。这既有利于保护外国人的合法利益，也有利于国家的利益。国家资源主权原则是指国家对其自然资源拥有永久主权，包括拥有权、使用权和处置权，这一永久主权是绝对的、无条件的。因此，一国对自然资源实行国有化时，参与开发该自然资源的外国投资者不应对由该国的自然资源所产生的利益主张权利，只能就其资产考虑补偿。如果强求采取国有化措施的国家对预期利益及其他间接损失作出补偿，则是对国家资源主权原则的否定，有损于该国的利益。[1]

不予补偿的理论。有些国家和学者认为，采取国有化措施的国家不存在对被征收了财产的外国人予以补偿的国际法律义务，因而不必予以补偿。其理由是：在实践中，历史上存在不予补偿的先例。如东欧国家在第二次世界大战后实行国有化时就拒绝补偿。在理论上，根据《各国经济权利义务宪章》的规定，国有化及补偿是一国经济主权内的事。因而，不存在补偿的国际义务，要求补偿是违背国家对自然资源的永久主权原则的。根据国民待遇原则，外国人在本国所享有的权利应等同于本国人，既然对本国国民的财产予以征收而不进行补偿，那么对外国人的财产也可以采取同样的方式。还有人提出，若征收是惩罚性的，即如果外国公司的行为对当地经济有害，一国对其予以征用是一种制裁，也无须补偿。不予补偿理论并不能普遍反映国际实践，很多批判者并不认可该理论：虽然国际法不应干涉一国主权范围内的事，但国家在行使主权时，必然受到各方面的限制。比如，应受该国自由承担的有效条约义务的限制、受国际舆论的约束、受本国长远利益的指引。如果一国以条约的形式保证国有化后给予补偿，那么它就应该善意履行其条约义务，受该条约的限制。

就征收的补偿标准，我国对外签订的投资保护协定，除有“适当”补偿规

[1] 余劲松主编：《国际投资法》，法律出版社1997年版，第377~379页。

定，还有"公平"补偿、"合理"补偿、"公正与公平"补偿等提法，但中国拒绝在协定中接受"充分"补偿、"充足"补偿、"全部"补偿等措辞。我国大多数学者认为，我国外资法中的"相应"补偿和投资保护协定中的"公平"补偿、"合理"补偿、"公正与公平"补偿等事实上等于发展中国家向来坚持的"适当"补偿标准。[1]

（二）关于外国投资利润及原本汇出的保证

外国投资者在东道国投资的目的是赚取利润。外国投资者在东道国的利润和收益能否换成外币并自由汇出东道国关系到外国投资者的根本利益。若不能汇出，则投资者虽有收入，但其实际利益不能实现。为了吸引外资，保护外国投资者的利益，东道国往往对外国投资者取得的合法收益及原本的汇出提供保证。因此，关于外国投资利润及原本汇出的保证是指东道国向外国投资者承诺，外国投资者可以将其投资本金和在东道国投资经营所取得的利润和收益，换成外币，汇出东道国。

一些国家在外资立法中对投资原本及利润的汇出未作任何限制，只要符合法律规定的程序，即可自由汇出。如韩国的法律规定：外国人取得的股份或者因处分投资额而取得的价款及取得的红利，能自由汇出；引进技术的价款，在批准的范围内，也准许自由汇出。[2]也有一些国家，尤其是一些发展中国家，出于国家利益、货币政策的需要，特别是基于国际收支平衡的理由，在承认自由汇出的原则下，对投资者原本及利润的汇出，又常加以一定的合理的限制。如哥斯达黎加法律规定，资本一经登记投入，从登记之日起的4年后才准汇出；秘鲁法律规定，外国投资者一年汇往本国的利润和红利的金额，限于其向外国投资技术委员会注册资本的20%；尼日利亚法律规定，外国资本如欲转移境外或外国投资者如要汇出所分得的红利等，须报财政经济开发部批准后方可汇出。[3]

我国法律同样在外国投资者原本及利润的汇出问题上做出了保护性规定，同时还对外籍职工工资的汇出做了保证。根据我国《中外合资经营企业法》的规定，中国政府依法保护外国合营者按照经中国政府批准的协议、合同、章程在合营企业的投资、应分得的利润和其他合法权益。外国合营者在履行法律和协议、合同规定的义务后分得的净利润，在合营企业期满或者中止时所分得的资金以及

---

[1] 吕岩峰、何志鹏、孙璐著：《国际投资法》，高等教育出版社2005年版，第99页。

[2] 黄来纪、王成懋主编：《海外投资贸易法律指南》，同济大学出版社1993年版，第12页。

[3] 范剑虹编著：《国际投资法导读》，浙江大学出版社2000年版，第185~186页。

其他资金，可按合营企业合同规定的货币，按外汇管理条例汇往国外。合营企业的外籍职工的工资收入和其他正当收入，按中华人民共和国税法缴纳个人所得税后，可按外汇管理条例汇往国外；《中外合作经营企业法》和《外资企业法》也有类似规定。根据《中外合作经营企业法》的规定，外国合作者在履行法律规定和合作企业合同约定的义务后分得的利润、其他合法收入和合作企业终止时分得的资金，可以依法汇往国外。合作企业的外籍职工的工资收入和其他合法收入，依法缴纳个人所得税后，可以汇往国外。根据《外资企业法》的规定，外国投资者在中国境内的投资、获得的利润和其他合法权益，受中国法律保护。外国投资者从外资企业获得的合法利润、其他合法收入和清算后的资金，可以汇往国外。外资企业的外籍职工的工资收入和其他正当收入，依法缴纳个人所得税后，可以汇往国外。此外，《外汇管理条例》也规定，依法终止的外商投资企业，按照国家有关规定进行清算、纳税后，属于外方投资者所有的人民币，可以向经营结汇、售汇业务的金融机构购汇汇出。

三、外国投资的鼓励和优惠措施

外国投资对于促进东道国经济发展能起到很大的促进作用，为了吸引更多的外国投资，东道国给予外国投资者各种各样的优惠和鼓励措施。这些优惠和鼓励措施主要体现在税收、财政、信贷等分面。

（一）税收优惠

各国均把税收优惠作为吸引外资以及实现特定的发展目标的重要工具。从各国立法来看，各国通常有重点、有选择地给予不同的税收优惠，以引导外资流向。

（1）对优先发展行业和先驱企业给予优惠。有些国家根据本国经济发展的优先次序，对优先发展行业中的外国投资给予特别的优惠。所谓具有先驱地位的企业是国家经济发展急需的企业，所给予的优惠以免税期为主，兼以其他补助。

（2）按产业政策给予优惠。国家的各个产业部门在国民经济发展中的地位、作用和发展程度是不一样的，因此，许多国家依据各个产业部门在其国民经济中的地位和作用，在税收上区别对待。一般鼓励生产投资，而对非生产性投资的税收鼓励少。至于具体对哪些产业部门给予税收优惠，视各国具体情况而异。

（3）按地区发展政策给予优惠。许多国家为了加速某些地区特别是落后地区的经济发展，对在这些地区的投资给予更多的优惠。例如，巴西规定，在亚马逊地区和东北地区投资的企业分别免纳联邦所得税20年和15年。墨西哥按经济发展的不同程度，将全国划为3个地区，各个地区的税收优惠幅度不同，而且每一个地区又划分为两类，两类的税收优惠也不同。我国对设在西部地区国家鼓励类产业的企业给予税收优惠。

（4）对利润再投资给予优惠。利润再投资可用于本企业的扩大再生产或投入新建企业，形成利用外资的良性循环，还可因延迟利润汇出而减轻对本国国际收支的不利影响，因此，许多国家对利润再投资给予税收优惠。如菲律宾规定，首创企业、优先企业以及生产出口商品企业将未分配的利润扩大再投资，可以减税25%～100%。我国的《中外合资经营企业法》规定：外国合营者将分得的净利润用于在中国境内再投资时，可申请退还已缴纳的部分所得税。我国法律还规定外国投资者将所获利润投资于非出口型和先进技术型企业，经营期不少于5年的，退回投资部分已纳所得税款的40%；再投资举办、扩建产品出口或者先进技术企业，经营期不少于5年的，经申请税务机关核推，全部退还其再投资部分已缴纳的企业所得税税款。❶

（二）财政优惠

有些国家通过对特定的外国投资给予财政补助的方式体现优惠。例如，加拿大规定，凡在特定地区从事投资，有利于促进该地区经济健康发展者，可按不同地区及事业的优先顺序，对补助对象的调查费给予30%～37.5%的补助，对其设立资金可给予17.5%～30%的补助。除此之外，还有一些国家通过降低外国投资企业的水、电、交通、公共设施等费用的方式给予外国投资者优惠。

（三）信贷优惠

信贷优惠主要是由发达国家采用的优惠措施，其内容是对外国投资企业提供长期低息贷款、无担保贷款、发放利息津贴贷款等。例如，新加坡规定：对有利于促进产业发展作出贡献的投资项目，政府给予长期低息贷款；凡经政府认定为基础工业的企业贷款，可申请从政府得到4.5%的利息补贴。

第三节　外国投资的管理

外国投资获准进入东道国后，外国投资者从事的各项投资经营活动要接受东道国的监督管理，其目的在于监督外国投资经营活动是否按照东道国的外国投资法以及投资协议的各项规定进行。在我国，对外国投资的管理是指有关行政机关依法对外国投资者所设立的企业以及投资经营活动进行的审查批准和监督管理，其主要内容涉及投资者的出资管理、股权管理、资本管理、清算管理等。

---

❶ 姚天冲主编：《国际投资法教程》，对外经济贸易大学出版社2010年版，第137页。

一、出资管理

（一）出资时间的管理

为保证外资及时投入，一些国家明确规定了外国投资者的出资时间。外国投资者的资本投入可以分为一次性出资和分期出资。我国外资法规对外商投资企业的注册资本实行认缴制，即允许投资者在企业设立后分期出资而不要求在企业设立时实际缴足。因此，实践中常出现出资不到位的问题，主要是合营双方或一方不按期履行出资义务。为此，我国于1987年制定了《中外合资经营企业合营各方出资的若干规定》，作为对外商投资企业出资监督管理的法律依据。[1]

按照该规定，合营各方应当在合营合同中订明出资期限，并且应当按照合营合同规定的期限缴清各自的出资。合营合同中规定一次缴清出资的，合营各方应当从营业执照签发之日起6个月内缴清。合营合同中规定分期缴付出资的，合营各方第一期出资，不得低于各自认缴出资额的15%，并且应当在营业执照签发之日起3个月内缴清。合营各方未能在规定的期限内缴付出资的，视同合营企业自动解散，合营企业批准证书自动失效。合营企业应当向工商行政管理机关办理注销登记手续，缴销营业执照；不办理注销登记手续和缴销营业执照的，由工商行政管理机关吊销其营业执照，并予以公告。但该规定已经被《国务院关于废止和修改部分行政法规的决定》（国务院令第648号）予以废止，并于2014年3月1日起停止施行。

目前的外商投资企业法规对出资时间仅作了原则性规定，一般规定各方应按合同约定的期限缴纳出资。逾期未缴清的，应当按合同约定赔偿其他出资方的损失，工商行政管理机关有权吊销营业执照。如2014年修订的《中外合资经营企业法实施条例》规定，合营各方应当按照合同规定的期限缴清各自的出资额。逾期未缴或者未缴清的，应当按合同规定支付迟延利息或者赔偿损失。《外资企业法》规定，外资企业应当在审查批准机关核准的期限内在中国境内投资；逾期不投资的，工商行政管理机关有权吊销营业执照。工商行政管理机关对外资企业的投资情况进行检查和监督。《外资企业法实施细则》规定，外国投资者缴付出资的期限应当在设立外资企业申请书和外资企业章程中载明。《中外合作经营企业法》规定，中外合作者应当依照法律、法规的规定和合作企业合同的约定，如期履行缴足投资、提供合作条件的义务。逾期不履行的，由工商行政管理机关限期履行；限期届满仍未履行的，由审查批准机关和工商行政管理机关依照国家有关规定处理。《中外合作经营企业法实施细则》规定，合作各方应当根据合作企业

---

[1] 孙南申著：《国际投资法》，中国人民大学出版社2008年版，第61页。

的生产经营需要，依照有关法律、行政法规的规定，在合作企业合同中约定合作各方向合作企业投资或者提供合作条件的期限。合作各方没有按照合作企业合同约定缴纳投资或者提供合作条件的，工商行政管理机关应当限期履行；限期届满仍未履行的，审查批准机关应当撤销合作企业的批准证书，工商行政管理机关应当吊销合作企业的营业执照，并予以公告。

（二）出资方式的管理

各国对出资方式一般没有严格限制，理论上任何类型的财产都可以用来出资。但是我国《公司登记管理条例》明确规定，股东不得以劳务、信用、自然人姓名、商誉、特许经营权或者设定担保的财产等作价出资。关于出资的具体方式，根据《公司法》第27条的规定，股东可以用货币出资，也可以用实物、知识产权、土地使用权等可以用货币估价并可以依法转让的非货币财产作价出资，但是，法律、行政法规规定不得作为出资的财产除外。对作为出资的非货币财产应当评估作价，核实财产，不得高估或者低估作价。外商投资法规也对出资方式作了宽松的规定，并对作为出资的非货币财产的评估作价做了规定。根据《中外合资经营企业法》的规定，合营企业各方可以现金、实物、工业产权等进行投资。外国合营者作为投资的技术和设备，必须确实是适合我国需要的先进技术和设备。如果有意以落后的技术和设备进行欺骗，造成损失的，应赔偿损失。根据《中外合资经营企业法实施条例》的规定，合营者可以用货币出资，也可以用建筑物、厂房、机器设备或者其他物料、工业产权、专有技术、场地使用权等作价出资。以建筑物、厂房、机器设备或者其他物料、工业产权、专有技术作为出资的，其作价由合营各方按照公平合理的原则协商确定，或者聘请合营各方同意的第三者评定。作为外国合营者出资的机器设备或者其他物料，应当是合营企业生产所必需的，而且此类机器设备或者其他物料的作价，不得高于同类机器设备或者其他物料当时的国际市场价格。作为外国合营者出资的工业产权或者专有技术，必须是能显著改进现有产品的性能、质量，提高生产效率或者能显著节约原材料、燃料、动力的。此外，外国合营者以工业产权或者专有技术作为出资，应当提交该工业产权或者专有技术的有关资料，包括专利证书或者商标注册证书的复制件、有效状况及其技术特性、实用价值、作价的计算根据，以及与中国合营者签订的作价协议等有关文件，作为合营合同的附件。外国合营者作为出资的机器设备或者其他物料、工业产权或者专有技术，还应当报审批机构批准。此外，该实施条例还规定，合营各方缴付出资额后，应当由中国的注册会计师验证，出具验资报告后，由合营企业据以发给出资证明书。出资证明书载明下列事项：合营企业名称，合营企业成立的年、月、日，合营者名称（或者姓名）及其出资额、出资的年、月、日，发给出资证明书的年、月、日。

二、股权管理

（一）股权的基本内容

股权即股票持有者所具有的与其拥有的股票比例相应的权益及承担一定责任的权利。在公司法意义上，股权是指投资者基于其股东地位而享有的公司经济利益并参与公司经营管理的权利。股权的内容主要有：股东有只以投资额为限承担民事责任的权利、有参与制定和修改法人章程的权利、有自己出任法人管理者或决定法人管理者人选的权利、有参与股东大会并决定法人重大事宜的权利、有从企业法人那里分取红利的权利、有依法转让股权的权利、有在法人终止后收回剩余财产等权利，而这些权利都是源于股东向法人投资而享有的权利。股权可以分为自益权和共益权。自益权是专为该股东自己的利益而行使的权利，如股息和红利的分配请求权、剩余财产分配请求权、新股优先认购权等；共益权是为股东的利益并兼为公司的利益而行使的权利，如表决权、请求召集股东会的权利、请求判决股东会决议无效的权利、账簿查阅请求权等。按照我国《公司法》的规定，公司股东依法享有资产收益、参与重大决策和选择管理者等权利。

（二）股权比例的限制

东道国的外国投资法规在一些特定投资领域，往往会对外国投资者的股权比例进行限制，如不得超过50%、不得低于25%等。这种股权比例上的限制实质上体现了东道国对其境内的外国投资的投资方向的控制。这种控制并非意味着在某一行业中排除外国人，而是在外商投资企业中增加当地资本的渗入，这样不仅能促使外商投资企业融于东道国的经济体，并且有助于开发当地的资本技术。这一方法不仅为发展中国家所采用，也为许多发达国家所采用。如美国规定，外国人在电报企业的公司或卫星通信公司中所占股权，不得超过20%，外国人在航空运输企业中所占股权，不得超过25%。一般来说，对于东道国越重要的行业，其要求本国国民和公司控股比例越高。[1]

在具体的股权比例方面，各国法规有的规定上限，有的规定下限。如匈牙利规定在合营企业中，外资持股不得超过49%。而我国的《中外合资经营企业法》规定，在合营企业的注册资本中，外国合营者的投资比例一般不低于25%。《中外合作经营企业法实施细则》也规定，在依法取得中国法人资格的合作企业中，外国合作者的投资一般不低于合作企业注册资本的25%。此外，根据《指导外商投资方向规定》的规定，《外商投资产业指导目录》可以对外商投资项目规定“限于合资、合作”“中方控股”或者“中方相对控股”。限于合资、合作，是指仅允许

---

[1] 吕岩峰、何志鹏、孙璐著：《国际投资法》，高等教育出版社2005年版，第70页。

中外合资经营、中外合作经营；中方控股，是指中方投资者在外商投资项目中的投资比例之和为51%及以上；中方相对控股，是指中方投资者在外商投资项目中的投资比例之和大于任何一方外国投资者的投资比例。

（三）股权转让的限制

为了保证股权转让的有序进行，东道国的外商投资法规往往会限制外国投资者自由转让其在投资企业中的股权或其他财产权益。我国的外商投资法规当中也对投资者的股权转让做了限制。根据《中外合资经营企业法实施条例》的规定，合营一方向第三者转让其全部或者部分股权的，须经合营他方同意，并报审批机构批准，向登记管理机构办理变更登记手续。合营一方转让其全部或者部分股权时，合营他方有优先购买权。合营一方向第三者转让股权的条件，不得比向合营他方转让的条件优惠。违反上述规定的，其转让无效。《中外合作经营企业法》也规定，中外合作者的一方转让其在合作企业合同中的全部或者部分权利、义务的，必须经他方同意，并报审查批准机关批准。此外，根据《公司法》的规定，依法转让股权后，公司应当注销原股东的出资证明书，向新股东签发出资证明书，并相应修改公司章程和股东名册中有关股东及其出资额的记载。对公司章程的该项修改不需再由股东会表决。

（四）外资控股的表现形式及其规制

外国投资者主要通过三种形式实现对我国内地企业，尤其是国有公司的控股目的。第一种方式是以直接收购国有企业股权的方式实现控股。随着企业并购被广泛运用到国际投资领域，国际上形成跨国并购浪潮。近年来外资公司并购国有企业，首先是以直接收购国有企业股权的方式进行的，即通过控股式投资使原有国有企业“改制”为外商投资企业。外资之所以普遍要求控股收购，是因为按照西方会计制度的规定，被控股的合营企业被视为子公司，其全部资产可以记入母公司在境外的总资产负债表中。按照公司法的有限责任原则及其相关国际惯例，控股公司对其子公司的资产、经营和效益具有支配权，但对其亏损或倒闭，除了其投入的财产风险外，并不承担责任。第二种方式是外资公司通过投资入股取得控股地位，尤其是在中外合资经营企业中占有多数股权。在全国家电行业中，排名前50名的企业就有80%与外方合资，且其中63%由外方控股。在中国药业和化妆品的外资中，外资股权的比例相对较高。这种因外商投资入股而造成国有资产流失及股权失控问题较为普遍，究其主要原因有两个：（1）在合资项目中，外方股权大于中方股权，中方以企业净资产出资，外方则多报投资金额，但资金迟迟不到位，实际仅以少量资金达到控股目的。（2）外商并不具备对中方企业控股的实力，却通过其设备折价投资时低价高报，以次充好，或者通过压低中方资产折股比例来达到控股目的。大部分合资企业的外资都是以设备作为投资，其投资比例较高，一般都达到法定的最低比例25%以上。第三种方式是外商增资扩股达到控股目的。即合营企业中的外方要求增加注册资本，调整股权比例，从而导致中方股权比例下降，达到外方控股目的。一些合资企业的外方利用企业增资扩股的机会，使中方由于资金不足而被迫转让股权。[1]

我国目前主要通过立法对外商收购行为进行监管，对形成垄断、妨碍公平竞争、损害国家经济安全的行为进行限制。关于外资引进中股权管理的政策和法律措施主要有：《指导外商投资方向规定》《外商投资产业指导目录》《反垄断法》《关于建立外国投资者并购境内企业安全审查制度的通知》《商务部实施外国投资者并购境内企业安全审查制度的规定》《关于外国投资者并购境内企业的规定》和《国务院关于经营者集中申报标准的规定》。这些法律文件确立了外商并购中国境内企业的三道门槛，即外商投资产业指导目录、国家安全审查与反垄断审查。关于这三个制度的具体内容，本书的第三章和第五章做了详细介绍，在此不赘述。此外，为规范外商投资企业投资者股权变更手续，保护投资各方的合法权益，国家工商行政管理局于1997年发布《外商投资企业投资者股权变更的若干规定》，此规定于1997年5月28日起执行。根据该规定，企业投资者股权变更应遵守中国有关法律、法规，并按照本规定经审批机关批准和登记机关变更登记。未经审批机关批准的股权变更无效。企业投资者股权变更必须符合中国法律、法规对投资者资格的规定和产业政策要求。不允许外商独资经营的产业，股权变更不得导致外国投资者持有企业的全部股权；因股权变更而使企业变成外资企业的，还必须符合《外资企业法实施细则》所规定的设立外资企业的条件。需由国有资产占控股或主导地位的产业，股权变更不得导致外国投资者或非中国国有企业占控股或主导地位。除非外方投资者向中国投资者转让其全部股权，企业投资者股权变更不得导致外方投资者的投资比例低于企业注册资本的25%。以国有资产投资的中方投资者股权变更时，必须经有关国有资产评估机构对需变更的股权进行价值评估，并经国有资产管理部门确认。经确认的评估结果应作为变更股权的作价依据。

三、资本管理

（一）资本的构成

从资本来源分析，外商投资企业的资本结构由股权资本与贷款资金两部分组成，这两者之和就是企业的投资总额。按我国外资立法规定，投资总额指按生产规模需要投入的基本建设资金和生产流动资金的总和，实际上是一个企业进行

---

[1] 孙南申著：《国际投资法》，中国人民大学出版社2008年版，第66~67页。

正常的生产经营所需要的全部资本与资金。[1]注册资本是指公司登记管理机构所登记的资金金额，应为投资各方实际认缴的股本资金总和。实收资本反映为实际出资，合营各方按所确定的投资比例或股权比例而向合营企业实际缴付的资本即为公司的实收资本。为防止外商拖延出资、抽逃出资、假出资或不出资，我国国务院颁布了《中外合资经营企业合营各方出资的若干规定》，对合营各方出资的缴付及责任作了明确的规定。根据我国法律规定，注册资本非依法定程序不得变动。增资或减资都必须依据法定条件和程序办理。根据《中外合资经营企业法实施条例》的规定，合营企业在合营期内不得减少其注册资本。因投资总额和生产经营规模等发生变化，确需减少的，须经审批机构批准。合营企业注册资本的增加、减少，应当由董事会会议通过，并报审批机构批准，向登记管理机构办理变更登记手续。根据《外商投资企业财务管理规定》，外商投资企业应督促投资人按国家法律和合同、章程的规定，如期缴清出资额或者提供合作条件，做好资产的评估与验收，确保企业生产经营的资金需要。投资人在资本投入中违约的，应依法承担责任。合营企业和外资企业在经营期内，投资人不得以任何名义和方式抽回其注册资本。合作企业在合同中约定合作期满时企业的全部固定资产归中国投资人所有的，可以在合作企业合同中约定外国投资人在合作期限内先行回收投资的办法，但须按有关法律的规定和合同的约定，对合作企业的债务承担责任。合作企业合同约定外国投资人在缴纳所得税前回收投资的，须报经主管财政税务机关批准。

（二）借入资金

在公司法意义上，资本一般就是指股本，而不包括借款。不过在国际投资习惯上，也使用“贷款资金”一词，作为“股权资本”的对称。在国际投资实践中，外国投资者向来有借款投资的习惯做法，很少完全用自有资金向海外投资，而且股权资本（注册资本）小于投资总额是普遍现象。按照各国法律与实践，对企业借款与股本的比例，一般有所限制。具体比例，视各国惯例、企业的条件而异。为了遏制投资者出资过少而在我国的银行贷款过多的现象，为了达到利用外资的目的，我国1987年颁布的《关于中外合资经营企业注册资本与投资总额比例的暂行规定》明确规定，中外合资经营企业的注册资本，应当与生产经营的规模、范围相适应。合营各方按注册资本的比例分享利润和分担风险及亏损。中外合资经营企业的注册资本与投资总额的比例，应当遵守如下规定：（1）中外合资经营企业的投资总额在300万美元以下（含300万美元）的，其注册资本至少应占投

---

[1] 孙南申著：《国际投资法》，中国人民大学出版社2008年版，第74~75页。

资总额的7/10；（2）中外合资经营企业的投资总额在300万美元以上至1000万美元（含1000万美元）的，其注册资本至少应占投资总额的1/2，其中投资总额在420万美元以下的，注册资本不得低于210万美元；（3）中外合资经营企业的投资总额在1000万美元以上至3000万美元（含3000万美元）的，其注册资本至少应占投资总额的2/5，其中投资总额在1250万美元以下的，注册资本不得低于500万美元；（4）中外合资经营企业的投资总额在3000万美元以上的，其注册资本至少应占投资总额的1/2，其中投资总额在3600万美元以下的，注册资本不得低于1200万美元。上述规定也适用于中外合作经营企业和外资企业。

我国于2006年颁布，并于2009年修订的《关于外国投资者并购境内企业的规定》基本上仍按此比例关系来确定外商投资总额的上限，即贷款资金的比例，但仅适用于并购后的外商投资企业，其立法目的显然在于限制外商通过贷款进行外资并购。按照该规定，外国投资者股权并购的，除国家另有规定外，对并购后所设外商投资企业应按照以下比例确定投资总额的上限：（1）注册资本在210万美元以下的，投资总额不得超过注册资本的10/7；（2）注册资本在210万美元以上至500万美元的，投资总额不得超过注册资本的2倍；（3）注册资本在500万美元以上至1200万美元的，投资总额不得超过注册资本的2.5倍；（4）注册资本在1200万美元以上的，投资总额不得超过注册资本的3倍。外国投资者资产并购的，应根据购买资产的交易价格和实际生产经营规模确定拟设立的外商投资企业的投资总额。拟设立的外商投资企业的注册资本与投资总额的比例应符合有关规定。

关于外国投资的借款渠道，各国一般均允许向国内银行或国外银行借款。但有些国家外资法限制外国投资企业在国内取得贷款，这主要是促使外国投资企业更多地利用外资，而不是利用当地资金。例如安第斯条约国1970年的共同外资法规则就规定，除短期贷款外，成员国不得向外资企业批准任何其他形式的当地贷款。这一限制现已放宽。我国法律允许外商投资企业向境内或境外银行借款，贷款手续按中国人民银行的有关规定办理。[1]

（三）利润分配

对企业取得的利润如何分配？是否要提取某些基金后才能分配，许多国家对此没有明确规定，由企业自行决定。少数发展中国家的外资立法对此作了规定，下面结合我国的立法作简要介绍。根据我国《中外合资经营企业法》的规定，合营企业获得的毛利润，按中华人民共和国税法规定缴纳合营企业所得税后，扣除合营企业章程规定的储备基金、职工奖励及福利基金、企业发展基金，净利润根

---

[1] 余劲松主编：《国际投资法》（第三版），法律出版社2007年版，第158~159页。

据合营各方注册资本的比例进行分配。可见，我国法律要求企业按毛利润纳税，税后利润提取三项基金后的净利润才是可分配利润。关于基金的提取，各国规定不一，一般包括储备和风险基金、福利基金等。我国规定的是储备基金、职工奖励及福利基金、企业发展基金这三项基金，提取比例由董事会确定。其中储备基金主要用于垫补企业亏损，经批准也可用于企业增加资本，扩大生产；职工奖励及福利基金用于解决职工的集体福利事业开支与奖金；发展基金则用于发展企业生产。根据新《公司法》的规定，公司分配当年税后利润时，应当提取利润的10%列入公司法定公积金。公司法定公积金累计额为公司注册资本的50%以上的，可以不再提取。公司的法定公积金不足以弥补以前年度亏损的，在按规定提取法定公积金之前，应当先用当年利润弥补亏损。公司从税后利润中提取法定公积金后，经股东会或者股东大会决议，还可以从税后利润中提取任意公积金。公司弥补亏损和提取公积金后所余税后利润，有限责任公司依法进行分配；股份有限公司按照股东持有的股份比例分配，但股份有限公司章程规定不按持股比例分配的除外。股东会、股东大会或者董事会违反规定，在公司弥补亏损和提取法定公积金之前向股东分配利润的，股东必须将违反规定分配的利润退还公司。公司持有的本公司股份不得分配利润。

（四）财会管理

财会管理主要指外商投资企业在生产经营过程中的会计管理制度，其内容涉及对企业各类资金和资产的核算、使用和分配等方面的管理。外商投资企业财会管理中的主要问题，包括会计原理、流动资产、固定资产、外币折算、债务处理、成本核算、利润分配、税务计算、合并报表、财务报告等方面。[1]

1．外商投资企业财会管理的一般规定

根据《中外合资经营企业法实施条例》的规定，合营企业的财务与会计制度，应当按照中国有关法律和财务会计制度的规定，结合合营企业的情况加以制定，并报当地财政部门、税务机关备案。合营企业设总会计师，协助总经理负责企业的财务会计工作。必要时，可以设副总会计师。合营企业设审计师（小的企业可以不设），负责审查、稽核合营企业的财务收支和会计账目，向董事会、总经理提出报告。合营企业会计采用国际通用的权责发生制和借贷记账法记账。一切自制凭证、账簿、报表必须用中文书写，也可以同时用合营各方商定的一种外文书写。合营企业原则上采用人民币作为记账本位币，经合营各方商定，也可以采用某一种外国货币作为记账本位币。合营企业的账目，除按记账本位币记录

[1] 孙南申著：《国际投资法》，中国人民大学出版社2008年版，第76页。

外，对于现金、银行存款、其他货币款项以及债权债务、收益和费用等，与记账本位币不一致时，还应当按实际收付的货币记账。以外国货币作为记账本位币的合营企业，其编报的财务会计报告应当折算为人民币。因汇率的差异而发生的折合记账本位币差额，作为汇兑损益列账。记账汇率变动，有关外币各账户的账面余额，于年终结账时，应当按照中国有关法律和财务会计制度的规定进行会计处理。合营企业应当向合营各方、当地税务机关和财政部门报送季度和年度会计报表。合营企业的下列文件、证件、报表，应当经中国的注册会计师验证和出具证明，方为有效：（1）合营各方的出资证明书（以物料、场地使用权、工业产权、专有技术作为出资的，应当包括合营各方签字同意的财产估价清单及其协议文件）；（2）合营企业的年度会计报表；（3）合营企业清算的会计报表。

2．固定资产的管理

《外商投资企业财务管理规定》曾经是外商投资企业进行财务管理的主要法律依据，适用于中外合资经营企业、中外合作经营企业和外资企业，目前已经失效。但是，《企业会计制度》吸收了《外商投资企业财务管理规定》的很多内容，对包括外商投资企业在内的所有企业的会计制度作了规定，具体内容包括资产、流动资产、长期投资、固定资产、无形资产和其他资产、资产减值交换、负债、流动负债、长期负债、所有者权益、收入、销售商品及提供劳务服务、建造合同收入、成本和费用、利润及利润分配、非货币性交易、外币业务、会计调整、会计政策变更、会计估计变更、会计差错更正、资产负债表日后事项、关联方关系及其交易、财务会计报告等。

根据《企业会计制度》，固定资产是指企业使用期限超过1年的房屋、建筑物、机器、机械、运输工具以及其他与生产、经营有关的设备、器具、工具等。不属于生产经营主要设备的物品，单位价值在2000元以上，并且使用年限超过2年的，也应当作为固定资产。企业应当根据固定资产定义，结合本企业的具体情况，制定适合于本企业的固定资产目录、分类方法、每类或每项固定资产的折旧年限与折旧方法，作为进行固定资产核算的依据。企业制定的固定资产目录、分类方法，每类或每项固定资产的预计使用年限、预计净残值、折旧方法等，应当编制成册，并按照管理权限，经股东大会或董事会，或经理（厂长）会议或类似机构批准，按照法律、行政法规的规定报送有关各方备案，同时备置于企业所在地，以供投资者等有关各方查阅。企业已经确定并对外报送，或备置于企业所在地的有关固定资产目录、分类方法、预计净残值、预计使用年限、折旧方法等，一经确定不得随意变更，如需变更，仍然应当按照上述程序，经批准后报送有关各方备案，并在会计报表附注中予以说明。固定资产在取得时，应按取得时的成本入账。取得时的成本包括买价、进口关税、运输和保险等相关费用，以及为使固定资产达到预定可使用状态前所必要的支出。

下列固定资产应当计提折旧：房屋和建筑物，在用的机器设备、仪器仪表、运输工具、工具器具，季节性停用、大修理停用的固定资产，融资租入和以经营租赁方式租出的固定资产。下列固定资产不计提折旧：房屋、建筑物以外的未使用、不需用固定资产，以经营租赁方式租入的固定资产，已提足折旧继续使用的固定资产，按规定单独估价作为固定资产入账的土地。固定资产折旧方法可以采用年限平均法、工作量法、年数总和法、双倍余额递减法等。折旧方法一经确定，不得随意变更。如需变更，应当在会计报表附注中予以说明。

3．成本与费用的管理

根据《企业会计制度》，费用是指企业为销售商品、提供劳务等日常活动所发生的经济利益的流出。成本是指企业为生产产品、提供劳务而发生的各种耗费。企业应当合理划分期间费用和成本的界限。期间费用应当直接计入当期损益；成本应当计入所生产的产品、提供劳务的成本企业在生产经营过程中所耗用的各项材料，应按实际耗用数量和账面单价计算，计入成本、费用。企业应支付职工的工资，应当根据规定的工资标准、工时、产量记录等资料，计算职工工资，计入成本、费用。企业按规定给予职工的各种工资性质的补贴，也应计入各工资项目。企业应当根据国家规定，计算提取应付福利费，计入成本、费用。企业应当根据本企业的生产经营特点和管理要求，确定适合本企业的成本核算对象、成本项目和成本计算方法。成本核算对象、成本项目以及成本计算方法一经确定，不得随意变更，如需变更，应当根据管理权限，经股东大会或董事会，或经理(厂长)会议或类似机构批准，并在会计报表附注中予以说明。企业必须分清本期成本、费用和下期成本、费用的界限，不得任意预提和摊销费用。工业企业必须分清各种产品成本的界限，分清在产品成本和产成品成本的界限，不得任意压低或提高在产品和产成品的成本。

四、技术引进管理

（一）技术引进的方式和对象

根据《中外合资经营企业法实施条例》的规定，引进技术是指合营企业通过技术转让的方式，从第三者或者合营者获得所需要的技术。技术引进的方式主要有两种：一是投资者以技术作为资本入股，从而使企业获得所需的先进技术；二是采取技术贸易的方式，通过签订技术转让协议或者技术许可协议，从第三者或从企业的外国投资者获得所需技术。技术引进的对象主要有两类：一是工业产权，如专利权、商标权等；二是非工业产权的技术，如专有技术、图纸、设计方案、技术指导、技术示范等。根据《中外合资经营企业法实施条例》的规定，合营企业引进的技术应当是适用的、先进的，使其产品在国内具有显著的社会经济效益或者在国际市场上具有竞争能力。

（二）技术引进合同管理

各国对技术引进的管理措施主要有两种：一是合同的审批制，二是法律规定合同的必备条款和禁止性条款。

1．合同的审批

许多发展中国家对技术引进采取审批制。审查的标准包括积极标准和消极标准。若引进的技术是先进的，有利于促进引进国的经济发展，改善国际收支，提高其科学技术的，则可予批准，若不符合法定的积极标准就不予批准。我国《中外合资经营企业法实施条例》也规定，合营企业订立的技术转让协议，应当报审批机构批准。

2．合同条款

一些国家通过规定技术引进合同中的必备条款和禁止性条款来管理技术引进。必备条款是指合同中必须订明的条款。例如，合同应订明引进技术的内容、范围，预计达到的技术目标以及实现该目标的期限和措施，报酬及其支付方式，技术提供方对技术的所有权及提供的技术资料的完整性、有效性的保证等。禁止性条款是合同中不得含有的条款。至于禁止性条款有哪些，各国法律规定不尽一致。安第斯条约国共同外资法禁止合同中含有要求接受方从特定来源取得技术、原材料、资本货物或中间产品，或永久保留转让方指定的人员作为技术转让的交换条件的条款，也禁止含有转让方指定销售或转卖利用该技术的产品的价格，限制生产结构和规模，为转卖方设定全部或部分先买权，要求接受方向转让方转让利用该技术所取得的任何改进或发明，或禁止使用与转让方相竞争的技术等条款。还有些国家法律禁止在技术引进合同中订有妨碍竞争的条款。[1]

我国《中外合资经营企业法实施条例》规定，在订立技术转让协议时，必须维护合营企业独立进行经营管理的权利，并要求技术输出方提供有关的资料。技术转让协议必须符合下列规定：（1）技术使用费应当公平合理；（2）除双方另有协议外，技术输出方不得限制技术输入方出口其产品的地区、数量和价格；（3）技术转让协议的期限一般不超过10年；（4）技术转让协议期满后，技术输入方有权继续使用该项技术；（5）订立技术转让协议双方，相互交换改进技术的条件应当对等；（6）技术输入方有权按自己认为合适的来源购买需要的机器设备、零部件和原材料；（7）不得含有为中国的法律、法规所禁止的不合理的限制性条款。

---

[1] 余劲松主编：《国际投资法》（第三版），法律出版社2007年版，第163页。

五、清算管理

（一）外商投资企业财产清算的意义与依据

清算管理主要是指外商投资企业的财产清算。财产清算是外商投资企业发生解散或终止情况后的一个法定程序。实践中，出于各种原因而导致外商投资企业终止或解散时，都必须依法进行财产清算，以清偿债务、处理资产，维护债权人和投资者的合法权益。因此，企业的财产清算能否正常运行，关系到涉外经济秩序和投资环境的稳定问题。我国外资实践中，有大量外商投资企业出于各种原因解散或终止后未能正常清算，而面临各种问题。第一是清算主体方面问题。主要指企业已解散或已被吊销执照或已注销而未经清算时，谁有权提出清算申请，谁是清算义务主体，责任如何承担？如企业尚存在，当事人是否有权通过诉讼来强制清算？第二是清算报告效力方面问题。主要指清算过程中发生的争议，如对债权的确认或对清算财产分配有异议，能否通过诉讼程序加以解决？第三是有关清算的判决或裁决如何执行的问题。这些问题的解决必须通过法定程序以及外部行政机关，甚至司法机关的介入。[1]

关于外商投资企业的财产清算，我国《中外合资经营企业法》《中外合作经营企业法》《外资企业法》及其实施条例或实施细则都作了原则性规定。我国原外经贸部（现为商务部）于1996年颁布的《外商投资企业清算办法》对外商投资企业清算的具体程序内容作了详细的规定，是外商投资企业进行财产清算的主要法律依据。其适用范围包括中外合资经营企业、中外合作经营企业和外资企业的清算。该办法规定了普通清算程序的清算期限、清算组织、通知与公告、债权、债务与清偿、清算财产的评估作价与处理、清算终结等事项，并特别规定了企业不能自行组织清算委员会进行清算或者依照普通清算的规定进行清算出现严重障碍时，企业董事会或者联合管理委员会等权力机构、投资者或者债权人向企业审批机关申请进行的特别清算程序。但该办法已于2008年1月15日被废止，因此，外商投资企业与内资企业的清算都适用《公司法》。

（二）财产清算的原因

财产清算是企业发生解散或终止后进行的法定程序，法律所规定的引起企业解散的情况即为企业清算的法定原因。根据《公司法》的规定，在我国能导致外商投资企业解散和清算的法定原因主要有以下五种情况：（1）公司章程规定的营业期限届满或者公司章程规定的其他解散事由出现；（2）股东会或者股东大会决议解散；（3）因公司合并或者分立需要解散；（4）依法被吊销营业执照、责令

[1] 孙南申著：《国际投资法》，中国人民大学出版社2008年版，第80页。

关闭或者被撤销；（5）人民法院依法予以解散。

《中外合资经营企业法实施条例》也规定了合营企业依法解散的情形。根据该实施条例，合营企业在下列情况下解散：（1）合营期限届满；（2）企业发生严重亏损，无力继续经营；（3）合营一方不履行合营企业协议、合同、章程规定的义务，致使企业无法继续经营；（4）因自然灾害、战争等不可抗力遭受严重损失，无法继续经营；（5）合营企业未达到其经营目的，同时又无发展前途；（6）合营企业合同、章程所规定的其他解散原因已经出现。此外，该实施条例还规定，出现第2、4、5、6种情况的，由董事会提出解散申请书，报审批机构批准，出现第3种情况的，由履行合同的一方提出申请，报审批机构批准。《外资企业法实施细则》《中外合作经营企业法实施细则》对企业解散事由也作了类似规定。

我国《公司法》将公司清算分为破产清算与解散清算。破产清算是指公司被依法宣告破产时，依照企业破产的法律实施的清算。《公司法》规定，公司被依法宣告破产的，依照有关企业破产的法律实施破产清算。解散清算是指依照公司法程序进行的清算，包括由公司自行组成清算组织进行的清算（即一般清算）和经债权人申请由法院指定组成清算组织进行的清算（即特别清算）。[1]

（三）清算组织

根据《公司法》，有限责任公司的清算组由股东组成，股份有限公司的清算组由董事或者股东大会确定的人员组成。逾期不成立清算组进行清算的，债权人可以申请人民法院指定有关人员组成清算组进行清算。人民法院应当受理该申请，并及时组织清算组进行清算。根据《中外合资经营企业法实施条例》的规定，合营企业宣告解散时，应当进行清算。合营企业应当依法成立清算委员会，由清算委员会负责清算事宜。清算委员会的成员一般应当在合营企业的董事中选任。董事不能担任或者不适合担任清算委员会成员时，合营企业可以聘请中国的注册会计师、律师担任。审批机构认为必要时，可以派人进行监督。《外资企业法实施细则》规定，清算委员会应当由外资企业的法定代表人、债权人代表以及有关主管机关的代表组成，并聘请中国的注册会计师、律师等参加。

总体而言，清算组或清算委员会的任务是通过变卖企业的财物来清偿企业的债务，分配剩余财物，并终止该外商投资企业。根据《公司法》的规定，清算组在清算期间行使下列职权：（1）清理公司财产，分别编制资产负债表和财产清单；（2）通知、公告债权人；（3）处理与清算有关的公司未了结的业务；

---

[1] 孙南申著：《国际投资法》，中国人民大学出版社2008年版，第83页。

(4) 清缴所欠税款以及清算过程中产生的税款; (5) 清理债权、债务; (6) 处理公司清偿债务后的剩余财产; (7) 代表公司参与民事诉讼活动。《外资企业法实施细则》也规定了清算委员会的职权: (1) 召集债权人会议; (2) 接管并清理企业财产, 编制资产负债表和财产目录; (3) 提出财产作价和计算依据; (4) 制订清算方案; (5) 收回债权和清偿债务; (6) 追回股东应缴而未缴的款项; (7) 分配剩余财产; (8) 代表外资企业起诉和应诉。《中外合资经营企业法实施条例》也规定, 清算委员会的任务是对合营企业的财产、债权、债务进行全面清查, 编制资产负债表和财产目录, 提出财产作价和计算依据, 制订清算方案, 提请董事会会议通过后执行。清算期间, 清算委员会代表该合营企业起诉和应诉。此外, 根据《公司法》, 清算组在清理公司财产、编制资产负债表和财产清单后, 发现公司财产不足清偿债务的, 应当依法向人民法院申请宣告破产。公司经人民法院裁定宣告破产后, 清算组应当将清算事务移交给人民法院。清算组成员应当忠于职守, 依法履行清算义务。清算组成员不得利用职权收受贿赂或者其他非法收入, 不得侵占公司财产。清算组成员因故意或者重大过失给公司或者债权人造成损失的, 应当承担赔偿责任。

(四) 清算程序

1. 成立清算组

根据《公司法》的规定, 公司应当在解散事由出现之日起15日内成立清算组, 开始清算。有限责任公司的清算组由股东组成, 股份有限公司的清算组由董事或者股东大会确定的人员组成。逾期不成立清算组进行清算的, 债权人可以申请人民法院指定有关人员组成清算组进行清算。人民法院应当受理该申请, 并及时组织清算组进行清算。

2. 债权申报

根据《公司法》的规定, 清算组应当自成立之日起10日内通知债权人, 并于60日内在报纸上公告。债权人应当自接到通知书之日起30日内, 未接到通知书的自公告之日起45日内, 向清算组申报其债权。债权人申报债权, 应当说明债权的有关事项, 并提供证明材料。清算组应当对债权进行登记。在申报债权期间, 清算组不得对债权人进行清偿。

3. 清理公司财产, 制订清算方案

根据《公司法》, 清算组在清理公司财产、编制资产负债表和财产清单后, 应当制定清算方案, 并报股东会、股东大会或者人民法院确认。

4. 债务清偿与剩余财产分配

根据《公司法》的规定, 公司财产在分别支付清算费用、职工的工资、社会保险费用和法定补偿金, 缴纳所欠税款, 清偿公司债务后的剩余财产, 有限责任公司按照股东的出资比例分配，股份有限公司按照股东持有的股份比例分配。清算期间，公司存续，但不得开展与清算无关的经营活动。公司财产在未依规定清偿前，不得分配给股东。

《中外合资经营企业法实施条例》也规定，合营企业清偿债务后的剩余财产按照合营各方的出资比例进行分配，但合营企业协议、合同、章程另有规定的除外。合营企业解散时，其资产净额或者剩余财产减除企业未分配利润、各项基金和清算费用后的余额，超过实缴资本的部分为清算所得，应当依法缴纳所得税。

5．制作清算报告、注销公司

根据《公司法》，公司清算结束后，清算组应当制作清算报告，报股东会、股东大会或者人民法院确认，并报送公司登记机关，申请注销公司登记，公告公司终止。清算报告应当包括以下内容：清算的原因、期限、过程，债权、债务的处理结果，清算财产的处理结果等。

《中外合资经营企业法实施条例》规定，合营企业的清算工作结束后，由清算委员会提出清算结束报告，提请董事会会议通过后，报告审批机构，并向登记管理机构办理注销登记手续，缴销营业执照。合营企业解散后，各项账册及文件应当由原中国合营者保存。

对于整个清算程序而言，清算报告至关重要，不仅因为其是清算程序终结的法定书面文件，而且其内容必须真实、公正、合法。其法律上的后果在于：如果具有利害关系的当事人（中外投资者或债权人）对清算报告有异议或者认为损及其合法权益，仍有权根据《行政诉讼法》对清算委员会提起行政诉讼。实践中还会出现的问题是：在外商投资企业已进入清算程序但尚未终结前或者企业已被工商行政部门吊销营业执照后，其民事行为或经营活动（例如签订合同并加盖公章）是否有效？发生纠纷时能否作为诉讼主体？对此应划分阶段分别处理：如果是在处理清算之前或吊销营业执照之前的原先有关事项的行为应认定有效，但不能处理资产；如果是在清算之后或者吊销营业执照以后继续经营的行为应认定为无效，既然已进入清算阶段或已被注销营业执照，便无权再行经营，即使签订了合同亦应认定为无效。因此，企业清算结束，在办理企业注销登记手续之前，还应当移交其所保管的各项会计凭证、会计账册及会计报表等资料。其中，中外合资经营企业、中外合作经营企业由中方投资者负责保管，外资企业由企业审批机关指定的单位负责保管。[1]

---

[1] 孙南申著：《国际投资法》，中国人民大学出版社2008年版，第86页。

第六章　海外投资法律规制

第一节　海外投资的鼓励与管理

对于资本输出国而言，本国私人海外直接投资，不仅关系投资者的私人利益，也关系到本国国家利益和经济发展，因此资本输出国也制定法律、法规和规定等来调整海外私人直接投资，资本输出国通过这些法律制度保护、鼓励和管理海外私人投资。

一、海外投资的鼓励措施

海外投资鼓励是指资本输出国为鼓励本国海外投资而采取的税收鼓励、金融支持、技术援助、情报和咨询服务等各种鼓励性措施。投资者投资国外的主要目的不同，主要有开拓国外市场、利用国外的原材料或丰富的资源、利用国外廉价的劳动力，以赚取高额利润。而私人海外投资对其本国具有积极作用，海外利润汇回有助于增加国家财政收入和保持国际收支平衡，有助于带动和促进本国经济发展，有助于发挥本国的经济和技术优势，提高和维护其国际竞争地位和优势。因此资本输出国都采取措施鼓励海外投资，只是所采用的激励措施和采用的目的略有不同，实施何种具体的投资措施往往要结合本国一定时期的社会和经济发展目标等多种因素进行综合考虑，这些措施主要包括税收上的，以及资金和服务等方面的措施。

（一）税收鼓励措施

投资者进行国外投资，会产生税收双重管辖权，资本输入国对该投资者拥有属地管辖权，有权对投资者在本国境内的收入征税，资本输入国拥有属人管辖权，有权对本国投资者在国外的收入征税。这样，海外投资者负担了双重纳税义务，因此解决双重征税问题，可以鼓励海外投资。解决双重征税问题，资本输出国可以采取的方式主要有：

1．税收减免措施

为刺激本国投资者对外投资，一些投资者母国采取税收减免措施。在具体做法上按照减免的程度不同可以分别采取三种措施：扣除法、减税法和免税法。扣除法，那海外投资者在东道国已纳税额，可以从本国应税所得额中扣除，就扣除后的余额计算实际征收的税款。在这种方法下，本国将海外投资者已在东道国缴纳的税款视为一般的费用支出项目，只是给予从应税所得额中扣除的照顾。减税法则是指海外投资者来源于东道国的所得，可以适用较低的税率或按东道国所得额的一定比例计税给予减征税款的照顾，以缓解跨国所得的税负重叠现象。减税法和扣除法本质上都属于减轻或缓和国际重复征税的方法，没有完全消除国际税负重叠问题。免税法，即海外投资者在东道国已纳税的东道国所得，可以不计入应税所得额内免予征税的方法。本国采用这种方法，放弃对其海外投资者来源于东道国的那部分所得的征税权，从而避免了在这部分所得上本国的居民税收管辖权与东道国的来源地税收管辖权之间的冲突，有效地防止了国际重复征税的发生。

2. 税收抵免（tax credit）措施

即海外投资者在东道国已纳税款，可以在本国应纳税额中相抵或扣减，本国实际征收的税款只为该海外投资者的本国应纳税款与已缴纳的外国税款之间的差额。许多国家均单方面地通过国内立法规定了外国税收的抵免方法。例如，美国《国内收入法》允许纳税人从其在美国应纳税款中扣除外国对该海外企业收入已征收的税额。英国税法也对外国已征收的所得税给予单方面抵免。日本从1962年后，开始对海外投资收入实行税收抵免，并逐步扩大作为税收抵免对象的收入的种类。此外，许多国家还通过签订避免双重征税的双边协定实行税收抵免。税收抵免有全额抵免和限额抵免两种方法。实践中，各国为了保证本国的税收利益，大都实行限额抵免。

3. 税收饶让（tax sparing）措施

税收饶让措施是一种特殊的外国税收抵免制度，即海外投资者因东道国实施减免优惠而未实际缴纳的税额，本国视为已经缴纳而给予抵免。在该措施下，本国给予抵免的是海外投资者未实际缴纳的东道国税收，因此又称虚拟抵免、影子税收抵免。税收饶让措施使东道国给予的税收减免措施切实发挥作用，从而促进海外投资。该项措施的主要意义不在于避免和消除国际重复征税，而是为了配合东道国吸引外资的税收优惠政策的实施，鼓励对东道国的投资。因此，税收饶让抵免一般需要有关国家通过双边税收协定作出规定安排，才能得以实施。进入20世纪90年代后，随着经济全球化的发展和各国传统的贸易和投资壁垒的逐渐降低和消除，一些发达国家主张进一步加强对饶让抵免的范围和程度的限制。

除前述鼓励海外投资的措施外，许多国家还采用了海外投资储备金制度。该制度是一种特殊形式的税收优惠措施，即本国允许海外投资者在其投资之年，将投资总额的全部或部分划为储备金，并在其应税所得额中扣除该储备金的数额，从而使其海外投资者在投资初期阶段可以暂不纳税或减少纳税。另外，实践中许多国家还对海外投资实行关税优惠措施。如我国规定，对远洋渔业中方船舶捕捞并运回的渔货，可以免征进口关税，以鼓励本国海外投资。❶

（二）资金支持措施

资本输出国对海外私人投资的资金支持主要体现在两个方面。

1．投资前调查的资助

对本国海外投资者的投资计划有关的可行性研究或投资前调查所需资金，有些国家予以全部或部分资助，所资助的调查资金，通常为调查费用的50%。投资者在投资项目实现后，再偿还政府资助的费用，澳大利亚、荷兰、挪威、新西兰、英国、美国等，都将这项开支列入国家预算，予以国家财政上的保证。

2．金融支持措施

很多资本输出国还通过贷款、贴息等金融支持措施，来鼓励本国投资者进行海外投资。这些国家或设立特别金融机构，对本国私人投资者的海外投资给予出资或贷款支持，或建立特别制度或特别基金予以资助。这些政府设立的公营金融机构如：英联邦开发公司、德意志开发公司、美国海外私人投资公司、日本海外经济合作基金等。这些机构主要对本国私人投资者的海外投资项目提供贷款，这种贷款不需要当地政府的保证，也不需要对贷款提供担保，只要求该资助的投资项目经东道国承认即可。例如，美国海外私人投资公司（OPIC）的主要业务，就是给合格的海外投资者提供直接贷款和贷款担保，对发展中国家和新兴市场经济国家的私人投资基金通过直接股权投资予以支持，以及对中小型企业的海外投资提供更为优惠的融资和投资保险服务。而我国海外投资鼓励法律制度中的金融措施，除包括以上介绍的金融支持措施外，还包括我国在现行的外汇管制法律制度的基础上，对我国海外投资实行的外汇鼓励法律措施。

（三）政府服务措施

海外投资，固然需要得到资金支持和税收的优惠， 建立竭诚为海外投资服务的机构，把鼓励措施扩展到更细微的技术援助、情报和咨询服务层面等领域，对鼓励海外投资是极为必要的。

1．投资情报和咨询服务

一些资本输出国设立经济情报中心，向本国私人投资者提供东道国经济情况、投资机会和法律信息等情报，为本国私人投资者的前期工作提供投资情报和咨询服务，以便他们作出投资选择。大多数开发援助委员会成员国先后设立了提

❶ 余劲松、吴志攀主编：《国际经济法》（第三版），北京大学出版社、高等教育出版社2009年版，第514~525页。

供服务的机构，为投资者提供在发展中国家的投资机会。例如，美国的海外私人投资公司提供一系列投资前服务，促进私人投资流入发展中国家。包括出版投资者信息，介绍东道国市场信息、经济评估、投资环境分析、投资机会等情况；建立投资机会数据库；设立投资交流项目，协助并组织美国投资者代表团到发展中国家调查、研究投资项目等。政府的这种投资情报服务，可鼓励私人投资者在海外投资。

2．技术援助

开发援助委员会成员国为给海外投资企业培训技术人员，可以接受从发展中国家派来的政府后备实习生，其居留期间的费用和旅费，由技术供应商国负担，并对训练发展中国家技术人员的培训机构，也提供政府津贴。一些发达国家在政府协助下成立本国民间非营利团体，为发展中国家培训经营技术人员。如美国企业团体设立了受国际开发署(AID)援助的“国际经营者服务队”，加拿大建立了“加拿大海外经营者服务机构”，日本也设立了“世界经营协会”，其目的在于为本国跨国经营者提供各种信息，培训跨国企业的技术人员等方面的服务。此外，海外投资保险制度也是鼓励海外投资的重要制度。[1]

二、海外投资的管理措施

为确保本国私人海外投资对本国的国际收支和经济发展有利，资本输出国对海外投资也采取了一些管制性措施。

（一）要求海外投资企业披露信息

海外投资的上市公司，也必须服从本国公司法、证券法的要求，向证券监督管理部门申报材料并向证券投资者履行一定的信息披露程序，向政府和社会公布资产负债表及其他重要商业情报，以使政府、社会、投资者了解公司的财务状况和经营状况，便于对其进行监督。例如，美国联邦证券法规定，公司发行上市证券，必须分别向证券交易委员会和证券交易所注册，发行公司承担连续披露义务，即除在注册申报书中披露有关信息资料外，还须按年度或季度提交财务报告。这一措施有助于政府了解和监督本国海外投资企业的经营状况。

（二）防止海外投资者逃避税

海外私人投资者逃税和避税是其减轻税负，实现利益最大化的两种手段。但是若海外私人投资者不将从海外所获利润及时汇回本国，不仅会影响到本国的国际收支，还会减少本国的财政收入。因此，防止海外投资者逃避税，成为资本输出国管制海外投资的一个重要内容。

---

[1] 余劲松主编：《国际投资法》，法律出版社2014年版，第187页。

海外投资者逃税的手法多种多样，常见的主要有隐匿跨国所得、谎报所得和虚构扣除、作假账和伪造收付凭证等。海外投资者由于其在海外经营的特点，除了可以采取一般的逃避税方式外，还可以采取一些特殊的避税方式。主要有利用海外联属企业转移定价的避税方式，即通过将设在高税率国的企业的利润人为地转移到位于低税率国的某个实体企业上，避免在高税率国承担较高的所得税义务，从而使联属企业的总体税负大大减少；以及利用国际避税港的避税方式，即通过在避税港设立“基地公司”，将在避税港境外的所得和财产汇集在基地公司的账户下，从而达到避税的目的；此外还有跨国投资人有意弱化股份投资的避税方式，该种方式系利用两种融资形式的国际税负的差异，把本来应以股份形式投入的资金转为采用贷款形式提供，从而逃避或减轻了其本应承担的国际税负。海外投资者的前述做法显然损害了其本国的财税利益。因此，各国均针对前述避税行为分别采取了特别的管制措施。针对利用海外联属企业转移定价，许多国家采用“正常交易”原则来确定关联企业间的交易的价格。即关联企业间的营业往来，都按照公平的市场交易价格计算，若关联企业人为地抬价或压价，税务机关则可根据公平市场价格，予以重新调整并征税。针对利用国际避税港避税，主要的发达国家分别采取了不同的措施。英国对设立基地公司予以法律制裁，比利时通过禁止非正常的利润转移来制止基地公司的设立。美国取消延期纳税的做法为许多国家仿效。针对海外投资者在国际避税港设立基地公司，积聚利润延迟纳税的做法，美国在其《国内收入法》“F分部”规定，美国股东在受控制的外国公司中的利润，也即在那些美国主要股东所掌握的有表决权股票总和超过50%的外国公司中的利润，尽管并未按股息形式分配，也应计入股东（美国母公司）有关纳税年度的应税所得中征税，不准享受延期纳税待遇。取消延迟纳税，主要是针对那些在受控的外国公司中持有10%以上投票权的美国主要股东，使他们无法通过在避税港设立基地公司避税获利。针对跨国投资人有意弱化股份投资，一些国家通过特别的税收立法和征管规定，或者运用“正常交易原则”和税法上有关防止滥用法律行为等反避税一般原则，限制股东对公司的过高的贷款融资安排，以达到限制以贷款融资掩盖股份融资情况下公司付给贷款股东的利息从公司应税所得中列支扣除的目的，从而将股东取得贷款利息视为股息处理。

（三）其他法律措施

各国除了公司法、证券法和税法主要规定海外投资的管理措施外，反垄断法、进出口管制法、外汇管理和政府金融政策等规定也对海外投资具有管制作用。某些国家的反托拉斯法或反垄断法规定了域外效力，只要海外投资行为对该国商业产生不利效果。例如，通过海外投资安排排除或限制本国其他公司在本国市场的竞争，或海外投资企业间的协议和安排限制本国国内对外贸易，都会因违反反托拉斯法或反垄断法而受到追究。有些国家基于国家安全理由，限制本国企业向某些特定国家以某些高科技关键技术出资，或向所投资的企业转让特定的技术。尽管现有一些主要发达国家相继取消了外汇管制，允许资本自由移动，但也不能排除当有关国家出现过激收支困境时再度实施此种限制的可能性。此外，投资者本国提供的财政优惠措施对引导海外投资也具有重要意义，这种措施可以鼓励私人投资者在海外从事有利于本国经济的投资活动，而对那些不利于本国经济的投资项目则不予鼓励。❶

第二节　海外投资保险制度

私人向海外投资会遇到三类风险：一类是自然灾害，如地震、台风等；一类是一般商业风险，如决策失误、经营不善、货币贬值等；还有一类是政治风险。其中，政治风险是与东道国政治、社会、法律有关的风险，如征收、外汇管制、战争、革命、违约等。该类风险系由东道国政府行为所产生，非海外投资者个人所能控制、避免和克服。因此也是最令投资者担忧的，阻碍投资者进行海外投资的一类风险。为使本国私人投资免受东道国政治风险的影响，自“二战”以来，一些主要的资本输出国都相继实施了投资保险制度，海外投资保险制度已发展成资本输出国保护与鼓励本国私人海外投资的重要的国内法制度。

一、海外投资保险制度概述

（一）海外投资保险制度的概念与特征

海外投资保险制度，也称投资保证制度，是资本输出国政府或者公营机构对本国海外投资者在国外可能遇到的政治风险，提供保证或者保险，若承保的政治风险发生，致使投资者遭受损失，则由国内保险机构补偿其损失的一种制度。❷

海外投资保险制度与民间保险制度相类似，其业务活动都是投保者与保险机构订立保险合同，并支付保险费，承保机构则在约定的保险事故发生后向投保者赔偿所受的损失。但与民间保险相比较，海外投资保险制度有显著不同，这些不同同时构成海外投资保险制度的显著特征：（1）性质不同。海外投资保险制度是一种政府保证，不同于私营保险公司，是一种政府承保机构。（2）目的不同。海外投资保险由政府机构或公营公司承保，以保护投资为目的，而非以营利为目

❶ 余劲松主编：《国际投资法》，法律出版社2014年版，第188~189页。

❷ 余劲松主编：《国际投资法》，法律出版社2014年版，第205页。

的。（3）保险的对象不同。海外投资保险的对象只限于海外私人直接投资，而且被保险的私人直接投资必须符合一定条件。（4）保险的范围不同。海外投资保险的范围，只限于政治风险，如征用险、外汇险、战争险等，不包括一般商业风险。（5）保险的任务不同。海外投资保险更重要的任务是事先预防、防患于未然，而不仅仅是像民间保险那样对损失进行事后补偿。

（二）海外投资保险制度的建立

政治风险的存在，严重影响投资者的安全与利益，并影响到资本输出国的利益。为降低政治风险所可能给海外投资者造成的经济损失，鼓励其对外投资，美国于1948年根据《对外援助法》实施马歇尔援欧计划，首创海外投资保险制度。1969年再次修订该法，设立“海外私人投资公司”，承担美国私人海外投资保证和保险业务，并将保险范围扩大到多种风险，将保险对象规定为发展中国家的投资。

20世纪60年代以后，发展中国家大量引进外资，为使本国私人投资免受东道国政治风险的影响，以鼓励和保护本国私人向发展中国家投资，一些主要发达国家先后仿效美国实行投资保险制度。日本在1956年实行“海外投资原本保险”，1957年又增加“海外投资利润保险”，1970年把两种制度融为一体，建立了统一的海外投资保险机构，投资保险制度有了很大的发展。联邦德国于1959年，法国于1960年，丹麦、澳大利亚于1966年，荷兰、加拿大于1969年，瑞士于1970年，比利时于1971年，英国于1972年分别建立了投资保险制度。海外投资保险制度已发展成为一项重要的投资保证制度。我国于2001年5月14日经国务院批准组建了中国出口信用保险公司，也建立起了海外投资保险制度。

二、海外投资保险制度的模式

依据是否以双边投资保护协定为先决条件，各国的海外投资保险制度可以划分为三种模式，双边模式、单边模式和混合模式。

（一）双边模式

该种模式以美国为代表，又称美国模式。该种模式以双边投资保护协定的存在作为承保海外投资风险为先决条件，投资者只有在与美国签订有双边投资保护协定的国家投资，才可以申请保险。在美国已签订的双边投资保证协定中，都无例外地具体涵括如下内容的代位权条款：保险机构支付投资者的赔偿后，在美国投资者的权利和主张以及投资者与东道国之间发生的投资争端的解决等方面有代位求偿权。双边模式的优点在于：（1）该模式可以解决投保人国籍不连续的问题。在海外投资保险制度中经常出现投保人国籍不连续的情况，在这种情况下，是否要遵守国籍连续原则，国际上尚无共识，而双边保护制度中投资国和东道国可以通过签订条约商定是否适用国籍连续原则。（2）该模式可以加强本国海外投资的保险机构代位求偿权的法律效力。通过双边投资保护协定，可以使代位权确定化、公法化，将私人投资从受国内法保护提升到受国际法保护的高度，为保险机构代位权的行使提供了国际法依据。当规定的政治风险出现时，美国私人海外投资公司向投资者赔偿损失，取得法定的代位权求偿权后，有权向东道国索赔。[1]

双边模式的缺点在于其保护范围受到双边协定的限制，在未与母国签订双边保护协定的国家投资，就没有资格投保，无法受到海外投资保险制度的保护。换言之，未与母国签订双边保证协定的国家就可能受到投资者的排斥，即便这些国家有值得投资的项目。

（二）单边模式

日本是该种典型的代表。日本的海外投资保险制度与美国截然不同，不以日本同东道国订立的双边保证协定为前提，只依据日本的国内法，就可以对海外投资进行保险。单边模式的优势在于扩大了投资保险的范围，投资者不会因其母国未与东道国订有双边保护协定而被排斥在保护范围之外。较之双边保护模式，更有利于鼓励本国海外投资事业的发展。其缺点是，投资者遭遇到东道国的政治风险，通过外交途径行使代位权受到一定的限制，如国籍连续原则、用尽当地救济原则、卡沃尔条款的限制，这些限制使海外投资保险制度的施行处于不确定状态，加重了保险机构的运作负担，增加了求偿难度。

（三）混合模式

该种模式以德国为代表。德国事实上同许多资本输入国订有双边投资保护协定，但是德国的海外投资保险制度原则上不以双边投资保证协定作为法定条件。该种模式下，德国对与其订有双边保护协定的东道国采用双边模式，对未与其订有双边保护协定的东道国采用单边模式，将单边模式与双边模式结合在一起，交互为用。[2]

三、保险人

依据各国立法与实践，负责实施海外投资保险业务的有政府机构、政府公司或公营公司等。

（一）由政府公司直接作为承保机构

美国、澳大利亚等国都采取设立政府公司做保险人的做法。美国设立海外

---

[1] 史晓丽主编：《国际投资法》，中国政法大学出版社2005年版，第202页。

[2] 黎晖：“德国对外投资担保基本制度研究”，载《中德经济法研究所年刊》1993年刊。

私人投资公司，承担美国私人海外投资保证和保险业务。公司兼具公、私两重性质。依照法律规定，该公司是“在美国国务院政策指导下的一个机构”，法定资本由国库拨款，但同时该公司具有法人资格，按照公司的体制和章程经营管理。该公司可以以自己的名义起诉或被诉，在法律或仲裁程序中代表自己。该公司又可以利用私人信贷和投资，以扩大私人参股，其董事会也有私人企业界的代表参加。美国采取这种公、私兼具的公司模式，一方面固然是因为政治风险保险风险过大，私人保险公司不愿意承保这种业务，必须由政府经营。但另一方面也可以有效避免政府与政府之间的直接对抗，公司可以“充当外国政府与美国商行之间的桥梁，使得政治性问题通过商业化方式解决”。

公司的最高权力机关为董事会，由15名董事组成，8名为私人董事，7名为官方董事。其中董事长和副董事长均由美国总统任命，私人董事均由总统取得参议院统一同意后任命，定期担任，并至少有两人由在小企业经营及劳动与合作方面具有丰富经验的企业代表担任。官方董事包括公司的总经理、国际开发署署长、美国贸易代表和美国总统指派的劳工部官员等。在承保险别上，公司起初仅承保货币禁兑险，后来逐渐扩大到战乱险、征收险等政治风险。

（二）由政府机构直接作为承保机构

日本、新西兰、瑞典等国家由政府机构承保海外投资政治风险。如新西兰是由国家保险署负责，瑞典是由出口信贷担保委员会负责。日本是由通商产业省贸易局承办投资保险业务，该局虽是属于政府机构，但是在财政上具有独立性。其宗旨是担保国际贸易和其他对外贸易中其他普通保险者不能承保的政治风险，以促进国际经济交往的发展。在具体运作过程中，由通产省的企业局负责保险申请的审批，该企业局下设的长期输出课承办具体保险业务。在这种模式中，承保人和被保险人实际上是一个行政合同关系，具有公营性和官方性。

（三）政府与国营公司共同实施保险业务

德国由政府机构与国营公司共同负责承保海外投资政治风险。德国于1959年正式建立海外投资保险制度，海外投资保险业务由黑姆斯信贷担保股份公司和德国信托股份公司具体开展。前者是信托股份公司，因而经常由其代表德国的投资保证机构。除了保留给联邦债务管理署的权力之外，这两家公司受联邦政府的委托和授权，代表联邦政府发表和接受一切有关投资担保的声明，进行为达成这一目标的一切活动。这两家公司是公营公司，只是负责保险业务的具体执行，而有关投保申请的审批决定，则是由联邦政府的经济部长会同财政部长、外交部长和经济合作部部长所组成的部际委员会审批决定，该委员会的经济专家可以作为顾问。在德国的海外投资保险实践中，政府对两家公司保险业务的管理和指挥是相当直接和具体的。联邦政府才是法定的保险人，两个公营公司只是负责具体保险业务的执行。

法国的做法与德国类似，其对外投资保险业务也是由两个机构经营的：法兰西对外贸易保险公司和法兰西对外贸易银行。而关于投保申请的审查与批准，则由经济和金融部长根据特别的部际委员会的意见决定。

（四）中国的实践

我国由中国出口信用保险公司负责承保海外投资政治风险。该公司是政策性保险公司，公司资本金约300亿，资本来源为出口信用保险风险基金，由国家财政预算安排。其业务范围包括：中长期出口信用保险业务，海外投资保险业务，短期出口信用保险业务，国内信用保险业务，与出口信用保险相关的信用担保业务和再保险业务，应收账款管理、商账追收等出口信用保险服务及信息咨询业务，进口信用保险业务，保险资金运用业务，经批准的其他业务。中国出口信用保险公司全权负责我国海外投资保险业务的开展，采用审批机构和运营机构一体化的模式，负责对投资项目的审核和承保。其海外投资保险承保业务包括东道国收汇管制、政府征收、国有化和战争等。2014年，中国信保海外投资保险业务全年承保金额约为358亿元。[1]

四、承保险别

海外投资保证制度的承保范围一般包括征收险、战乱险、外汇险等。

（一）征收险

征收险，一般是由于东道国的政府实行征收或国有化措施，而使投保者的投资财产受到部分或全部实质性的损失的政治风险。

关于何谓征收行为，各国规定不尽相同。美国对外援助法规定，征收包括但不限于外国政府废弃、拒绝履行及损害其与投资者订立的合同，使该投资项目实际上难以继续经营。但东道国政府的上述行为必须是由不可归责于投资者本人的过错或不当行为所引起的。而美国海外私人投资公司的保证合同对征收行为作了更为详细的补充规定："征收行为"一词，指的是投资项目所在国的政府所采取、授权、认可或纵容的、给予赔偿或不给予赔偿的任何行动，该行动开始于保险期内，并且直接造成以下一种后果长达一年之久：（1）阻碍投资者获得海外美资企业依据有价证券以指定货币支付给投资者的到期款项；（2）阻碍投资者作为股东或债权人有效地行使由于投资而取得的对于海外美资企业的基本权利；（3）阻碍投资者转让有价证券或有价证券所派生的任何权利；（4）阻碍海外投

[1] 参见余永楠著：《论美国海外投资担保制度及其对我国的借鉴》，中国政法大学2011年博士论文。

资企业对本企业重要财产的使用和处理实行切实有效的控制，阻碍建设或经营该投资项目；（5）阻碍投资者有效控制在证券方面作为投资收益和资本收益所获得的金额。

关于征收行为的性质、范围、对象、归责原则等事项，各国规定大体相似，包括：（1）征收是东道国政府的行为，包括政府采取的授权、批准或纵容的行为，且不论政府是否给予补偿。（2）征收包括直接征收和间接征收。直接征收一般是指直接剥夺投资者的财产所有权，间接征收则是指对财产所有权人使用、占有和处置财产进行无理且无依据的非法干涉，从而使财产所有人在合理期限内无法使用、占有和处置财产。（3）征收的对象，一般不仅包括投资者的投资，还包括投资者的贷款，以及投资所得利润、贷款的利息、公司债券、股份等等。（4）在归责原则上，东道国的征收行为必须不是投资者本人的过错或者行为的不当引发的。如果东道国的征收行为是因投资者本人的过错或不当行为如贿赂、腐败等引发的，则此征收行为造成的损失不在保护范围之列。

但在征收对象的具体规定上，各国规定也存在不同之处。美国将契约权利列为征收险保护对象，因征收行为造成的契约权利的损害包括在保险制度的征收险的范围之内，扩大了保护范围。日本法律规定，投资者所持有的股份，也属于征收险保护范围之列。征收时间上，美国法律还规定征收行为所持续的时间应在一年以上，而德国、日本对征收行为的持续时间则无具体的明文规定。

我国保险机构承保的征收险是指东道国政府采取的批准、授权或同意的对投资实行的强行征用、没收、国有化、扣押等行为，这些行为须持续一段时间，且使投资者无法建立或经营项目企业，或者剥夺、妨碍投资者的权益。但是政府违约是作为一个单独的险别加以承保的，不包括在前述征收险中。

（二）战乱险

战乱险，即战争与内乱险，是指由于东道国发生战争、革命、暴乱、内乱、恐怖主义等所导致的投资者的投资财产的损失的风险。

关于战乱险的政治目的性、损害的界定、赔偿范围等，各国的规定大体相似。战乱险只限于个人或集团，主要是为了实现某种政治目的而采取的破坏活动所造成的损失。劳资纠纷、经济矛盾所引起的骚乱冲突一般不具有政治目的，所以一般不包括在战乱险所承保的范围之内。战乱所造成的损害，则指的是由于战争、革命、暴动或内乱使投资财产被毁坏、夺走或扣留，但投资者的损害与内乱战争之间必须确实存在直接的必然的因果关系，间接因果关系的间接损失不在赔偿范围之列。在战乱中所造成的特定无形资产的损失，如现金、票据、证券等也不在赔偿范围之列。

但在承保损失的赔偿范围上，各国规定不尽相同。美国私人海外投资公司承保经营收益及资产损失，投保人可单独购买其中任何一种或者两种。所谓承保的经营收益的损失，是指因战乱造成的资产损害所导致的预期收益的损失。在承保资产受损害的情况下，美国私人海外投资公司对在战乱中对投资者有形资产的损害予以补偿，但像证券、债券、现金、档案文件等无形资产的损失，未被列入保险范畴。且下列损失不在赔偿范围之列：（1）战乱中损失的金银珠宝、现款、珍贵艺术品；（2）损失少于5000美元者；（3）投资方不采取应有的适当的保护措施而遭受损失者；（4）主要由于投资方的违法不轨行为如行贿、腐败等激起或挑起暴力行为，因而遭受损失的。

德国对战争险具体规定了损害程度，一般而言，对于企业的资产的损失要达到全部损失或实质性损失。德国的海外投资担保法规定：（1）外国企业分支机构的全部资产已被摧毁；（2）这些资产被摧毁到只有在亏损的情况之下才能经营，由此使得产权投资或捐赠资本必须被认为是全部损失，或者，产生于类产权贷款或者收益的债务求偿不得以任何形式全部或部分收回。

日本对战争险所造成的损失的承保范围的规定比美国更广泛，既包含有形资产的损失，也包括无形资产的损失。具体包括以下情形：（1）企业不能继续经营；（2）限于破产或类似破产的的境地；（3）针对日本企业停止交易或类似事件；（4）停止营业6个月以上。这是实质上限于全损或实质性损失的情形。除以上情形外，日本的承保范围还包括出于不可归责于投资者的原因，投资方破产或其债务在6个月以上迟延履行等信用风险也在保险范围之内。

我国中国出口信用保险公司承保战乱险，即在投资东道国发生的战争、内乱、恐怖主义，以及其他类似行为。既包括战争造成的项目企业有形财产的损失，也包括因战争行为导致项目企业不能正常经营所造成的损失。

（三）外汇险

外汇险通常包括禁兑险和转移险。有的国家只承保禁兑险，如美国。有的国家则都承保，如日本和德国，既承保不能自由兑换的禁兑险，也承保不能自由转移的转移险。

在外汇险的发生上，各国的规定大体相似，均要求必须具备特定的条件，即东道国实行外汇管制，停止或限制外汇的兑换或转移，或由于遇到突发性事件，如革命、战争、内乱等致使国家的外汇机构无法在特定时间内进行外汇业务等。但是，海外投资因汇价变动所受的损失（商业风险）或在订立保险合同时，东道国政府依法实行或可能实行外汇管制的，各国均将其排除于外汇险之外。

但在外汇险的承保范围和内容上，各国规定不尽相同。美国海外投资私人公司的禁兑险包括积极禁兑和消极禁兑，前者指东道国颁布禁止投资者兑换的法规等，后者则指东道国政府对投资者货币不能兑换的局面不采取任何措施。并规定，如下两种禁兑事实，不构成禁兑险：（1）在签订保险合同时，东道国已存在禁兑的法律规定，而投保人又已知情或理应知情。（2）由于投资者腐败贿赂等不合法行为，导致东道国的合理反应而采取的禁兑的措施。日本法律规定，海外投资者遇到下列情况之一，其原本及利润在2个月以上不能兑换并转移的，均属禁兑险：（1）东道国政府实行外汇管制或禁止外汇；（2）因东道国发生战乱，无法进行外汇交易；（3）东道国政府对日本投资者各项应得的金额实行管制；（4）东道国对取得各项应得金额汇回日本的许可；（5）东道国政府对各项所得金额予以没收。[1]

我国出口信用保险公司承保的汇兑限制险，包括禁兑险和转移险，系指投资东道国政府实施的措施，阻碍、限制了投资者把当地货币兑换为可自由兑换货币或汇出东道国，或使投资者必须以远高于市场汇率的价格才能将当地货币兑换为可自由兑换货币或汇出投资东道国。

除了上述三种主要险别外，有的国家还承保其他政治风险。如美国承保营业中断险，德国承保延期支付险，英国承保其他非商业风险，我国还承保政府违约险。显然，由于各国的国情、立场和对政治风险的认识不同，各国的海外投资保证制度只是针对某些特定的政治风险而建立的，其承保的风险范围的内容是有限的，不能穷尽所有的政治风险，且所涉及的保险范围的内容各不相同。

五、保险对象

海外投资保险制度中，作为保险对象的投资必须是合格的投资，包括投资本身合格和合格的东道国。

（一）合格投资的标准

各国关于合格投资的条件和标准的表述不尽相同，但其宗旨相同，既投资一定要充分地尊重东道国的利益，符合本国的利益，以及一般只限于新的投资。

1．海外投资符合投资者本国的利益

这一要求是为了保证海外私人投资对本国的有益性，只有对本国经济有利的投资，才会予以承保。美国要求，海外私人投资公司在承保一项保险时，必须考虑投资项目是否有利于美国经济，包括对就业、国际收支平衡和经济发展目标的影响。日本规定，合格投资者必须是有利于日本对外经济关系的投资。德国则规定被保险的投资“值得鼓励”，必须是能够加强德国与发展中国家关系的投资项

[1] 参见余劲松主编：《国际投资法》，法律出版社2014年版，第209页。参见余永楠著：《论美国海外投资担保制度及其对我国的借鉴》，中国政法大学2011 年博士论文。

目。我国也要求投保项目必须符合中国国家政策和经济、战略利益。

2．海外投资有利于东道国的发展

美国要求，海外投资必须是经过东道国批准的投资项目，日本也要求必须取得东道国同意。这一要求是为了保证投资在东道国的安全。征得东道国的同意认可，是本国合格投资的前提，海外投资项目只有得到东道国的认可才能在本国申请海外投资保险。这种规定，一方面表现出投资国对东道国经济主权的尊重，另一方面，通过东道国事先对投资的认可和承诺，可以增强国际义务对东道国的约束，提高了海外投资的安全性，尽可能消除摩擦、避免纷争。

3．海外投资一般是新的投资

各国关于投资保险的法律与实践一般只限于承保新的投资。新的投资，一般指新建企业，对旧企业的扩大、现代化及发展的新投资，各国一般也将其视为新的投资，准予投保。美国法规定，海外投资限于新的投资项目，包括对现有企业的扩大、现代化及其发展的投资。日本法则规定，合格投资者必须是有利于日本对外经济关系的新投资，包括对原有投资的扩大。

（二）合格东道国的标准

很多国家规定，只有在合格的东道国的海外投资才可予以承保。所谓合格东道国，各国的规定不完全相同。美国法律规定，合格东道国应符合下列条件：（1）合格的东道国必须是与美国已经签订双边投资保证协定的国家和地区。这一模式规定的目的是，一旦担保的政治风险发生，美国政府在赔偿投资人的损失后，美国政府可以依据条约进行代位赔偿。（2）投资国所在的东道国只限于友好的发展中国家。友好的发展中国家政治秩序相对稳定，能给予投资国较好的投资政策。（3）尊重人权和国际上公认的工人权利。同时，美国也规定了东道国的国民人均收入不得超过一定的数额。

德国、日本的投资保险机构并不以与东道国订有双边保护协定的国家为承保的法定前提条件。但德国、日本也积极利用双边投资保护协定作为调整投资环境的重要方法，以此确保国内投资保险的效力能按规定顺利实施。德国国内的私人投资就大多流向与德国签订双边投资保护协定的发展中国家。并且从保障投资安全角度出发，实践中，德国、日本的投资保险机构在审查东道国是否合格时，也要求东道国应该具有稳定的政治环境、良好的经济发展政策、健全的法律制度，尤其是健全、完善的海外投资保护政策，足以确保投资的安全，才可认定投资东道国合格。

六、投保人

根据各国的规定与实践，海外投资保险制度的投保人必须是合格的投资者，即依法有申请投资保险资格的海外投资者。对于合格的投资者，各国国内法的具体规定不尽相同，但从具体标准的规定来看，各国的投资保险制度的投保人和本国的承保机构所属国必须具有相当紧密的联系。一般有以下几种情况：

（一）本国国民

本国国民系指根据本国法律取得本国国籍的自然人。如美国要求被保险人必须是具有美国国籍的公民，日本规定被保险人必须是具有日本国籍的自然人。但有的国家还对海外投资被保险人附加有国民住所或居所的要求，比如德国。

（二）本国公司、合伙或社团

大多数国家都规定了本国的公司、合伙或其他社团可以投保，有的国家还附加了投资比例等要求。如美国要求投资者必须是根据联邦法、州或其他地方法律设立的，并且投资至少51%为美国人所拥有的公司、合伙或其他社团。德国要求海外投资人必须是具备在德国有住所，以德国法设立的具有或者不具有法人资格的、其股东具有有限责任或无限责任的营利或非营利的商业公司。日本海外投资保险制度要求投资者必须是向海外投资的在日本登记注册的公司或其他社团。

（三）外国公司、合伙或社团

有些国家允许外国公司、合伙或社团投保，但一般都有严格限制。美国法律，只有资产的95%以上为美国公民、公司、合伙或社团所拥有的外国公司、合伙或其他社团，才可以作为合格投资者。美国法律允许由美国人控股的外国公司、合伙或社团向美国的承保机构投保，同时也明确了资本控制的额度，这一规定无疑有利于美国保护其在海外的利益，也使其回避了国际赔偿中的当事人不合格的障碍。但也有些国家，如日本，被保险人仅限于海外投资的在日本登记注册的公司或其他社团。此外，澳大利亚、加拿大等国对于外国公司、合伙、社团能否可以投保则未作规定。

七、投保、赔偿程序

（一）投保程序

合格投资者取得政府保险，应按照法定程序，向保险机构提交申请书及必要资料，承保机构收到投保申请后，对投资者及其投资进行审查，审查投资是否有利于本国经济发展，是否已经得到东道国批准或对东道国经济发展有利，投资东道国是否合格等，经审查确认申请合格，即签订投资保险合同。

保险的有效期限根据投资种类、承担险别的具体情况而不同。一般来说，股份投资保险的法定最高期限，自承保之月起，一般不超过20年。日本海外投资保险的有效期限一般为5～15年，最长不超过15年。

投资者所应缴纳的保险费，依不同的承担行业、险别及范围而有所不同。美国海外私人投资公司规定的中小型企业的一般保险费年率为：外汇险为承保金额的0.3%，征用险为0.4%～0.8%，战争险为0.6%。同时投保三项风险的综合保险者，按年率1.5%征收。特别保险费年率，可以低于或高于上述比率。日本规定，投资者所应缴纳的综合保险保险费率为0.55%，如属资源开发投资，其保险费率为0.7%。[1]

（二）赔偿与程序

约定的险事故发生后，保险人应当依照合同约定支付保险金。保险人在支付保险金后，即取得代位求偿权，向东道国索赔。

1．投保人的义务

一旦保险事故发生，投保者应当在规定的期限内尽速向承保人通知风险与损失的发生，同时提供有关证据，申请赔偿。并基于保险合同承担如下义务：（1）预防和减少损失，并应在东道国境内采取一切行政和司法救济措施，要求制止风险或取得赔偿。（2）保管好有关的一切资产和资料，以便检查和审计。（3）向承保人转交有关承保投资的资产和权益，如资产、现金、所有权和索赔权等。（4）与承保人通力合作，帮助代位索赔。

2．保险金的支付

约定的保险事故发生时，保险人应向被保险人支付保险金额，各国一般都规定，保险人应承担保险金额的大部分损失，被保险人自己也应承担一定比例的损失。如美国海外私人投资公司承保的保险金额，以被保险人最初投资时公司批准的投资项目的美元票面价值加上保险契约所定限度内该投资实际上应得利润、利息或其他收益为限额。但公司只按被保险人投资金额90%承担责任，被保险人承担投资金额10%的风险责任。日本、英国、德国等国也都规定了被保险人应承担投资金额10%的损失。

3．代位求偿权

承保人在支付保险金之后获得代位求偿权，取代投保人的地位，有权向东道国进行索赔。但承保人行使代位求偿权的依据各不相同。美国等采用双边海外投资保险制度模式的国家，以双边投资协定作为投资者获得保险的前提，为承保人向东道国索赔提供了国际法依据，受到国际法的保护。因此，承保人取得代位求偿权后，可依据与东道国订立的双边投资保证条约向东道国索赔。而日本等采取单边海外投资保险制度模式的国家，国内投资保险制度并不与双边投资协定挂钩，当承保人取得代位求偿权后，只能依据东道国国内法索赔，只有投保人或代位人有义务在东道国用尽当地救济手段之后，投资者本国政府才能代位向东道国

---

[1] 参见余永楠著：《论美国海外投资担保制度及其对我国的借鉴》，中国政法大学2011年博士论文。

索赔。随着日本私人海外直接投资的发展，近年来，在实践中，日本政府也倾向于采取双边海外投资保险制度模式，使国内投资保险制度与双边投资协定结合起来，相互配合。

第三节 多边投资担保机构公约

一、《多边投资担保机构公约》的产生

20世纪六七十年代，许多新独立的发展中国家为了发展本国经济，摆脱外来经济控制，对外国资本纷纷实行国有化或征收，导致投资争端不断产生。20世纪80年代，由于许多发展中国家出现了前所未有的债务危机，同时它们的经济发展对于外资的依赖性逐渐增强，大量吸收外国直接投资成为新兴经济体经济发展中一个很重要的推动力。但是，对政策环境不确定性的担心和对政治风险的考虑往往使得投资者对在这些国家投资没有太大兴趣。同时，由于新兴国家没有足够能力来有效地推销自己，因此发达国家大幅减少了对发展中国家的投资，增加了发达国家间相互的投资，造成了发展中国家经济状况的进一步恶化。

为了解决这种矛盾，促进国际私人投资，推动外国直接投资流入新兴经济体，以提高发展中国家经济发展水平，减轻贫困，改善人民生活，世界银行在1984年制定了《建立多边投资担保机构公约》(*Convention on Multilateral Investment Guarantee Agency*)，并在1985年10月的世界银行汉城年会上正式通过，简称《汉城公约》或《MIGA公约》，向世界银行各成员国和瑞士开放签字。

至1988年4月12日，该公约的批准国达29个，其认缴资本总额为53.38%，世界银行行长宣布该公约生效。至此，MIGA正式宣告成立。中国于1988年4月30日批准了该公约，交存了批准书，为MIGA的创始会员国。截至2013年12月，《MIGA公约》成员国数目为180个，发展中国家成员方155个，发达国家成员方25个。

和ICSID一样，MIGA也是世界银行集团下属的一个机构，它是由世界银行主建的，旨在促进国际投资的一个世界性组织。但二者对投资者保障的方式不同：ICSID是通过解决争端的事后处理方法来保障投资者的利益，从而促进国际投资的发展；而MIGA则是通过直接承保海外投资者可能面临的各种政治风险，为投资者权益提供事后保障。

MIGA是世界上第一个并且截至目前也是唯一专营政治风险的国际经济组织。MIGA通过为非商业性政治风险提供担保，为海外投资提供经济上和法律上的保障，提高海外投资在发展中国家国际投资的安全系数，解除投资者的担忧，鼓励有利于发展的投资。目前，大多数国家海外投资风险担保机构的目的是为了刺激

本国经济的发展，如出口的增加，而将促进投资东道国经济的发展作为第二位的考虑。MIGA则明确将促进投资东道国的经济发展作为首要目标和提供担保的标准。[1]

二、多边投资担保机构的目标、宗旨和法律地位

《MIGA公约》第2条规定，MIGA的目标是鼓励生产性投资在会员国之间，特别是向发展中国家会员国的流动，以补充国际复兴开发银行、国际金融公司和其他国际开发金融机构的活动。

为达到上述目标，MIGA应当履行下列职责：（1）在一会员国向其他会员国进行投资时，对投资的非商业性风险予以担保，包括共保和分保；（2）开展合适的辅助性活动，以促进向发展中国家会员国和在发展中国家会员国间的投资流动；（3）为推进其目标，使用必要和适宜的附带权力。

MIGA为实现其宗旨所开展的业务，包括投资担保业务和投资促进业务。其中以投资担保业务为主。机构除承保政治风险以外，还负有促进投资的义务。依照《MIGA公约》第23条的规定，机构应该搜集和准备资料，针对协助改善投资条件，特别是引导两类国家就资本流动的规模和开发质量的政策进行磋商。机构还可应会员国请求向其提供技术咨询和援助，机构可以帮助该国判断并改正广泛影响外资流入的政策或机制上的缺陷，以改善会员国境内的投资条件。机构还可组织投资促进会议，为发展中国家会员国与潜在的外国投资者提供接触机会，以促成投资的实现。此外，机构还积极推动成员国之间签订双边性的投资保护协定，促成东道国与投资者争端的和解，促进双边性的投资保护协定的签订，以增强对国际投资的保护力度。机构特别重视为符合国际开发协会贷款资格、受冲突影响的国家以及撒哈拉以南非洲国家吸引投资，同时鼓励发展中国家之间的投资流动与基础建设。MIGA也为其客户提供调解争端的服务，并为其成员国提供技术援助。相对投资担保业务，投资促进业务是辅助性的，但也是机构为实现其宗旨所必需的。对机构而言，投资促进业务与担保业务是相互促进的，其在进行有关研究、磋商活动时，需要优先考虑担保业务。

根据《MIGA公约》的规定，MIGA在各成员国国内法和国际法上均具有完全的法人地位，特别是有权签订合同，取得并处分不动产和动产，以及进行法律诉讼。此外，MIGA享有通常国际组织享有的特权和豁免。

---

[1] 余劲松、吴志攀主编：《国际经济法》（第三版），北京大学出版社、高等教育出版社2009年版，第300~301页。

MIGA拥有的股份资本是10亿特别提款权，分成10万股，每个成员国至少认购50股，每股的票面价值为1万特别提款权，而且每股需要用10%的国际通行货币的现金支付和10%的不可转让的无息本票或类似债券作为支付。但是，发展中国家对于上述应付的现金部分可以用25%的本国货币支付。根据《MIGA公约》的规定，经理事会特别多数票表决制度是创立MIGA时有争议的问题。发达国家主张采用加权投票制，发展中国家主张一国一票制。MIGA最终采用了集团投票制，将会员国分为两集团，发达国家为第一集团，发展中国家为第二集团。首先，每个国家都享有成员票，在此基础上会员国再按照各自的股份计算票数，这样，发达国家与发展中国家的总票数大致取得平衡。中国是MIGA第六大股东，认购股份达3.138%，仅次于美国、日本、德国、法国和英国。

三、多边投资担保机构的承保险别

《MIGA公约》为多边投资担保机构的投资担保业务确立了一个基本框架，并允许董事会制定灵活的政策、规则和细则加以具体规定和细化，以适应不断变化的情势。

根据《MIGA公约》第2条的规定，该机构在一会员国从其他会员国得到投资时，对投资的非商业性风险予以担保，包括再保和分保。至于是否可以享有该机构所提供的投资保险，则要由非商业风险的种类、投资目的与投资人的资格而定。机构承保的险别主要有5种：

（一）货币汇兑险

即东道国采取各种措施，禁止或者限制投资者将其投资及所得换作可自由兑换的货币，移出东道国国境的风险。被限制汇兑的情况分为两种：一种是歧视汇率险，即东道国政府不允许兑换或者汇出当地货币，或者强令以低于担保合同规定的最低汇率进行兑换或者汇出；另一种是迟延汇兑险，即东道国政府不能在合理的时间内对投保人提出的汇兑申请作出任何行动。

（二）征收或类似措施险

即东道国采取任何行政的或者立法的手段，剥夺投资者对其投资或收益的所有权以及控制权。需要指出的是，机构所认为的征收或类似措施险不仅包括对资产的征收、国有化、征用、没收、查封、扣押和冻结等直接措施，同时也包括间接征收。征用突出地表现为国家颁布国有化法令，将外国投资者的资产收归国有。国有化主要是通过没收和有补偿的国有化两种形式来实施的。没收，例如秘鲁政府曾于1968年接管了美国埃克森石油公司在秘鲁的分公司，1971年智利政府也曾没收了所有外国人控制的铜矿。有偿的国有化，例如委内瑞拉政府在1974年对铁矿和石油行业实行国有化时，以可兑换货币为投资者提供补偿。从目前的国际投资活动来看，国有化风险已大大降低，国有化事件在

1975年有83起，1985年后就极少发生了，国有化风险已成为国家风险中出现概率最低的风险。❶

（三）战争及内乱险

是指东道国境内任何地区的任何军事行动或者内乱，包括战争、革命、暴乱、叛乱和军事政变、民众骚乱等给投资者造成的任何损失，不包括罢工、学潮以及针对投资者个人的恐怖主义。值得注意的是，机构承保此险并不以相关事件是否以东道国为一方或是否发生在东道国的领土之上为前提，这是对传统国际投资保险制度的突破。❷

（四）违约险

即东道国政府违反或者废弃和机构投保人签订的契约，并有下列情况之一：投资者不能求助该国司法或仲裁机关对毁约或违约的索赔作出裁决；司法或仲裁机关没有在合理期限内作出判决或裁决；虽然做出判决或裁决，但无法付诸执行。因此东道国的违约行为本身并不一定构成违约险，只有在违约行为发生一定时间内，投资者在东道国没能获得有关索赔的司法判决或者仲裁裁决，或者虽有判决或者裁决，但不能执行，才能够构成违约险。机构设立违约险的目的是促使东道国和投资者之间的合同得到履行和实施，并且要求担保人在风险发生后应该首先通过东道国的救济而得到补偿，只有在救济不能的情况下，才能求助于机构的保险赔偿。长期以来，投资者与东道国之间的合同处于不稳定的状态。由于合同主体双方法律地位上的差异，东道国任意变更或废弃合同的事例并不鲜见。机构对违约险的创新担保有助于防止此类事件的发生，维护投资者的利益。违约担保是国际投资保险业务的创新，有助于防止东道国任意变更它与投资者所签合同，增强东道国和投资者之间合同的稳定性。❸

（五）不履行金融支付义务险

MIGA于2009年增加了一项新的承保业务，即不履行金融支付义务险。若主权国家或其下属机构、国有企业根据无条件的金融支付义务或与合格投资有关的担保，到期未能支付，给投保人造成损失，则机构可对投保人予以赔偿。该险种不要求投资者取得仲裁裁决。❹

---

❶ 参见林江："国际投资的法律保护"，载《引进与咨询》1998年第3期。

❷ 参见《MIGA 公约解说》。

❸ 参见王斌："试论政府违约风险的法律控制"，载《浙江社会科学》2007年第4期。

❹ 参见余劲松主编：《国际投资法》，法律出版社2014年版，第273页。

（六）其他特定的非商业性风险

指经投资者和东道国联合向MIGA提出的除上述五种风险以外的一切非商业性风险，如罢工、学潮、针对外国投资者的恐怖主义活动等可在此险别下投保，若经MIGA的董事会特别多数通过，则投资者也可获得赔偿。该险别的设置体现了机构承保业务的灵活性。

随着国际形势的不断变化和国际投资法律制度的日益完善，公开征用、大规模国有化以及完全的外汇管制越来越少，战争和内乱也变得极其偶然。相反，违约等却越来越频繁。尤其是在许多发展中国家和地区，由于东道国还处在前法治化或亚法治化的状态，东道国政府对投资者违约时，投资者经常无法及时求助于司法或仲裁机关，或虽有裁决，但无法申请执行等。[1]

（七）多边投资担保机构的除外责任

《MIGA公约》除了规定MIGA担保的各种政治风险险别之外，还规定了MIGA免除保险责任的三种情形：

1．投保人认可或者负有责任的东道国政府的任何作为或者不作为

保险的一般原理是，任何保险风险都是意外引起的。而MIGA规定的此类除外责任归因于投保人的违法行为和违约行为，均非意外。如在投资实践中，一些投资者尤其是跨国公司，经常为了实现自己的经营战略，干涉东道国的内政，如果其违反东道国的法律，受到当地政府的制裁，从而引起所谓的投资损失，当然不能作为政治风险损失要求MIGA赔偿。在外国投资者与东道国政府订有投资合同的情况下，如果因投资者自身的违约行为而导致东道国政府采取全部或者部分撤销原订合同的各种措施，则MIGA不应将其视为政治风险事故而付赔。

2．发生在担保合同缔结之前的东道国政府的任何作为、不作为或者其他任何事件

根据保险的一般原理，构成保险风险的另一个要件就是风险必须具有偶然性。MIGA的这一规定是符合保险惯例的，否则，就有可能鼓励投保人故意制造政治风险事故，然后再向MIGA投保，取得补偿，以致造成风险中道德风险的泛滥。

3．货币的贬值

根据《MIGA公约》第11条（b）款的规定，在任何情况之下，MIGA都不得承保货币贬值或者降低定值而给投资者造成的损失。因为当今社会，不管发达国

---

[1] 参见李寿双：“国际直接投资的政治风险及其法律应对——以国际直接投资保险制度为例”，载《学术论坛》2003年第5期。

家还是发展中国家，都存在一定程度的通货膨胀。由于通货膨胀造成的货币贬值应该属于商业性风险，MIGA当然不能予以担保。另外，保险风险必须是意外的，而通货膨胀下的货币贬值是必定要发生的，因此不能构成MIGA担保的风险。❶

四、保险对象

（一）合格投资的标准

根据《MIGA公约》的规定，担保的投资应该是合格的，所谓合格的投资是指符合以下方面的要求。

1．投资的类型

MIGA承保的合格投资既包括股权投资，也包括非股权直接投资、股权持有人在有关企业中所发放或担保的中长期贷款。同时，机构董事会经特别多数票通过，可以将合格的投资扩大到其他任何中长期形式的投资。但除上述贷款外，其他贷款只有当它们同机构已担保或拟担保的特定投资有关时，才算合格。

具体而言，合格的投资财产可以包括两类：第一类为货币，指“为更新、扩大或发展现有投资所汇入的外汇”，公约所规定的外汇应当是指可以自由使用或可以自由兑换的任何形式的货币。第二类为收益，即“现有投资产生的、本可汇出东道国的收益”，实际是指具有货币价值的有形或无形资产。

2．投资的期限

MIGA承保的投资限于新投资。根据《MIGA公约》第12条（c）款的规定，MIGA承保的适格投资限于投保人提出的申请注册之后才开始执行的新投资，包括用来更新、抄底、增强现有项目的财政活力或开发一个现有投资项目的投资，以及现存投资产生的，本可汇出东道国的收益。

3．投资的标准

第一，必须是在经济上合理的投资。根据《MIGA公约》第12条（d）款（i）项的规定，MIGA担保的投资必须具有经济上的合理性。对此作出评估时，应该综合考虑一切有关的经济和财政因素，包括投资项目有无足够的资金来源，在东道国收回贸易特权或者取消补贴的情况下，能否独立生存与发展，并且具有合理的经济回报率等。多次实践证明，如果一个投资项目具有经济上的不合理性，其将会面临受到东道国政府的种种限制的危险，从而招来更大的政治风险。假如MIGA承保不合理的投资，担保的险情就大，付赔率也就高。《MIGA公约》订入适格投资必须具有经济上合理性的标准，正是考虑了东道国和MIGA的双重利益。

第二，必须是具有发展性的投资。即能给东道国带来良好的经济和社会效

---

❶ 参见《MIGA 公约解说》。

益，能对东道国的经济发展作出贡献。在决定一个投资项目是否具有发展性时，MIGA还要考虑以下因素：该投资项目为东道国创造收益的潜力；该投资项目对于最大限度发挥东道国生产潜力作出的贡献，尤其是对生产出口产品或者进口替代产品以及增强东道国抵御外部经济变化能力作出的贡献；该投资项目对东道国经济活动多样化、增加就业机会以及改善收入分配所起的作用；该投资项目向东道国转移知识和技能的程度；该投资项目对东道国的社会基础设施和环境的影响。

另外，MIGA适格投资的发展性又包括该投资项目与东道国的发展目标和重点相一致，否则，往往会造成对东道国资源的滥用，从而危及东道国的经济。

第三，必须是合法的投资。即投资应该符合东道国的法律，只有事先获得东道国政府的同意，才能签订承保政治风险的合同。在1991年“MIGA在中国的第一次申请案”中，MIGA就一份担保合同正式请求中国政府的批准，我国对外经贸部（现为商务部）在对合营企业合同进行审批时，发现其中某些条款不符合中国法律的规定，因此没有批准这份担保合同。可见，公约的上述规定有利于东道国对外资进行有效的控制和监督。在环境保护和劳工标准问题上，发达国家和发展中国家之间存在很大分歧。某些发达国家的官办海外投资保险机构，已经将环境保护、劳工标准等社会条件和承保的适格投资联系起来。鉴于此，MIGA担保的投资也要达到一定的劳工标准。MIGA业务细则中规定，MIGA不得承保雇用童工和使用强制劳动等的投资项目。MIGA环境评估及信息披露政策中，要求评估并且公开承保项目对东道国的自然环境（如水土等）、社会环境（如因投资项目引起的居民强制迁徙以及对少数民族生存、文化遗产的保存等）、人类健康和安全，以及跨国环境等相关方面的影响的信息。如果投保人违反MIGA的环境政策或者东道国的环境法规，MIGA就会有权拒绝或者取消担保。[1]

（二）合格东道国的标准

根据《MIGA公约》的规定，只有发展中国家会员才能成为“多边机构”担保所要求的合格的东道国。此外，合格的东道国还须符合两个条件：第一，必须是一个同意担保特定投资风险的国家；第二，必须是一个经机构查明，投资可以得到公平待遇和法律保护的国家，其判断标准是东道国的法律和东道国与投资者母国之间的双边投资协定。

“非政治化”是MIGA的担保体制具有的特点之一，因此，当本国海外投资保险机构因“政治化”的条件限制而拒绝承保时，投资者可以向MIGA投保。这样，

---

[1] 参见徐崇利：“多边投资担保机构的比较优势及新世纪的发展战略”，载《华东政法学院学报》2002年第3期。

在项目的具体应用上，即使一项外国投资根据国际投资条约或东道国法律都得不到公正平等待遇和法律保护，东道国还可寻求与MIGA达成特别的保护协议，使之能够获得MIGA的担保。

五、投保人

《MIGA公约》第13条规定，凡符合下列条件的自然人和法人都有资格取得机构的担保：（1）自然人必须是不具有东道国国籍的任何一个成员国的国民；（2）法人必须是在东道国以外的同一个成员国登记注册并在该国设有主要业务点的公司，或在东道国注册登记，但多数资本为东道国以外的一个成员或多个成员国的自然人或法人所拥有，在上述情况下，该会员国必须不是东道国；（3）该法人不论是否私人所有，均在商业基础上经营。此外，公约还规定，如果投资者是东道国国民或法人，其投资来源于东道国境外，即所投资产从东道国境外移入，那么经投资者和东道国联合申请，机构董事会特别多数通过，也可以成为机构的合格投资者。

《MIGA公约》的这一规定实际上是对法人投资者的国籍采用了法人成立地和主要营业地的复合标准，以及资本控制标准。按资本控制标准，外国投资者在东道国的再投资项目亦可向MIGA申请投保，因为按照前述复合标准，外商投资企业为东道国法人，不是合格投资者，但按资本控制标准，则可视为合格投资者。因此，充分利用《MIGA公约》中有关合格投资者的规定，可以解决来华投资的跨国公司、外商投资企业和港澳台同胞作为投资者申请投保的问题。

机构关于合格的投资者的规定的独特之处是，有资格取得担保的法人不必限于归私人所有，只要在商业基础上进行就行了，包括归成员国所有或控制的任何机构或实体。可见，机构的法人投保人的范围比各国国内投资保险制度要广泛一些。

六、分保与赞助担保

《MIGA公约》规定，对于会员国、会员国机构或其多数资本为会员国所有的区域性投资保险公司以及给予保险的特定投资，MIGA可以提供分保。此外，公约还规定任何一个或几个会员国可以自行筹款。在本机构中另设基金，为任何国籍的投资者（不论是否具有MIGA成员国国籍的投资者）在发展中国家的投资提供担保，即赞助担保。MIGA的这两种形式的保险，目的都在于进一步促进国际投资向发展中国家流动，同时更促进国际投资自由化的进程。

分保与赞助担保制度对多国投资企业尤其具有意义。各国海外投资保险机构对投保人资格的规定并不相同，将会带来规则间的冲突。比如很多的大型工程项目是由多国投资者合资而兴建，但是基于各国不同的规定，一个国家的海外投资保险机构不太可能也没有能力承保各个国家的投资者在该项目中的所有投资。

如果这些投资者分别向本国的海外投资保险机构投保各自的股份的话，其将不仅造成人力、物力、财力和时间的浪费，更会带来各国投资者之间在投保、风险管理、理赔等方面的差别待遇。但是如果MIGA按照其自身的投保人的适格条件，就完全可以单独承保这些多国投资企业。

1992年，一家美国私营保险公司和MIGA进行了分保合作，在这个担保案中，AVX公司从1977年起开始在萨尔多瓦生产电容器，当时AVX公司还是一家美国公司，其向美国海外私人投资公司投保了政治风险。但是AVX1990年并入了日本KYOCERA公司，成了由该日本公司拥有多数股权的美国公司。从此之后，AVX公司不再符合美国海外私人投资公司的适格投保人的规定，也不符合日本官办海外投资保险制度中有关适格投保人的要求。在这种两难的境地下，AVX又准备扩大投资，并需要政治风险担保，但是因为无法取得两国海外投资保险机构担保，AVX公司只好求助于私营国际投资保险机构，遗憾的是这些保险机构对萨尔多瓦境内的政治风险都没有承保的意愿。AVX公司最后找到MIGA，希望MIGA同时担保其原有的投资和拟扩建的投资，在分保的安排下，MIGA可以间接承保。在MIGA同意分保该项目原有投资风险责任的50%的情况下，本案中的私营保险机构Nordia公司才愿意提供担保。[1]

七、索赔与代位求偿权

一旦MIGA承保的各种非商业风险发生，就会出现两个方面的问题。一方面，投资者根据他与MIGA订立的担保合同向其索赔；另一方面，MIGA支付或同意支付保险金后，根据公约代位取得投资者在东道国的权利。当然，机构赔偿投资者并不意味着代位权一定会发生 。例如，战争损失赔偿后，就不能向东道国索赔。

（一）索赔

风险发生后，投资者即可根据与机构订立的担保合同向机构求偿。投资者在向MIGA索赔之前要履行一些义务：（1）寻求当地救济，即必须在当时条件下寻求合适的，且按东道国法律可以随时利用的行政救济办法；（2）遵守东道国的法律与法令，对其投资项目加以控制，以避免或减少可能的损失；（3）妥善地保存索赔的文档记录，保留投资项目在投保期的账目。只有在取得机构同意之后，才能转让其在担保合同或投资项目之下的权利或者从属于代位权的权利，机构依合同向投资者迅速支付保险金。MIGA支付赔偿的最终决定由总裁根据赔偿委员会的建议作出，赔偿委员会由总裁任命组成，由MIGA的首席法律官员主持。赔偿额不得超过投保总额和投资者的实际损失，投保人自己至少应承担投资额的10%的风险。

---

[1] 转引自张新存：“美国的海外投资保证制度”，载《国际贸易问题》1991年第11期。

（二）代位求偿权

MIGA一经向投保人支付或同意支付赔偿，即代位取得被保险人对东道国或其他债务人所拥有的、有关承保投资的各种权利或索赔权。但代位求偿权不适用于战争与内乱险，因为这类风险是东道国政府所不能控制的，对此一般不承担责任，因此承保人在支付保险金后，一般不能向东道国求偿。MIGA的代位权是整个公约机制的核心。MIGA作为代位者所获得的东道国货币的数额，在其使用和兑换方面所享有的待遇，应与投保者取得这种资金时所享有的待遇相同。

《MIGA公约》这项规定的作用类似于投资保险协议，由于是多边性质的投资担保公约，所以其作用比双边保险协议更广泛，也更省事。它一揽子解决了发达国家与发展中国家的投资保险问题。有了《MIGA公约》，签订于发达国家与发展中国家间的保险协议似乎无必要再逐个予以订立，因为两者的承保风险范围大致相同，都是非商业性风险。[1]

八、多边投资担保机构的作用

MIGA作为一个全球性经济组织，其建立符合国际社会的需要，反映了各国力图改善投资环境的愿望。MIGA作为世界银行组建的旨在促进各国投资跨国流动的一个专门组织，它的存在和成功运作，对于促进国际投资，特别是外国私人生产性资本向发展中国家的流动以及国际投资的发展已经产生并将继续发挥重要的作用。其主要表现在：

（1）为没有国内投资担保机构的资本输出国提供了一个投资担保机构。这为许多发展中国家的资本输出国缺乏投资担保机构的弊端提供了弥补的机会，起到了消除这些国家的投资者对非商业风险的忧虑的作用，有利于发展中国家之间的资本流动。

（2）便于承保不同国籍的投资者投资于同一项目的投资。多边投资担保方案的最大优点就在于它对合格投资者的国籍要求较为宽松，只要具有成员国国籍就行。

（3）担保的投资更具发展性质。由于强调了所担保的投资对东道国发展的贡献，该投资在该东道国受非商业风险影响的可能性就小，机构受损失的可能性也小。这既符合东道国利益，又符合机构自身的利益。

（4）有利于东道国和投资者之间投资争端的非政治性解决。机构作为一个政府间的国际组织，比作为实现一国对外经济政策的工具的国内投资担保机构，更加有利于消除外国投资者与东道国之间的猜疑，促进两者的合作。机构还可以调

[1] 参见余劲松主编：《国际投资法》，法律出版社2014年版，第277~278页。

解人或仲裁人的身份进行斡旋，使投资者与东道国之间的投资争端及时解决，以避免正式的法律诉讼。[1]

MIGA自成立以来，已经为100多个发展中国家的近600个项目提供了超过200亿美元的政治风险担保。目前，MIGA的担保业务余额达到了73亿美元。近年来，《MIGA公约》在国际直接投资中发挥的作用主要体现在基础设施投资项目。这类项目事关当地重大社会利益，政府干预的程度相对较高，存在一定的非商业性风险。因此，对于投资在发展中国家的基础设施项目，投资者本国纷纷向MIGA投保。[2]

MIGA开业以来，在保险理赔方面，至今已经涉及8起政治风险纠纷，其中的6起都在投保人正式提出索赔请求之前，经MIGA调解得到了妥善的解决。在剩下的两起纠纷中，一起涉及美国投资者与我国江苏省地方政府之间的政治风险纠纷，另一起有关在印度尼西亚的电子公司案，MIGA已于2000年6月赔付。

MIGA已经赔付的这起纠纷的当事人为印度尼西亚政府（东道国）和一美国投资者（投保人）。该投保人为美国的一家跨国公司。1995年，其与印度尼西亚官方签订一宗合资建设电厂的合同，并向MIGA投保了征收和类似措施险（包括东道国政府违约时的间接征收情形）。该项目于1996年开工建设，不久印度尼西亚便发生了暴乱，苏哈托政府濒临倒台。在国际货币基金组织的要求下，印度尼西亚政府以在其境内的电站电价过高，建设成本太大，需重新予以审查为由，于1997年中止了境内27家电厂的建设和经营。在中止令中，未有任何给予业主补偿和如何解决纠纷的规定和安排。作为被中止的项目之一，本案投保人为了继续维持其在印度尼西亚的投资利益，希望与印度尼西亚政府协商解决纠纷。但因当时印度尼西亚政局混乱，投保人屡次要求进行磋商，均未获回应，最后只得提请MIGA介入，以调解人的身份与印度尼西亚当局磋商。印度尼西亚当局承认，其没能对受中止令影响的投资者（包括本案投保人）的请求及时作出充分的回应，且表示愿意与MIGA共同寻求可能的解决方案，使投保人撤回向MIGA的索赔请求。然而，因该案所涉纠纷复杂，投保人不但要求印度尼西亚政府保护其在该投保项目的既得利益，而且要求印度尼西亚当局对其政局混乱可能带来的其他方面的问题作出充分的保证。虽经18个多月之久的努力，中间屡次要求MIGA延长有关索赔的期限，但终因协商无果，MIGA在认为解决无望的情况下，于2000年6月正式向投保人赔付。赔付之后，MIGA向印度尼西亚政府代位求偿，并已取得成功。[3]

---

[1] 参见余劲松主编：《国际投资法》，法律出版社2014年版，第285页。

[2] 参见孙南申著：《国际投资法》，中国人民大学出版社2008年版，第177页。

[3] See MIGA, World Investment and Political Risk 2008.

第七章 双边和多边国际投资协定

第一节 双边投资协定

国际投资是一种跨越国界的投资行为，其不仅涉及私人直接投资者与东道国之间的法律关系，还涉及投资者本国与东道国之间的利益关系。因此，促进与保护国际投资仅靠各国的国内法难以实现，还必须通过条约的形式加强资本输出国和资本输入国之间的合作。资本输出国与资本输入国之间签订保护国际投资的双边条约，一方面既可以保证有关国内法规的效力，另一方面又能促进两国间的投资关系顺利发展。在保护国际投资的国际法制中，双边投资条约的历史最长，作用显著。据联合国贸易与发展会议统计，双边投资条约的数量从20世纪80年代末的385个增加到90年代末的1857个，涉及173个国家，截至2012年年底，全球双边投资条约总数已经达2857个。

一、双边投资协定的内涵和特征

双边投资协定（Bilateral Investment Treaties，简称BITs），是资本输出国与资本输入国之间签订的，以保护和促进国际私人跨国投资为目的的国际性书面协定，是调整国际投资关系最重要的法律形式。一般而言，双边投资协定具有以下三个方面的特征:

（1）实体性与程序性规则并存。通常，实体性规则主要规定法律主体的具体权利与义务，而程序性规则则主要规定法律主体发生纠纷时的救济方法和程序。从双边投资协定的内容来看，一般都包括了实体性与程序性规则。直接明确缔约方权利义务的实体性规则，主要包括投资、投资者投资待遇、投资地域范围、征收和补偿等；而程序性规则主要体现为缔约双方之间因投资而产生争议、缔约一方与缔约另一方投资者产生争议的解决方法和具体步骤。

（2）一般性与特殊性规则并存。双边投资协定的一般性是指双边投资协定都规定了实体规范(投资、投资待遇与投资促进、征收和补偿、代位）和程序性规范（国家与国家之间的争端解决、投资者与国家之间的争端)。特殊性在于一些双边投资协定在规定了基本的实体性和程序性规范后，又签订了一系列的附件，如附录、协定议定书、协定备忘录等，来解决投资协定部分条款基本内容里的模糊性。

（3）权利义务的不平衡性。从缔约双方主体地位而言，发达国家和发展中国家都是国际法主体，双方主权独立平等。但早期发达国家与发展中国家签订的双边投资协定，由于缔约双方经济实力相差悬殊，加之发展中国家缺少专业的谈判人才，以至于发展中国家在谈判中处于弱势，最后所缔结的双边投资协定基本上都是保护发达国家的投资者及其投资，因此，有学者将早期签订的双边投资协定称为“纯粹为跨国公司设计的单向齿轮”。同时，从缔结的主要条款来看，大多数双边投资协定条款义务的承担者为发展中国家，权利的享有者为发达国家。由此，双边投资协定在权利义务方面存在不平衡性。当然，随着发展中国家经济的逐步崛起，这种双边投资协定中权利义务的不平衡性有所减弱。

二、双边投资协定的产生与发展

随着资本主义经济的发展，英国、法国、德国等一些老牌的资本主义国家在19世纪后期开始大规模地向国外输出资本。由于资本输出国（西方列强）与资本输入国（亚非拉殖民地、半殖民地国家）之间存在统治与被统治的关系，而且这些资本输入国不属于“西方文明国家”所认可的主权国家，因此，19世纪后期直至20世纪20年代都没有出现以专门保护投资为主要内容的平等互惠双边条约。

第二次世界大战后，众多的殖民地和半殖民地国家相继摆脱殖民枷锁，纷纷独立，成为国际法上独立的主权国家。但作为政治独立的条件，许多独立的发展中国家被迫与原殖民统治者或宗主国签订了维护其既得权益和特惠待遇的条约或协定，使发展中国家的经济主体依然被发达国家所控制。众多的发展中国家有着共同的殖民历史和民族振兴的要求，因此，其以联合国为阵地，通过“一国一票”的表决机制，通过了《关于自然资源永久主权的宣言》《建立国际经济新秩序宣言》《各国经济权利和义务宪章》，从国际法上确立了国家经济主权原则。20世纪50年代末，广大发展中国家以国家经济主权原则为由，对境内的外国资产实行征收或国有化，掀起了一场声势浩大的国有化浪潮，并在20世纪六七十年代达到高潮。据统计，从1960年至1976年，发展中国家对全球1447家外国企业实行了国有化。[1]同时，一些发展中国家由于政局不稳、战乱频繁、外汇管制等，从而使得发展中国家境内的外资面临战争、内乱、竞兑等诸多政府风险。

在此背景下，作为对外直接投资的美国、英国等西方发达国家从20世纪40年代开始纷纷开展国内立法，建立旨在保护本国投资者的海外投资保险制度。发达国家的海外投资保险制度，一方面在海外投资者在东道国遇到所投保的政治风险而遭受损失时，可以由母国的海外投资保险机构依国内保险合同规定的条件进行赔偿，另一方面海外投资保险机构在赔偿投资者损失并取得代位求偿权后就向东

[1] 荣庆：“国际投资风险问题探析”，载《金融科学》1992年第1期。

道国政府求偿。但由于海外投资保险机构是一个企业法人而非国际公法上的法律主体，并且东道国作为主权国家享有主权豁免的特权，因此，在国际代位求偿中，海外投资者母国的海外投资保险机构国际代位求偿权实现存在难以逾越的法律障碍，必须借助东道国与投资者母国之间所缔结的投资条约来加以解决。

20世纪70年代，发展国家遭受债务危机，外汇储备匮乏，急需引进海外投资来支持本国经济发展。在此情势下，发展中国家顺应时代发展，适时修订本国外资法，严格限制征收和国有化，并增加许多鼓励和保护外商投资的政策，以创造良好的投资环境。但这些保护外资的政策措施属于东道国的国内法，在东道国国内政局不稳、政权更迭的情况下可以随时被修订或废除，因而，其还不足以消除外国投资者的疑虑。由此，为更好地保护外国投资者的权益，发展中国家感到有必要在坚持独立自主和公平互利的原则下，与资本输出国签订有关保护外资的双边条约来加强其国内法的效力，以进一步消除外商的疑虑，提高外商投资的积极性，从而引进更多的外资，加快本国经济发展。

基于上述原因，发达国家从20世纪50年代开始推行各种形式的保护国际投资的双边条约，历经20世纪60年代至70年代，许多发展中国家也相继同意在坚持主权平等、公平互利的基础上，与发达国家缔结双边投资保护条约。[1]由此，有关国际投资保护的双边条约得以盛行，并成为国际投资法的重要法律渊源。

三、双边投资协定的类型

从国际投资实践看，有关保护私人跨国投资的双边协定主要有友好通商航海条约、投资保证协定、促进和保护投资协定三种模式。

（一）友好通商航海条约

友好通商航海条约（Friendship Commerce and Navigation Treaties)最初是针对通商航海事宜签订的，是用以建立、调整和巩固对外经济政治关系的重要外交协议。美国是历史上最早采用友好通商航海条约的国家。其在1778年与法国之间签订了第一个友好通商航海条约，并在1966年与泰国签订了最后一个友好通商航海条约。[2]以“二战”为界，友好通商航海条约的内容有较大的变化。在第二次世界大战以前，友好通商航海条约调整的是一般通商航海关系，其重点保护商人，而非工业投资者，因此，其内容主要包括缔约对方国民的入境、居留权及其财产的保护、商业活动和管理、外汇管制、税收待遇、船舶和航运待遇以及有关争议的处理等。第二次世界大战后，随着发达国家资本输出的剧增，保护私人海外投

---

[1] 陈安主编：《国际经济法》（第五版），北京大学出版社2013年版，第287页。

[2] 姚梅镇著：《国际投资法》，武汉大学出版社1987年版，第282~285页。

资就逐渐成为友好通商航海条约的主要内容。其涉及的内容包括投资者的待遇、国有化及其补偿、税收、外汇管制及争端的处理等。由于友好通商航海条约毕竟不是专门性的国际投资保护条约，必然影响到该条约对海外投资保护的作用的发挥，因此，自20世纪60年代以后，美国等国家就不再推行“友好通商航海条约”这一双边投资协定模式。

（二）投资保证协定

投资保证协定（Investment Guarantee Agreement）是资本输出国与资本输入国之间就资本输出国的代位求偿权以及解决国际投资争议的程序等问题所达成的双边协定。这类协定由美国在第二次世界大战后首创并大力推行，因此亦称美国式投资保证协定。这种投资保证协议的特点是，以政治风险的保证为重点，特别是着重于关于代位求偿权及处理投资争议程序的规定。[1]其保护的对象只是单方的投资，而不是互相的投资；其内容以程序性规定为主，并且重点在于规定资本输出国保证机构或政府当局的权利。由于这种投资保证协议与友好通商航海条约的侧重点有所不同，因而两者可以相互补充和配合，共同发挥作用。迄今为此，美国已经相继与140多个国家签订了此类双边协定。我国分别于1980年、1984年以换文的形式与美国和加拿大签署了投资保证协定。

（三）促进与保护投资协定

促进与保护投资协定（Agreement for Promotion and Protection of Investment)是资本输出国与资本输入国为共同促进与保护国际投资而订立的政府协定。世界上第一个促进与保护投资协定是由联邦德国与马来西亚于1962年签署的，因此，其又被称为联邦德国式的促进与保护投资协定。这类促进与保护投资协定的特点是协定中既包括促进与保护投资的实体性规定，也包括程序性规定，内容相对比较详尽，包括外国投资者的待遇、征收或国有化及其补偿问题、资本及利润的汇出、承保范围、代位求偿权以及解决投资争端的程序性规定等。[2]与美国式的投资保证协定不同的是，其保护的是缔约国相互之间的投资。20世纪70年代，英国、法国、荷兰等西欧国家仿效联邦德国缔结双边投资保护协定。现在世界上绝大多数国家都签署促进与保护投资协定。我国所缔结的双边投资条约也是以这类协定为主。

四、双边投资协定的主要内容

不同国家之间所缔结的双边投资保护协定的内容不尽相同，但绝大多数双边

---

[1] 余劲松主编：《国际投资法》（第四版），法律出版社2014年版，第221页。

[2] 王立君主编：《国际投资法》，格致出版社、上海人民出版社2010年版，第86页。

投资保护协定都包括投资与投资者的定义、外国投资者的待遇、征收或国有化及补偿、争议解决等。具体如下：

（一）投资与投资者

1. 投资

现代双边投资协定通常会从比较广泛的角度来界定投资。目前，在双边投资协定中对投资的界定主要采取两种方式：一是基于资产的方法，二是基于企业的方法。[1]

采用以资产为基础的定义，一般将投资界定为各种资产，并且予以列举，不仅包括有形的动产、不动产，还包括知识产权、特许权等权益。其目的主要是保证具有足够的灵活性以将股权投资和非股权投资都涵盖在内，并允许产生新的投资形式。如美式投资保证协定将“投资”定义为：“在缔约国一方所属或所控制领土上，由缔约国另一方的国民或公司直接地或间接地投入的各种形式的资本，诸如股票、债款、各种劳务合同与投资合同，它包括：（1）有形财产和无形财产（包含各种权利，如抵押权、留置权以及质权等）；（2）公司、公司的股票或其他权益、公司资产的各种利益；（3）金钱请求权，或具有经济价值并与投资有关的行为请求权；（4）各种知识产权和工业产权，包括版权、专利权、商标权、商号名称、工业设计、商业秘密与专有技术，以及商业信誉等项权利；（5）由法律或合同所赋予的各种权利以及依法授予的各种特许证和许可证。”

基于企业为基础的定义，一般将投资定义为企业。这种定义一般将投资界定为直接投资，即投资是与企业所有权和控制权相关的，如新建一个企业。如美国与加拿大缔结的自由贸易协定就采用了此种方法，其将投资界定为：“（1）建立一个商业性企业；（2）收购一家商业性企业；（3）上述新建企业或收购的企业由进行投资的人来控制；（4）如果企业继续受控制于原投资者，那么该企业的股票或其他利润归该投资者所有。”

这两种方法基于投资协定目的的差异而适用于不同的领域。一般而言，基于促进和保护投资为主要目的的双边投资协定，一般采用资产定义法，以尽可能扩大受保护的投资范围，使各种类型的投资都能够得到保护；以促进投资自由化为主要目的的双边投资协定，一般采用企业定义法，将投资的范围仅限于直接投资。我国与其他国家所缔结的鼓励与促进投资的双边协定大都采用以资产为基础的定义方法。

---

[1] 余劲松主编：《国际投资法》（第四版），法律出版社2014年版，第227页。

2．投资者

双边投资协定中的投资者，一般包括缔约国双方的自然人、法人或不具有法人资格的企业或其他社团。至于法人国籍的确定，通常是依据缔约国国内法来确定，但许多国家采取双重标准，既要依本国法律设立，又要在本国有住所。[1]另外，有些国家采取资本控制标准。我国双边投资协定对投资者的规定主要采取两种方式：一是对缔约双方的投资者分别作出定义。我国1983年前签订的双边投资协定通常将中国公司界定为“经中国政府批准、注册并有权同外国进行经济合作的公司、企业或其他经济组织”，由此，投资者的范围相对比较窄。二是采取共同定义的方法，即中外双方不再分别对各自的投资者进行界定，而是采取统一的定义。

（二）外国投资者的待遇

双边投资协定中规定的待遇一般是针对缔约国境内他方缔约国国民的投资和与投资有关的活动。在双边投资协定中，通常为外国投资者的投资和与投资有关的投资活动提供了三种待遇标准。

1．国民待遇

双边投资协定中的国民待遇（National Treatment），是指在互惠的基础上，东道国按本国的法律给予外国投资者与该国给予其本国国民相同的待遇，即在同等条件下，外国投资者与东道国的国民所享有的民事权利和义务是相同的。[2]根据习惯国际法，各国没有义务给予外国投资者以国民待遇，外国投资者只有通过东道国国内法和国际条约的规定，才能得到该项待遇。由于国民待遇具有使外国投资者享有与本国国民同等的权利，能够在同等的经济条件下竞争和取得利益，因此，国民待遇是资本输出国及其海外投资者极力争取的目标。如联邦德国把国民待遇看作双边投资条约中的一个重要问题，其宁愿放弃条约谈判也不愿放弃国民待遇条款。目前在国际上，发达国家对于外国投资者的待遇基本上采取国民待遇标准，而发展中国家一般对国民待遇采取保留态度。其原因主要有个方面：一是许多发展中国家经济落后，国际竞争力不强，仍需对国内企业实施特殊的扶持和保护，并对外资实施严格管制，以避免外资的进入损害本国经济的发展；二是许多发展中国家尚未建立市场经济体制，国内企业的经营管理权仍然受到政府不同程度的干预，这类管理体制不能适用于外商投资企业。[3]

---

[1] UNCTC，Bilateral Investment Treaties（1988），Parsa, pp.83~93.

[2] 王立君主编：《国际投资法》，格致出版社、上海人民出版社2010年版，第87页。

[3] 左海聪主编：《国际经济法学》，武汉大学出版社2014年版，第311页。

我国从1993年开始就将国民待遇原则作为利用外资的基本法律政策。目前，我国签订的双边投资协定中，对外资国民待遇的最大承诺是保证给予外国投资者不低于本国投资者的待遇，但中国现存的与国民待遇原则不符的措施以及此类措施的延续和有限制的修改除外。[1]

2．最惠国待遇

最惠国待遇（most-favored-nation treatment），是指东道国对外国投资者实行的待遇，不低于或不少于其已经或将要给予任何第三国的投资者的待遇。最惠国待遇赋予外国投资者之间在东道国平等竞争的法律机会，强调在一国范围内各国投资者之间的平等性。与国民待遇不同的是，其所强调的是不同国家投资者之间平等待遇问题，而不是投资者与本国国民之间的平等待遇问题。在双边投资协定中，资本输出国为使投资者获得最佳的优惠待遇，通常将国民待遇条款和最惠国待遇条款结合使用。

目前，世界上几乎所有的双边投资协定都含有最惠国待遇条款，我国对外签订的双边投资协定也都包括互惠的最惠国待遇条款。但最惠国待遇也不是绝对的，关联国家[2]避免双重征税协定、公共安全和秩序、国民健康和公共道德等通常构成最惠国待遇的例外。

3．公平、公正待遇

公平公正待遇（Fair and Equitable Treatment）最早起源于美国的《友好通商航海条约》，[3]现在世界上大多数双边投资协定都规定给予外国投资者及其投资这一待遇标准。缔约国在双边投资协定中订入公平公正待遇条款主要基于两方面的目的：一是将公平公正待遇作为原则性规定，可以统领其他具体的待遇标准，并弥补具体待遇标准之不足；二是充分利用公平公正待遇标准的模糊性，灵活地应对双边投资协定条款没有规定的情况，填补有关双边投资协定和国内法规的空白，使外国投资者及其投资在东道国始终享受非歧视的待遇，并得到充分的保护。[4]

与国民待遇标准和最惠国待遇标准不同的是，公平公正待遇标准并无明确的定义。从传统的国际法学说来看，公平和公正待遇标准的组成部分包括无差别待

---

[1] 单文华：“外资国民待遇基本理论问题研究”，载《国际经济法论丛》1998年第1期。

[2] 关联国家通常是指关税同盟、经济同盟、共同市场、自由贸易区、区域一体化协定以及周边国家的小额贸易等。

[3] P.R.Wilson, United States Commercial Treaties and International Law(1960),113,120.

[4] 余劲松、吴志攀主编：《国际经济法》（第二版），北京大学出版社、高等教育出版社2005年版，第287页。

遇、国际最低标准和东道国保护外国财产的义务，但对于这些组成部分的含义的理解也存在着许多分歧。❶

尽管不同的双边投资协定对公平公正待遇有不同的规定，但该条款在20世纪90年代以前基本一直处于沉睡状态，在实践中也未引起任何争议。20世纪90年代《北美自由贸易协定》生效后，部分投资者开始援引协定中公平公正待遇条款来主张权利，并取得胜诉。如2000年裁决的Myers v. Canada案中，仲裁庭首开先例，提出加拿大政府的出口禁令违反《北美自由贸易协定》第1102条规定的国民待遇原则，从而必然违反第1105条项下的公平与公正待遇标准。随着越来越多的双边投资协定采取仲裁的争议解决机制，公平公正待遇标准逐步成为投资者向东道国索赔的重要法律依据。我国以前的双边投资协定大都规定“给予公平公正待遇”。随着我国企业“走出去”战略的实施，我国的双边投资协定开始将公平公正待遇与习惯国际法相联系，以维护我国海外投资者的合法权益。在当前对公平公正待遇解释存在分歧的情形下，我国应当在双边投资协定中明确公平公正待遇的具体内容和范围，从而使其在解释和适用时有确定的标准可循。❷

（三）征收或国有化及补偿

征收或国有化，是指主权国家基于社会公共利益的需要，将外国投资者的部分或全部资产收归国有的一种法律行为。根据国家经济主权原则，东道国有权对其境内的私人资产或外国资产实行国有化。由此，征收或国有化的实质是经济主权之争。❸从国际投资的实践看，大多数双边投资保证协定都对征收或国有化等问题进行规定。其主要涉及以下两个方面的问题：

1．征收或国有化的条件

双边投资协定大都明确规定征收或国有化必须符合一定的条件，如国家利益或社会利益、非歧视、正当法律程序与补偿等。❹当今普遍认为征收或国有化必须

---

❶ 对于公平公正待遇的解释概括起来主要有三种：一是认为公平公正待遇是习惯国际法最低待遇标准的一部分；二是认为公平公正待遇是包括所有渊源在内的国际法的一部分，即公平公正待遇的含义不限于习惯国际法，还应当考虑一般法律原则、现代条约以及其他公约的义务；三是认为公平公正待遇是一个独立的条约标准。

❷ 余劲松：“国际投资条约仲裁中投资者与东道国权益保护平衡问题研究”，载《中国法学》2011年第2期。

❸ 曾华群著：《WTO与中国外资法的发展》，厦门大学出版社2006年版，第257页。

❹ UNCTAD, Bilateral Investment Treaties 1995–2006:Trends in Investment Rule Making ,2007.

符合四个条件：基于公共目的、征收措施的非歧视、正当法律程序和补偿。[1]

（1）征收或国有化必须基于公共目的。征收或国有化是国家经济主权的具体体现，但其不得滥用。在国际投资实践中，基于公共目的、公共利益、社会利益而采取征收或国有化在国际社会中已经达成共识。国际常设仲裁庭在1922年“挪威求偿案”中对征收权的表述是：“主权国家取得或授权取得其管辖领域内的任何财产的征收权是为了公共利益或一般福利。”[2]

（2）征收或国有化必须是非歧视的。东道国对外国投资实施征收必须一视同仁，而不得针对某个国家的投资者。大部分双边投资协调都规定，征收或国有化必须不是歧视性的，或给予最惠国待遇。

（3）征收或国有化必须符合正当法律程序。作为一种国家行为，征收或国有化必须符合现代法治所要求的“程序正义”。即东道国在对外国投资者实施征收或国有化措施时，不仅要程序透明，还要给予外国投资者程序上的法律保障，如赋予外国投资者听证、申诉、控告等救济权利。美国、荷兰、日本等国签订的双边投资协定都明确规定征收或国有化必须符合正当法律程序。

（4）征收或国有化必须给予补偿。大多数发达国家将是否公正补偿作为判断征收或国有化是否合法的重要标准之一。[3]众所周知，东道国对其本国境内的外资实施征收或国有化是国家经济主权原则的具体运用，以补偿作为限制条件，在一定程度上剥夺了东道国的经济决策权。此外，从逻辑上讲，补偿是一种事后补救行为，而不是东道国征收或国有化是否合法的构成要件。一项非法的行为不因事后给予补偿而变成合法行为，同样一项合法行为也不会因为事后没有给予补偿而成为非法。[4]

2．关于征收或国有化的补偿

关于征收或国有化的补偿问题，发达国家和发展中国家之间存在极大的分歧。目前主要存在三种观点：

（1）赫尔规则。这种观点认为，东道国实施征收或国有化应给予外国投资者

---

[1] [德]鲁道夫·多尔查、[奥]克里斯托弗·朔伊尔编，祁欢、施进译：《国际投资法原则》，中国政法大学出版社2014年版，第99页。

[2] Bin Cheng, General Principles of Law as Applied by International Courts and Tribunals, Cambridge University Press, 1994,pp.37–38.

[3] 余劲松、吴志攀主编：《国际经济法》（第二版），北京大学出版社、高等教育出版社2005年版，第230页。

[4] 姚梅镇：“国际投资的法律保护”，载《中国国际经济法年刊》1982年。

“充分（adequate）、及时（prompt）、有效（effective）”的补偿。按照西方学者的一般解释：“充分”是指补偿数额应与被国有化资产的全部价值相等；“及时”是指补偿支付的时间必须及时，否则应赔偿投资者因拖延而受到的损失；“有效”是指补偿支付的货币应是可自由兑换货币，并应允许自由汇出。[1]

（2）不予补偿。这种观点认为，东道国对外国资产实行征收或国有化属于一国经济主权范围内部事务，不存在补偿义务。前苏联、东欧国家和拉美国家的一些学者支持该观点，实践中东欧国家在“二战”后实行国有化时拒绝赔偿。

（3）适当补偿。这种观点认为，对外国投资者进行补偿时应当考虑东道国和外国投资者双方的情况，兼顾双方利益。

从理论上看，无论是全部赔偿还是不予补偿的观点都有其不足之处，难以令人接受。在国际条约实践上，虽然一些发展中国家在与发达国家签订的双边投资协定中含有“充分、及时、有效”补偿的规定，但所有的发展中国家都支持联合国大会通过的有关拒绝“充分、及时、有效”补偿标准的决议，因此不能把含有全部赔偿规定的双边投资协定的存在视为必须对被国有化的外国财产支付全部赔偿的习惯法原则的证据。[2]西方学者的研究也证明了这一点，“过去几十年的实践证明，赫尔规则只是部分得到确认，即对国有化造成的损失应给予补偿，但赫尔规则确定的补偿时间、数量和方式则未得到支持”。[3]由此，适当补偿原则成为国际社会普遍接受的标准。

（四）资本和收益的汇兑与转移

双边投资保护条约一般都规定，投资者的资本、利润和其他合法权益可以自由转移，包括自由兑换成外币，自由转移或汇回本国。从自由转移的范围来看，各双边投资协定规定得并不一致，有的详细，有的笼统。美国、荷兰等国家对外签订的双边投资协定相对比较详细。美国2004年《双边投资协定范本》第7条将投资自由汇兑和转移的范围界定为：出资、利润、股息、资本收益、利息、特许权使用费、管理费用、技术援助及其费用、根据包括贷款协定在内的合同所新建的支付以及由于争端所产生的费用支付等。

一般而言，汇兑和转移必须依照有关缔约方的法律和法规进行。根据我国对外签订的双边投资协定，通常要求必须按照我国的法律规定，投资者应当通过其

---

[1] 曾华群著：《国际经济法导论》，法律出版社2007年版，第239页。

[2] 余劲松主编：《国际投资法》（第四版），法律出版社2014年版，第333页。

[3] R. Dolzer, New Foundation of the Law of Expropriation of Alien Property, 75 AJLL5729（1981）.

在中国境内银行开立的账户进行，转移适用转移之日的汇率。但这种投资者资本和收益自由汇兑和转移的自由并不是绝对的，在特殊情况下，缔约国也可以对转移进行限制。如中英双边投资协定规定，缔约各方在其国际收入困难的情况下，可以限制投资者自由汇兑和转移的权利。

（五）代位权及其行使

代位权是指投资者母国对其投资者在东道国因政治风险遭受的损失予以赔偿后，母国政府将取得投资者在东道国的有关权益和追偿权。[1]其目的在于确保资本输出国在向投资者先行赔付后，能够向东道国进行追偿。因此，该条款是双边投资协定中的核心内容之一。世界上大多数双边投资保护条约中都有代位权的条款，一般规定：缔约国双方同意，缔约一方政府对投资者在他方国内基于政治原因遭受的损失，基于保险契约首先予以赔偿后，由该缔约方取得代位求偿权，有权代替投资者向东道国政府提出赔偿的要求，而缔约他方应承认对方政府有权代位取得该投资者所取得或应取得的一切权利，同时也应承担该投资者所应承担的一切义务。

（六）争议解决

投资争议是指国际投资活动中所产生的与投资者利益有关的纠纷。[2]双边投资协定所涉及的争端主要有两类：一类是有关国家之间由于投资条约的解释或运用而产生的争端，其解决方式通常包括谈判和仲裁；另一类是东道国与投资者之间因待遇、国有化及其补偿以及资本和利润的汇出等问题而产生的争端，其解决方式通常包括友好协商解决、当地行政与司法救济、国际仲裁等。

五、对双边投资协定的评价[3]

双边投资协定是调整两国间私人投资关系最有效的手段，对于促进国际投资和国家经济技术合作的发展，具有不可替代的作用。其优点主要表现在以下四个方面：

（1）双边投资协定属于国际条约，对缔约国双方都具有法律约束力。双边投资协定对缔约各方的权利和义务作出明确规定，对双方当事人都具有法律约束力。任何一方，不履行双边投资协定就构成国际不法行为，需要承担国家责任。因此，双边投资协定有利于落实及加强双方关于投资的保护措施，从而为双方当事国所乐于接受。

---

[1] 余劲松、吴志攀主编：《国际经济法》（第二版），北京大学出版社、高等教育出版社2005版，第290页。

[2] 孙南申著：《国际投资法》，中国人民大学出版社2008年版，第163页。

[3] 余劲松主编：《国际投资法》（第四版），法律出版社2014年版，第222~223页。

（2）双边投资协定可以顾及双方国家的利益，并在互利的基础上谋求协调一致。双边投资协定调整的关系仅限于两国之间，在某些重要领域，双方之间容易达成妥协，因而比较灵活。

（3）双边投资协定可以加强国内法的效力。大多数资本输出国都建立了海外投资保险制度，不论是否像美国、德国那样以投资保证协定为国内保险制度的法定前提，这些国家都将投资协定作为加强其国内投资保险制度的重要手段。同时，对于资本输入国而言，签订双边投资协定，可以增进外国投资者的安全感，从而有利于吸收外资。

（4）双边投资协定，特别是促进与保护投资协定，既含有关于缔约方权利和义务的实体性规定，又有关于解决投资争端的程序性规定，为缔约双方的国民和企业预设了建立投资关系所应遵循的法律规范机构和框架，可以避免或减少法律障碍，保证投资关系的稳定性，促进私人投资活动的发展。

但是，双边投资协定也有其局限性。一是由于发达国家与发展中国家利害对立，双边投资协定的订立、解释及实施都存在不少困难。二是双边投资协定只是两个国家之家的特殊国际法，仅对双方缔约国有拘束力，而不是一般国际法。三是双边投资协定对国有化或征收等措施能够起到一定的保证效果，但对战争、内乱、革命等情况则未必能起到双边投资协定所预期的效果。

总的来说，双边投资协定仍然是目前保护国际投资最有效的国际法措施，只要各国相互尊重主权，贯彻公平互利的原则，就能使双边投资协定发挥出自己应有的作用。

第二节　区域性投资协定

区域经济一体化是当今世界经济发展的一个重要特征。20世纪90年代以来，区域性合作日趋增强，各种区域性自由贸易协定数量稳步攀升。据联合国贸易与发展会议统计，截至2005年年底，发展中国家之间的区域贸易自由化协定就超过了40项。[1]欧盟、北美自由贸易区、东南亚联盟已成为当今世界鼎立的三大区域经济组织。随着区域经济一体化的迅速发展，区域投资法制也迅猛发展起来，区域性投资安排越来越多。国际投资法的区域化趋势正在不断增强，区域投资法制越

[1] UNCTAD, World Investment Report 2006,FDI from Developing and Transition Economies:Implications for Development, p.230.

来越成为国际投资法整体结构的重要组成部分。下面主要以北美自由贸易区、东盟为例，对区域协定的投资规则进行介绍。

一、《北美自由贸易协定》

（一）《北美自由贸易协定》的历史演变

关于建立北美自由贸易区的设想，最早可以追溯到1979年美国国会关于贸易协定法案的提议。1980年，美国前总统里根在其总统竞选纲领中再次提出这一构想。但出于种种原因，直到1985年才开始起步。1985年3月，加拿大总理马尔罗尼在与美国总统里根会晤时，首次正式提出美、加两国加强经济合作、实行自由贸易的主张。由于两国经济发展水平相似，美国和加拿大于1987年10月签署《美加自由贸易协定》，并于1989年1月1日生效。与此同时，美国和墨西哥也展开了有关自由贸易问题的谈判。1990年9月，加拿大正式加入美、墨两国的谈判。1992年8月12日，美、加、墨三国正式达成《北美自由贸易协定》（*North American Free Trade Agreement*，简称NAFTA)，并经三国国会批准后，于1994年1月1日正式生效。由此，北美自由贸易区正式成立。《北美自由贸易协定》内容十分广泛，涉及贸易、投资、服务、竞争、知识产权保护、争端解决等事项。

（二）《北美自由贸易协定》的投资规则

《北美自由贸易协定》在第11章设专章对投资规则进行明确。一般而言，《北美自由贸易协定》关于投资的规定主要有两个目的：[1]一是给外国投资者和外国投资提供一套强制性的待遇标准，包括最惠国待遇、国民待遇、公平公正待遇及全面的保护和安全、履行要求的限制、高级管理人员和董事会任命的自由、资金转移的自由、保护不受直接和间接征收。二是对投资者与东道国之间的争端创建了一个国际仲裁的投资争端解决机制。投资者可以通过国际仲裁法庭对违反其协定义务的东道国提出货币赔偿的要求，并且国际仲裁庭可以要求东道国对外国投资者予以补偿。

《北美自由贸易协定》第11章的内涵十分丰富，基本上包括了现代投资条约一般所涉及的主要问题。这一章可以分为A和B两个部分，其中A部分是投资的实体性规则，即投资准入、投资待遇、投资保护等有关投资待遇和保护的实质性的义务，B部分是关于缔约国之间以及缔约国与投资者之间争端解决的程序性规则。由此，其也被公认为是区域或多边投资法典的基准或示范。[2]

---

[1] 余劲松主编：《国际投资法》（第四版），法律出版社2014年版，第225页。

[2] Lorraine Eden,The Emerging North American Investment Regime,Transnational Corporations, Vol.5, 1996, pp.61~97.

（三）适用范围

投资条约的适用范围通常经由该条约的地理上的覆盖范围、时间上的起迄范围以及受规范的主要对象的范围而决定。[1]相对而言，后者的范围最为重要。其主要是指“投资者”和“投资”。

对于“投资者”而言，与一般的外国投资法和双边投资协定不同，NAFTA赋予“投资者”以极为宽泛的概念。NAFTA第1139条将投资者界定为“一成员国投资者是寻找做出、正在做出或已经做出（seeks to make, is making or has made an investment）一项投资的一成员国或属于它的国营企业，或该成员国国民或企业；这里的个人是指具有缔约国国籍的公民或永久居民，这里的企业是指根据成员国国内法组建或组成的企业和位于本地区并在那里进行商业活动的部门”。由此，“投资者”从形式上看，不仅包括缔约国的公民，也包含缔约国的合法永久居民，还包括按照缔约方法律建立或组成的一切形式的商业实体；从时间上看，不仅包括已经做出投资的投资者，还包括正在做出甚至寻找做出一项投资的投资者。

对于“投资”而言，NAFT所涵盖的投资范围十分广泛。NAFTA第1139条将投资界定为：“投资是指：（a）企业；（b）一企业财产超过其负债的所余价值的证券；（c）三年期以上的企业的债权证券；（d）三年期以上的企业的贷款；（e）授予企业的所有人分享企业收入或利润的企业股权……（h）来自一成员国境内该地区的经济活动的资产或别的资源的股权。但是本规则所指的投资不是指单独来自以下情况的金钱请求权：（a）一国国民或企业在一成员国境内向另一成员国境内的企业销售货物或服务的商业合同……”可见，NAFTA除将“纯粹源于商品销售之商业合同以及与商事交易有关之信用拓展的货币权利要求”排除在“投资”外，将现行所有的“投资”[2]都予以涵盖。由此，NAFTA采取一般加排除的方式，对投资的定义作了详细而宽泛的规定，以尽可能地扩大其适用范围。

NAFTA投资规则将国民待遇和最惠国待遇适用于投资准入阶段，要求东道国减少外资审批的范围。依据NAFTA第1104 条的规定，NAFTA 要求每一成员国在投资的准入方面给予另一成员国以国民待遇和最惠国待遇，以其中更优惠的待遇

---

[1] UNCTA D，Scope and Definition，UNCTAD Series on Issues in International Investment Agreements, New York and Geneva,1999,pp.1~59.

[2] 根据联合国贸易和发展会议，目前宽泛的范围界定大体包括以下五个方面的内容：第一，“动产”和“不动产”；第二，公司中的各种利益；第三，各种财产所有权和基于契约的具有财经价值的权利要求；第四，知识产权；第五，商业特许权，其中包含享有自然资源的特许权。

为准（the better of national and MFN treatment）。同时，为消除贸易扭曲和保障一定程度的企业自主权，NAFTA第1102条第1、2 款，第1103条第1、2款以及第1106条，明确禁止缔约国在投资的开业、收购、扩张、管理、计划的实施和经营等各个阶段施加任何形式的履行要求（但NAFTA附件中列明的除外），从而限制甚至消除妨碍投资的各种障碍，促进区域内的投资自由化。此外，还规定，除“附件”中所列明的例外，其他有关投资批准的争议均可提交约定的仲裁机制，以解决争端，这就进一步限制了东道国对外资进入的审批权。[1]

（四）投资待遇

一般而言，缔约国对NAFTA第11章A部分所规定的各项义务实施非歧视性待遇是一项公认的国际法准则。[2]其要求每一个缔约方对来自其他缔约国的投资者及其投资给予国民待遇、最惠国待遇和符合国际法的最低标准待遇。在上述诸种标准中，应以待遇最高者为准。即东道国给予外国投资者的待遇，应当符合于上述几种规定中的最高标准。

与双边投资协定和其他区域性投资协定对于外国投资者及其投资的待遇相比，NAFTA的投资规则有两个方面的特点：一是NAFTA的国民待遇和最惠国待遇的内涵扩大，在原则上适用于投资的各个层面，即将投资待遇从开业经营阶段（post-admission），扩展到了投资准入阶段(pre-admission)，从而涵盖了投资活动的全过程；二是所有的待遇不仅在协定缔约各方的中央政府一层加以实施，而且作为地方一级的省或州政府也得保障其执行。这毫无疑问在纵的方向加大了投资待遇的适用范围。

（五）征收及补偿

对于征收的条件，在国际法上，东道国如欲合法地征收外国投资者的财产，必须满足四个条件：为了公共目的、基于非歧视的原则、符合公正程序和做出补偿根据。[3]NAFTA的规定与此类似。其第1110条规定：“任何缔约国不得直接或间接地征收另一缔约国之投资者在其领土之上的投资，除非这样的征收是为了公共目的，基于非歧视的原则，符合国内国际法律关于适当程序的要求，并且由征收国做出补偿。”NAFTA一般禁止对外国投资实行征收（无论其为直接征收还

---

[1] 陈安主编：《国际经济法》（第六版），北京大学出版社2013年版，第306页。

[2] Daniel M. Price, An Overview of NAFTA Investment Chapter: Substantive Rules and Investor-State Dispute Settlement, International Lawyer.Vol.27,1993,pp.727~736.

[3] 余劲松、吴志攀主编：《国际经济法》（第二版），北京大学出版社、高等教育出版社2005年版，第289页。

是间接征收），除非此种征收是为了公共目的，在非歧视性及公平和平等的基础上，根据正当法律程序，并毫不迟延地给予补偿。

对于补偿的标准，国际上有赫尔规则、不予补偿和适当补偿三种观点。NAFTA文本中对补偿使用“毫不迟疑、可以完全兑现”和“相当于被征收之投资公平市场价值”语句。从内容上看，这一补偿标准与美国一贯所坚持的“充分、及时、有效”补偿标准并没有本质上的区别，其实质就是赫尔规则的翻版。这表明过去主要在双边投资条约中存在的“赫尔规则”正在向区域和多边化过渡。[1]

（六）争端解决

NAFTA在第11章B部分建立了一个通过国际仲裁解决一缔约国与另一缔约国的投资者之间的争端的机制。在这个机制之下，任何 NAFTA 缔约国的投资者可以代表自己或者代表他所拥有或控制的企业，将其与东道国政府之间的投资争端直接提交“解决投资争端国际中心”或按《联合国国际贸易法委员会仲裁规则》进行仲裁，要求另一缔约国的政府进行赔偿。前提条件是对方违反了它根据 NAFTA 所应当承担的义务，同时这种违反义务的行为导致了投资者的损失或损害，并且两者之间要有因果关系，即便损害行为的发生是因为有关国家的省或州一级的地方政府的措施所致，投资者的求偿要求仍然只能针对其中央政府而提出的。只有 NAFTA 缔约国的中央政府而不是省或州以及其他的地方政府，在国际法庭上具有应诉的资格，甚至在投资者的求偿要求得到有利于投资者的裁定的情况下，也只能是由中央政府对投资者作出损害赔偿。

NAFTA 仲裁规则与 WTO 及其他区域经济组织（如 ASEAN 仲裁规则）相比，有其独特之处：

(1) NAFTA 仲裁规则实际上规定损害赔偿要求和选择仲裁程序规则的主动权在于投资者而不是国家。根据 NAFTA 第 11 章 A 节，投资者可就违反第 11 章 A 部分条款的行为启动仲裁程序，是在强化国际投资争端解决体系上进行了一项尝试。在 FTA 和 WTO 中的则情形完全不同，在这两种背景下，争端的解决主要是在两个主权国家之间进行，虽然一些争端也可以发生在私人与国家之间，但是无论如何也只能由另一个代表私人的国家提出解决此项争端的要求。

(2) 投资者必须在向仲裁庭递交求偿请求之前，将其诉诸仲裁解决的意向以书面形式通知另一方。而双边投资条约通常没有这样的规定，这大概是因为双边投资条约，特别是那些缔结于发达国家与发展中国家之间的双边投资条约比区域

---

[1] 叶兴平：“《北美自由贸易协定》的投资规则及其对多边国际投资立法的影响”，载《国际经济法学刊》2008年第6期。

投资条约或多边投资条约更着重于对投资者及其投资的保护。

(3) 在仲裁庭裁决投资者获得赔偿的情况下，东道国也只是就其违反 NAFTA 义务而作出相应的货币赔偿。NAFTA 仲裁庭并不建议或要求该国修改其法律、法规或政策，仲裁庭的裁决只对特定案件的特定当事方发生效力。而 WTO 的专家组却不一样，他们可以决定有关国家政府是否违背了其根据 WTO 协议所应履行的义务，并从而责成其国内法律、法规或政策与 WTO 的要求一致。

(4) 仲裁庭裁决所依据的法律是 NAFTA 本身以及可供适用的国际法规则，NAFTA 自由贸易委员会负责解释缔约国的保留或例外的范围。缔约国在签署 NAFTA 时所作出的保留或明示的例外可以成为排除其相应责任的理由。

从以上所述可以看出，《北美自由贸易协定》有关跨国投资的规定基本上是美国式双边投资保护协定样本的翻版和改进，它对外国投资的保护比起上述双边投资保护协定样本更进了一步，待遇也更高了。

二、《中国-东盟自由贸易区投资协议》

(一)《中国—东盟自由贸易区投资协议》的历史背景

中国—东盟自由贸易区是指在中国与东盟10国之间构建的自由贸易区，即“10＋1”。自20世纪80年代开始，中国和东盟各国就开始通过缔结协议的方式对相互之间的贸易投资进行保护。[1]1997年12月，中国和东盟领导人在首次东盟—中国领导人非正式会议上确定了建立睦邻互信伙伴关系的方针。2000年11月，在新加坡举行的第四次中国—东盟领导人会议上，朱镕基总理首次提出建立中国—东盟自由贸易区的构想。2001年11月，在第五次中国—东盟领导人会议上，双方正式达成在2010年建成中国—东盟自由贸易区的共识。2002年9月在第一次中国—东盟经济贸易会议上通过《中国与东盟全面经济合作框架协议草案》。2002年11月，中国与东盟10国签订《中国—东盟全面经济合作框架协议》（简称《框架协议》），决定到2010年建成中国—东盟自由贸易区。自《框架协议》的正式启动，中国和东盟的经贸往来现出迅速增长的良好态势。[2]2004年11月，中国与东盟签署《货物贸易协议》，规定自2005年7月起，除2004年已实施降税的早期收获产

---

[1] 中国与东盟10个国家分别签订了双边投资协议，具体签订时间分别是：中泰协议1985年、中新协议1985年、中马协议1998年、中菲协议1992年、中越协议1992年、中老协议1993年、中印协议1994年、中柬协议1996年、中文协议2000年、中缅协议2001年，除2000年中国与文莱签订的协议未能生效外，其他的都是生效文件。

[2] 徐婧：“CAFTA 早期收获产品的贸易效应评估”，载《国际经贸探索》2009年第3期。

品和少量敏感产品外，双方将对其他约7000个税目的产品实施降税。2007年1月，中国与东盟签署《服务贸易协议》，在各自WTO《服务贸易总协定》承诺基础上，进一步放宽了市场准入条件，并于2007年7月实施。2009年8月，中国商务部长陈德铭与东盟 10 国经贸部长在第八次中国—东盟经贸部长会议上共同签署《中国—东盟自由贸易区投资协议》（以下简称《投资协议》）。

（二）中国—东盟自由贸易区《投资协议》的主要内容

《投资协议》共包含27个条款，涉及投资准入到争端解决的全过程。其分别为定义、目标、适用范围、国民待遇、最惠国待遇、不符措施、投资待遇、征收、损失补偿、转移和利润汇回、国际收支平衡保障措施、代位、缔约方间争端解决、缔约方和投资者之间争端解决、利益拒绝、一般例外、安全例外、其他义务、透明度、投资促进、投资便利、机构安排、与其他协议关系、审议、修改、保存、生效等。具体而言，其主要涉及下面五个方面的问题。

1．投资规则的适用范围

“投资条约的适用范围通常是指该条约在地理上的覆盖范围，时间上的起讫范围以及受规范的主要对象的范围。”[1]即投资条约的适用范围包括时间、地域和适用对象。《投资协议》第1条、第3条、第27条对适用的时间、地域以及对象分别作出规定。

（1）适用时间。根据《投资协议》第27条之规定，《投资协议》自签订之日起 6 个月生效。《投资协议》于 2009年8月15日签订，由此，2010年2月15日《投资协议》对中国和东盟各国正式生效。同时，根据《投资协议》第3条第2款之规定，缔约方在《投资协议》生效之前发生的任何行动或事实或已终止的任何状态无溯及力。由此，《投资协议》仅对2010年2月15日后缔约各方国际投资管理行为适用。

（2）适用地域。顾名思义，《投资协议》一般应适用中国和东盟成员国各自的领土。但根据《投资协议》第3条第2款第1项的规定，中国“领土”仅指2001年12月11日中国加入世界贸易组织时的关税领土。即中国仅指中国大陆地区，不包括单独关税区港、澳、台地区。由此，《投资协议》适用于中国大陆和东盟各国各自的领土。

（3）适用对象。适用对象主要解决适用主体和适用客体两个方面的问题，即

[1] United Nations Conference on Trade and Development (UNCTAD), Scope and Definition, UNCTAD Serieson International Investment Agreements, New York and Geneva: United Nations, 1999:1–59.

对哪些投资者和什么样的投资适用《投资协议》。由此，其是从投资者和投资两个方面来阐述《投资协议》的适用对象。

A.适用主体——投资者。《投资协议》第1条将“投资者”界定为“正在或已在其他缔约方境内进行投资的一缔约方自然人或一缔约方法人”，即《投资协议》适用的主体包括自然人和法人。根据《投资协议》的解释，自然人不仅包括缔约方国民，还包括具有永久居民权的外国人。法人是指根据一个缔约方法律组建的包括公司、信托、合伙企业、个人独资企业或协会在内，并在该缔约方境内具有实质经营的任何实体，且不论是否以营利为目的，也不论是私营还是政府拥有。从《投资协议》对“投资者”的界定看，其基本上采取了NAFTA对“投资者”进行界定的思路，突破了企业的组织形式和自然人的国籍的限制，从而能够使更多的“投资者”享受优惠待遇。

B.适用客体——投资。《投资协议》第1条第4款采取概括加列举的方式[1]，将“投资”界定为“一方投资者根据另一缔约方相关法律、法规和政策在后者境内投入的各种资产”。从国际实践看，对于投资可以采取广义资产和根据企业的含义来界定。《投资协议》主要采取了资产的定义方法，但其将直接投资、间接投资（不含贷款）都涵盖在内，并适应经济全球化的趋势将游离于传统“投资”定义之外的知识产权纳入，不拘泥于资产的具体形态，是对传统的投资定义的一种突破。其有利于增强投资者的信心和决心。

2．投资待遇

外资的投资待遇问题即外资在东道国的法律地位，是决定一国投资法律环境优劣的关键因素。《投资协议》在第4条、第5条、第7条分别对国民待遇、最惠国待遇和公平公正待遇作了规定。

（1）国民待遇。《投资协议》第4条规定：“缔约的投资各方在其各自境内，应当给予缔约他方的投资者同等条件下不低于本国投资者的待遇，这些待遇包括在管理、经营、运营、维护、使用、销售、清算等此类形式投资方面。”从

---

[1] 《投资协议》第1条第4款规定：“投资”是指一方投资者根据另一缔约方相关法律、法规和政策在后者境内投入的各种资产，包括但不限于：1.动产、不动产及抵押、留置、质押等其他财产权利；2.股份、股票、法人债券及此类法人财产的利息；3.知识产权，包括关于版权、专利权和实用模型、工业设计、商标和服务商标、地理标识、集成电路设计、商名、贸易秘密、工艺流程、专有技术及商誉等权利；4.法律或依合同授予的商业特许经营权，包括自然资源的勘探、培育、开采或开发的特许权；5.金钱请求权或任何具有财务价值行为的给付请求权。就本目中的投资定义而言，投资收益应被认作投资，投入或再投入资产发生任何形式上的变化，不影响其作为投资的性质。

其内容上看，《投资协议》所规定的国民待遇是一种全面的准入后国民待遇，不适用于投资准入之前阶段；从体例上看，《投资协议》将国民待遇列在最惠国待遇之前，也反映了缔约方对于国民待遇的重视，是对双边投资协定缺乏国民待遇的重要补充。[1]

（2）最惠国待遇。《投资协议》第5条第1款规定："各缔约方从进入到处分的各个阶段，应当给予另一缔约方投资者及其相关投资，不低于其在同等条件下给予任何缔约方或第三国投资者及其投资的待遇。"由此最惠国待遇既适用于投资准入前阶段，也适用于投资准入后阶段。但《投资协议》所规定的最惠国待遇也有两个例外。一是根据《投资协议》第5条第2款的规定，最惠国待遇的内容仅限于中国和东盟各国已商定的结果，如果将来某一缔约方给予更优惠的待遇，不会自动给予其他缔约方；[2]二是根据《投资协议》第5条第3款、第4款的规定，最惠国待遇不适用于现存与非缔约方在双边、地区协定中对投资的某种优惠待遇、单独关税区优惠安排和争端解决程序。[3]

（3）公平公正待遇。《投资协议》第7条专门对公平公正待遇（fair and equitable treatment）作出规定，并将其与国民待遇和最惠国待遇并列，以更好地保护缔约方的投资者和投资。《投资协议》要求"缔约各方应给予来自缔约对方的投资者以公平、公正的待遇，并要对缔约对方投资者提供较为全面的保护"。[4]同时，针对公平公正待遇含义的模糊性，《投资协定》对其进行了解释，将其明确为两个方面的内容，即法律救济的正当程序和采取合理措施保护投资，但违反《投资协定》和国际义务并不构成公平公正待遇标准的违反。

---

[1] 张智勇："解析中国—东盟自由贸易区投资协议"，载《甘肃政法学院学报》2011年第1期。

[2] 《投资协议》第5条第2款规定："尽管有第一款的规定，如果一缔约方依据任何其为成员的将来的协定或安排，给予另一缔约方或第三国投资者及其投资更优惠的待遇，其没有义务将此待遇给予另一缔约方的投资者及其投资。但是，经另一缔约方要求，该缔约方应给予另一缔约方充分的机会，商谈其间的优惠待遇。"

[3] 《投资协议》第5条第3 款明确规定："尽管有第一款和第二款的规定，此待遇不包括：（一）在任何现存与非缔约方的双边、地区及国际协定或任何形式的经济或区域合作中，给予投资者及其投资的任何优惠待遇；（二）在东盟成员国之间及一缔约方同其单独关税区之间的任何协定或安排中，给予投资者及其投资的任何现有或未来优惠待遇。"《投资协议》第5条第4 款明确规定："为进一步明确，本条规定的义务不包含要求给予另一方投资者除本章规定内容以外的争端解决程序"。

[4] 《投资协议》第7条第1款。

3．投资保护

根据国家经济主权原则，一国有权对其境内的外资进行管理、实行征收或国有化。为保护本国投资者的利益，各国通过多边条约或双边条约的形式来限制东道国的经济主权。《投资协议》第8条、第9条、第10条分别对征收、投资损失的补偿以及资金的自由转移作出规定。

（1）征收。《投资协议》第8条首先对征收的条件作出规定，即：为公共目的；符合国内法程序；以非歧视的方式平等适用于各个投资者，而不是针对某一国的投资者；按照被征收时的公平市场价值不迟延地给予补偿。其内容和其他的双边投资协定或区域性投资协定对征收条件的规定类似。至于在补偿标准方面，《投资协议》从三个方面进行了明确：一是应以征收发布时或征收发生时被征收投资的公平市场价值计算，先者为准；[1]二是要用可以自由兑换货币进行补偿，并允许自由转移；[2]三是清偿和支付应及时，一旦发生拖延，补偿应包括按主要商业利率计算的从征收发生日起到支付日。[3]这基本上反映了“充分、及时、有效”补偿的赫尔规则。

（2）投资的损失补偿。对海外投资者而言，除征收或国有化的风险外，还有东道国政局不稳、战争、武装冲突等原因所导致的财产损失。《投资协议》第9条专门就由于东道国战争、内乱等而导致投资者损失的补偿问题作出了明确规定。《投资协议》对于投资者因战争、武装冲突、革命、国家紧急状态、叛乱、起义或骚乱而遭受损失时，东道国应采取恢复原状、赔偿、补偿或其他解决措施方面。同时，在对投资者进行补偿时，可以同时适用最惠国待遇和国民待遇，并采用对投资者更有利的待遇标准。

（3）资金的自由转移。《投资协议》第10条第1款对可自由转移的投资进行明确，即初始投资、追加投资（所指仅适用于成功完成审批程序的资本流入）、净利润、资本所得、分红、专利使用费、许可费、技术支持、技术及管理费、利息及其他现金收入、清算所得款项、偿付的贷款和借款、征收的补偿和损失补偿。同时，《投资协议》第10条第3款明确规定在公平、非歧视和善意实施的基础

---

[1] 《投资协议》第8条第2款。

[2] 《投资协议》第8条第2款。

[3] 《投资协议》第8条第3款。

上可以阻止或延迟某项转移。[1]但是，第10条第5款规定同时作为国际货币基金组织成员国的自贸区成员国的权利和义务不受本协议的影响，除了几种特定情形之外，相关成员国不得对任何资本交易设置与其在本协议中具体承诺不一致的限制。[2]

4．争议解决

为了保证《投资协议》能够有效运行，第13条、第14条就投资领域内争端的解决专门进行了规定。《投资协议》将争端分为两类：一类是缔约方间的争端，即各缔约方基于《投资协议》项下的权利义务所产生的争端，如对外国投资是否依照《投资协议》规定的标准提供待遇或保护问题引起的争议；二是东道国与一缔约方投资者之间的争端，涉及东道国违反《投资协议》项下国民待遇、最惠国待遇、投资待遇、征收、损失补偿、转移和利润汇回等条款的规定，给投资者造成损害的投资争端。对于不同种类的争端，《投资协议》采取了不同的解决方式。

缔约国之间的争端。《投资协议》第13条规定，中国–东盟自由贸易区的缔约国之间的争端适用2004年11月29日签订的《中国–东盟全面经济合作框架协议争端解决机制协议》（以下简称《争端解决机制协议》）的规定。《争端解决机制协议》规定了磋商、调停、仲裁等解决方式。由于《争端解决机制协议》具有软法性质，因此，中国–东盟自由贸易区的缔约国之间争端的解决主要以外交手段为主。

投资者与缔约国之间的争端。《投资协议》第14条第10款对争端解决机制的适用范围、途径、程序、诉讼时效等作出了具体规定。

A.适用范围。《投资协议》第14条采取肯定性清单和否定性清单相结合的方式对争端解决机制的具体适用范围进行了明确，即：一方面，通过肯定性列举的方式将缔约方违反国民待遇、最惠国待遇、投资待遇、征收、损失补偿、转移和利润汇回6个方面的义务而给投资者造成损失或损害的投资争端纳入争端解

[1] 可以阻止或延迟某项转移的资产包括：（一）破产，丧失偿付能力或保护债权人权利；（二）未履行东道方的关于证券、期货、期权或衍生产品交易的转移要求；（三）未履行税收义务；（四）刑事犯罪和犯罪所得的追缴；（五）社会安全、公共退休或强制储蓄计划；（六）依据司法判决或行政决定；（七）与外商投资项目停业的劳动补偿相关的工人遣散费；（八）必要时用于协助执法或金融管理机构的财务报告或转移备案记录。

[2] 这些情形是：1.根据第11条采取的国际收支平衡保障措施；2.应国际货币基金组织的要求；3.在特殊情形下，资本的流动导致缔约方严重的经济或金融动荡，或存在导致上述情况的威胁。

决机制。[3]另一方面，通过否定性清单明确将两类投资者与缔约国的争端排除：（1）在本协议生效前，已发生的事件引发的投资争端、已解决的投资争端或者已进入司法或仲裁程序的投资争端；（2）争端所涉投资者拥有争端所涉缔约方的国籍或公民身份通过的情况。

B.争端解决途径和程序。《投资协议》规定了磋商、国内法院或行政法庭以及仲裁三种争端解决途径，并将磋商作为启动其他程序的强制性前置程序。《投资协议》规定，投资者提出书面请求后6个月内，投资者与缔约国应通过磋商和谈判等方式解决有关投资争端，若6个月内双方未就有关争端达成一致的，投资者有权选择国内法院或行政法庭以及国际仲裁的方式解决投资争端。一般而言，对于当地救济和国际仲裁机制，外国投资者有权进行选择；一旦选定了其中一种方式，就不能再使用另外一种，其也被称之为岔路口条款。[1]根据《投资协议》第10条第5款的规定，其可以分为两种情况：(1)完全的岔路口规则，适用于印尼、菲律宾、泰国和越南四国，即投资者一旦选择了国内法院和行政法庭或者选择了四种仲裁途径之一，其选择就是终局性的，立即排除其他争端解决方式的适用。(2)有保留的岔路口规则，适用于其他6个东盟国家及中国，即投资者即使选择了适格的国内法院解决争端，并不意味着他就完全丧失了将争端提交仲裁的机会。只要投资者在法院最终下达裁决前撤诉，他仍有权将争端提交仲裁。[2]

第三节 世界性多边投资条约

第二次世界大战结束后，世界范围内的国际贸易和跨国投资活动更加频繁，规模日益扩大，由此引起的矛盾和问题也与日俱增。“二战”后缔结的《关税贸易总协定》对全球货物贸易达成了一个世界性的法律体制和行为规范。而国际投资往往会影响国家安全，甚至会削弱一个国家经济主权，加之南、北两类国家对此利益冲突十分尖锐，因此，国际上尚未像国际贸易那样达成一部规范国际投资行为的全球性条约。但是，南、北两类国家之间的经济相互依存、相互补充，又迫使其进行合作，并在某些领域达成一些国际投资协议。目前，国际性投资法制建设已经取得了一些重要成果。一是世界贸易组织框架下达成的《与贸易有关的

---

[1] 《投资协议》第14条第1款。

[2] 徐崇利：“国际投资条约中的岔路口条款：选择当地救济与国际仲裁的权利之限度”，载《国际经济法学刊》2007年第3期。

[3] 陆以全：“中国—东盟自由贸易区投资争端解决机制评析——以缔约方与投资者间争端解决为视角”，载《西部法学评论》2011 年第3期。

投资协议》《服务贸易总协定》直接调整了成员国之间直接资本流动的法律关系；二是世界各国在某些具体的单项问题上缔结了有约束力的国际公约或协定，如1965年《解决国家与他国国民间投资争端公约》（简称《华盛顿公约》），1985年的《多边投资担保机构公约》（简称《汉城公约》）；三是联合国和其他国际组织制定了不少具有建议性、指导性、宣言性或原则性的文件。[1]本节主要介绍《与贸易有关的投资协议》《服务贸易总协定》和《外国直接投资待遇指南》。

一、《与贸易有关的投资协议》

投资措施与贸易之间关系密切。东京回合之后，以美国为首的发达国家一直试图将投资措施纳入关税贸易总协定的框架，但由于广大发展中国家的强烈反对而未能实现。乌拉圭回合谈判中，投资措施被正式列入多边贸易谈判的三大新议题之一。经过谈判方多方努力所达成的《与贸易有关的投资协议》（*Agreement on Trade-Related Investment Measures*，以下简称TRIMs协议)，是多边贸易体制第一次就国际投资问题所达成的协议，也是最新的国际投资约束规范。[2]

（一）TRIMs协议的基本内容

TRIMs协议由序言、正文和附录组成。其正文部分共有 9 条，分别对适用范围、国民待遇和取消数量限制、例外、发展中国家成员方、通知与过渡安排、透明度、与贸易有关的投资措施委员会、磋商与争端解决和货物贸易委员会的审查等内容作出规定，并将所禁止实施的与贸易有关的投资措施的“解释性清单”规定在附录中。

1．适用范围

根据TRIMs协议第 1 条的规定，协议仅适用于与货物贸易有关的投资措施。即TRIMs指的是投资措施，而不是货物贸易措施，并且这些措施能够直接影响货物贸易发展的规模和流向。因此，国家采取的纯属贸易管理性的措施，以及与货物贸易没有直接、重大影响的投资措施，均不属于《TRIMs 协议》管辖的范围。一般而言，与货物贸易有关的投资措施具有以下三个特点：[3]一是此种措施仅与货物贸易相关，不包括服务贸易和知识产权贸易；二是此种措施并不涵盖东道国政府对外资所采取的一切措施，而仅仅是那些能够影响货物贸易的措施；三是此种

---

[1] 陈安主编：《国际经济法》（第五版），北京大学出版社2013年版，第287页。
[2] 王立君主编：《国际投资法》，格致出版社、上海人民出版社2010年版，第111页。
[3] 王立君主编：《国际投资法》，格致出版社、上海人民出版社2010年版，第112页。

措施仅指对货物贸易产生扭曲或限制的投资措施，而不包括对国际货物贸易活动产生积极作用的投资措施。乌拉圭回合通过的TRIMs协议明确列举的5 种措施[1]，均属对贸易有直接和重要影响的TRIMs 。

2．国民待遇和数量限制

TRIMs协议根据关贸总协定的基本精神，将关于国民待遇和数量限制问题作为其核心内容。TRIMs协议第 2 条第 1 款规定，在不损害GATT 1994项下的其他权利和义务的前提下，任何成员方均不得实施与GATT 1994第3条（国民待遇）或第11条（一般取消数量限制）不相符的与贸易有关的投资措施。GATT 1994第3条国民待遇的规定是关于国内税收与国内规章方面的，主要指缔约方在征收国内税，在有关国内销售、购买、运输、分配所适用的法律法规方面，给予进口产品的待遇不得低于国内产品所享受的待遇，并且该条第5款还规定缔约方不得建立或维持当地成分要求。可见TRIMs 协议规定的国民待遇要求，并非适用于所有投资领域，而仅限于 GATT1994第3条规定的范围。[2]根据TRIMs协议附录的解释性清单，与国民待遇义务不相符的投资措施，包括国内法或行政裁定属强制性或可予执行的措施，或为获得利益所必需的措施，且该错施：（1）要求企业购买或使用原产于国内或来源于国内渠道的产品，不论这种具体要求是规定特定产品、产品的数量或价值，或规定购买与使用当地产品的数量或价值的比例；（2）要求企业购买或使用的进口产品限制在其出口当地产品的数量或价值量的范围内。

《TRIMs协议》要求取消与GATT 1994第11条第1款规定的普遍取消数量限制不符的与贸易有关的投资措施。所谓数量限制，是各国对外贸易管制中的一种非关税措施，通常是指一国政府通过法令规定在特定时期内对某一类产品只能进口一定数量或价值。[3]根据《TRIMs协议》附录的解释性清单，与一般取消数量限制义务不相符的投资措施包括国内法或行政裁定属强制性或可予执行的措施，或为获得利益所必需的措施，且该措施：（1）普遍限制企业对用于当地生产或与当地生产相关产品的进口，或将进口限制在与其出口的当地产品的数量或价值相关的水平；（2）通过将企业可使用的外汇限制在可归因于该企业外汇流入相关的水

---

[1] 根据《TRIMs 协议》附件清单，与贸易有关的投资措施包括：1.当地含量要求（即国产化要求）；2.贸易平衡要求（进口应与出口相当）；3.出口业绩要求（一定数量的出口比例）；4.外汇平衡要求（或外汇使用限制）；5.国内销售要求（相当于限制出口）。

[2] 余劲松："《TRIMs 协议》研究"，载《法学评论》2001年第2期。

[3] 余劲松、吴志攀主编：《国际经济法》（第二版），北京大学出版社、高等教育出版社2005年版，第287页。

平，从而限制该企业对用于当地生产或与当地生产相关产品的进口；（3）限制企业产品、出口或供出口产品的销售，无论是按照特定产品、产品数量或价值规定，还是按照当地产品在数量或价值上所占比例规定。

3．例外规定

根据《TRIMs 协议》第 3 条的规定，凡是GATT1994中规定的例外均应适用于与贸易有关的投资措施协议的各项规定。这些例外包括诸如幼稚工业的建立与发展、国家政治稳定与安全、保障人类及动植物的生命或健康需要、边境贸易优惠以及为保障国际收支而实施的数量限制等。这些例外措施是GATT灵活性的体现，将它们适用于《TRIMs协议》，能够使该协议易为众多成员接受，并在实践上更加可行。

4．透明度

透明度问题，一般是指缔约方应当及时公布所有普遍适用的投资政策、法规及做法，以便其他缔约方成员和企业得以了解。《TRIMs协议》第6条明确要求，除成员方应遵守GATT1994第10条、1979年《关于通知、协商、争议解决与监督协议》和1994年《关于通知程序的部长决议》外，每个成员方还应向世界贸易组织秘书处通告可以找到的出版物，包括各级地方与区域性政府所使用的相关出版物。但有碍法律实施并对公共利益及特定企业的合法商业利益造成损害的信息可以不公开。

（二）《TRIMs协议》的评价

《TRIMs协议》是世界上第一个专门规范贸易与投资关系的国际性协议，对于遏制贸易保护主义以及促进贸易与投资自由化，具有划时代的深远意义。因而，其在国际投资法中具有重要的地位。

一是《TRIMs协议》促进了世界多边贸易的法律体制的完善。《TRIMs协议》第一次将投资问题纳入WTO法律体制之中，成功地突破了多边贸易体制局限于货物贸易的缺陷，打破了国际贸易法律体系和国际投资法律体系之间长期隔离的局面，使WTO具备规范国际投资的职能。

二是《TRIMs协议》推动了国际投资法制的建设。长期以来，国际投资领域的国际立法步履艰难，世界性的国际投资法典虽经长期酝酿却未有实质成就。《TRIMs协议》是第一部在世界范围内有约束力的实体性投资协定，在国际投资法的发展史上具有里程碑的意义。

三是《TRIMs协议》推动了贸易与投资自由化的进程。《TRIMs协议》在消除影响跨国投资及与贸易有关的投资障碍方面迈出了一大步，从而有效地遏制了以投资措施取代关税措施的新贸易保护主义的蔓延，使国际投资与贸易自由化的范围不断扩大，程度不断加深。

但作为各缔约方讨价还价、折中妥协的产物，《TRIMs协议》不可避免地存在一些缺陷。一是调整范围过于狭窄。《TRIMs协议》仅调整与货物贸易有关的投资措施，未涉及与服务贸易有关的投资措施，更未触及对贸易产生重大扭曲作用的限制性商业惯例。二是不少条文含义模糊，缺乏必要的确定性。《TRIMs协议》对一些矛盾尖锐、难以协调的敏感问题采取回避的方法，使得一些重要条款含义模糊、过于抽象，如对"限制""扭曲"等敏感问题并没有作出明确解释。三是存在一些灰色地带。为调和各缔约方的利益，《TRIMs协议》规定了诸多的"例外"，使其中存在较多的"灰色区域"，为一些缔约方逃避履行协议义务提供了可乘之机。

二、《服务贸易总协定》

国际服务贸易与国际投资关系密切，服务提供者要想提供服务，在很多情况下都必须设立商业机构。这种设立商业机构的行为实质上又是一种投资行为。乌拉圭回合所达成的《服务贸易总协定》（*General Agreement on Trade in Services*,简称GATS），既调整这种形式的服务贸易，又成为服务业中外国直接投资的多边协定。[1]

GATS共29个条款，由协定文本、部门协议、各国的市场准入具体承诺清单三大部分组成。其主要内容包括：范围与定义、一般义务与规则、具体义务、逐步自由化、制度方面的规定等。GATS中与国际直接投资关系最为密切的是其第三部分"承担特定义务"，特别是关于市场准入（第16条）和国民待遇（第17条）的规定。

（一）市场准入

一般而言，所谓的市场准入，是指各国是否允许外国的服务或服务提供者进入本国市场的问题。就投资而言，它是指一国的服务业或服务市场是否对外开放的问题。GATS第16条规定：在市场准入方面，每一成员方给其他成员方的服务和服务提供者的待遇，应不低于根据其承担义务计划表中所同意和规定的期限、限制和条件；同时，在对市场准入承担义务的服务部门里，一成员方除了在其承担义务计划表中已作其他规定外，不应以某一地区分部门为基础或以整个国境为基础来维持或采用六种限制性的市场准入措施。在这六种措施中，前四种是关于数量限制措施的，后两种则是与投资密切相关。即：（1）限制或要求服务提供者通过特定的法人实体或合营企业才可提供务；（2）对参加的外国资本限定其最高持股比例或对个人的或累计的外国资本投资额予以限制。这两类措施的实质就是通过

---

[1] 陈安主编：《国际经济法》（第六版），北京大学出版社2013年版，第287页。

限制外国投资法律形式与外资股权比例限制来阻碍市场准入，因而，其应予禁止。

（二）国民待遇

GATS第17条对国民待遇进行了规定。其第17条第 1 款明确规定：每一成员方在其承担义务计划表所列部门中，依照表内所述的各种条件和资格，在影响服务提供的所有措施方面，须给予其他成员方的服务和服务提供者以不低于给予其本国相同的服务和服务提供者的待遇。其第 2 款、第 3 款进一步补充规定，为达到上述国民待遇的要求，成员方可予以他国以与本国的服务或服务提供者以形式上相同或不同的待遇，但若修订的竞争条件仅对己方有利，则此种形式上相同或不同的待遇得被视为低于国民待遇。由此可见，GATS规定的国民待遇是一种有限制的国民待遇，即只是依其承担义务表所列的部门、条件和资格给予国民待遇，而不是普遍适用于所有服务或服务提供者的。

GATS是发达国家和发展中国家相互妥协的产物。它将市场准入和国民待遇作为各成员方的特定义务，在一定程度上满足了发达国家要求发展中国家对外国服务提供者开放市场的愿望，同时又考虑了发展中国家，特别是最不发达国家的利益和需要。其特色在于，它在适当考虑各国国内政策目标的同时，确立了一个国际目标，即各成员方通过连续不断的多边谈判，促使各成员方在互利的基础上获益，并保障权利义务的全面平衡，逐步实现服务贸易自由化。这对于服务业的投资自由化也是具有重要意义的。从目前的情况来看，要成员方完全放弃其对服务业投资的国家管制是不现实的，只有采取GATS规定的灵活方式，逐步实现自由化。服务业投资自由化的进程，最终取决于各成员方的国内政策目标和经济发展水平。

三、《外国直接投资待遇指南》

1991年春，世界银行和国际货币基金组织联合设立的发展委员会认为有必要建立一个旨在促进外国直接投资的法律框架。这一任务由世界银行集团总裁召集了一个由世银集团各成员机构的法律顾问组成的工作小组，对全世界各国有关外资的国内法规、双边条约、多边条约以及各种学说、判例进行了广泛的考察，而后制订了一套《外国直接投资待遇指南》（*Guideline on the Treatment of Foreign Direct Investment*，以下简称《指南》），并在1992年9月由发展委员会最后审议定稿和一致通过后予以颁布。《指南》除了序言外，包括适用范围、外资准入、外资待遇、征收和补偿原则、争议解决五个方面的内容。

（一）《指南》的性质

顾名思义，《指南》只是一种指导方向的文件，供各国行事参考，采纳与否，悉听自便。它当然不是一项有约束力的条约，也并非某项条约的草案，因为制订者考虑到草拟一项有约束力的条约的草案，时机还不成熟，一时难以获得世界各国的广泛认同。因此，《指南》在序言中即阐明“这些指南并非最终标准，而只是普遍接受的国际标准演进过程中的重要一步”，并强调《指南》只是对现存的众多双边条约及有约束力的国际法规范的一种补充。

（二）适用范围

《指南》可被用于世界银行集团成员国和其他国家用来吸引外资。外国私人投资和外国公共实体所进行的投资都可以适用《指南》。同时，《指南》未对投资的性质予以限制，由此，直接投资和间接投资都可以适用。但必须明确的是，《指南》仅适用于“善意”（bona fide）投资，即完全遵守东道国法律所进行的投资。

（三）外资准入

《指南》从三个方面对外资准入进行了规定。首先，《指南》力图排除关于外资准入的繁文缛节，以减少外国投资准入的障碍；其次，《指南》将开放外资准入作为外资立法的目标。东道国有权制定关于外资准入的法规，但外资准入条件若干履行标准通常具有反作用，相比之下，采取限制性列举（列举禁止、限制、允许外国投资的部门）的方法更有效；最后，《指南》规定了外资自由准入的例外，如国家安全、公共政策、公共健康等。

（四）外国投资的待遇

对于外资的待遇，《指南》是以“公平公正”待遇为基准，以国民待遇为补充，即东道国给予外国投资者的待遇，在符合“公平公正”待遇的条件下，应和本国投资者在同等条件下享受的待遇同样优惠。同时，《指南》对资金的自由汇出给予关注，要求东道国保障外国投资者汇兑自由，但不鼓励东道国对外资采取免税刺激。此外，《指南》还对贿赂问题进行规定。它要求东道国“采取适当的措施预防和控制贪污腐败行为”、“及与外国投资者打交道时，提高责任感和透明度”，并与其他国家合作以建立及发展处理这一问题的国际机制。

（五）征收和补偿的原则

《指南》采取了发达国家对征收条件的观点，即征收必须符合正当的法律程序、公共目的、不依国籍实行歧视及适当的补偿。《指南》还规定，东道国政府若对外资实行了征收，或违反和外国投资者订立的“国家契约”，则应给予“适当”补偿。在解释何为“适当”补偿时，“指南四”采用了“赫尔原则”，即“充分、及时、有效”的补偿原则，并规定了具体的计算方法。

（六）争议解决

《指南》规定，外国投资者和东道国之间的争端可以通过协商、谈判、国内法院诉讼、调解及独立仲裁解决等多种途径解决。解决争议的首要方法是协商。若协商不成，可以通过国内法院和独立仲裁机构来解决。《指南》鼓励各国应尽可能充分利用“解决投资争端国际中心”（ICSID）仲裁方式。但《指南》未对提交仲裁前是否需要用尽当地救济的问题进行规定。

第八章　国际投资争议的解决机制

第一节　概述

一、国际投资争议的概念和种类

（一）国际投资争议的概念

国际投资活动是一项复杂的经济活动，涉及多方面的法律问题，但其投资关系的争议主要是由于外国私人投资者在东道国的直接投资活动所引起的。[1]因此，所谓的国际投资争议，是指国际直接投资关系中各法律主体所发生的法律争端的总和。具体而言，其就是外国私人投资者（个人或公司）同东道国政府（或其机构）或企业、个人因外国私人直接投资问题而发生的各种争议。至于资本输入国和东道国之间因保护外国私人投资而发生的争议，由于它们之间不存在直接投资关系，并且主要是基于双边投资协定所发生的，因此本质上属于国际公法争议，而非投资争议。[2]

（二）国际投资争议的种类

国际投资争议的种类，可以从不同的标准来进行划分。一般而言，国际投资争议主要采取主体标准和诉因标准来进行分类。

1．主体标准

从国际投资争议主体看，国际投资争议可以划分为内外私人投资者之间的争议和外国私人投资者与东道国之间的争端。

(1) 内外私人投资者之间的争议。

这类争议通常是外国私人投资者与东道国的合营者之间因合营合同的解释、履行等而发生的争端。这类争议的特点是双方法律地位平等，涉及的主要是投资合同问题，相对较简单，因此解决比较简单，其主要适用传统的国内民商事争端的解决方法。

---

[1] 邹立刚主编：《国际投资法学》，中国法制出版社2000年版，第266页。

[2] 余劲松主编：《国际投资法》（第四版），法律出版社2014年版，第343页。

(2) 外国私人投资者与东道国之间的争议。

这类争议主要是指外国私人投资者与东道国政府之间发生的争端。由于这类争议的主体、法律后果等方面具有自身的特殊性，因而，国际上通常所指或关注的投资争议是东道国政府与外国私人投资者之间的争议。这类争议的特殊性表现在三个方面：

A．主体的特殊性。这类争议的主体一方是东道国政府，另一方是外国私人投资者。其中，东道国属于国际法主体，而外国私人投资者则是国际法上的客体。一方是主权国家，是立法者和执法者，另一方是私人，争端双方的法律地位不平等。因此如何解决这种不同法律地位的主体之间的争议，就有许多独特和复杂的问题难于处理，如应采用何种方法、适用何种法律等。

B．涉及问题的多样性。投资争议通常涉及外国私人投资者位于东道国境内的财产权或契约权、对企业的控制权、汇出外汇权等，东道国对本国境内外国投资的管理权和征收权，东道国对自然资源的控制权等主权权利，东道国保护外国投资者的国际义务。简单地说，其既有国内法问题，又有国际法问题。

C．法律后果的复杂性。这类争议虽然发生在东道国政府与外国私人投资者之间，但却常常将资本输出国政府卷进来（如东道国行使外交保护等），从而容易导致投资争议解决的政治化、复杂化。

2．诉因标准

根据诉因的不同，国际投资争议可以分为契约性争议和非契约性争议。

(1) 契约性争议。

所谓的契约性争议，是指投资契约的双方当事人国对契约的解释、履行、修改或废除而产生的各种争议。这类争议既可以是外国私人投资者之间的争议，如外国私人投资者同东道国的企业、个人或其他经济组织之间的投资争议，也可以是外国私人投资者与东道国之间的争议，如外国私人投资者与东道国之间因特许协议而产生的争议。这类争议的特点是直接涉及当事人的契约权利和义务。

(2) 非契约性争议。

所谓的非契约性争议，是指在东道国政府或其机构与外国投资者并无投资契约关系的情况下，出于东道国方面的原因或投资者的行为而引起的争议。实践中，主要是对外国投资是否依照法律或条约规定的标准提供待遇或保护问题而产生的争议，其主要包括三个方面的争议：

A．国有化或征收引起的争议。国有化或征收，是指国家基于公共利益的需要，强制地将私人财产征归国家所有的一种行为。由于国有化或征收既涉及东道国经济主权的独立，又涉及外国私人投资者利益的保护，因此，就其性质而言是最严重的一种投资争议。而国有化或征收引起的争议主要包括关于国有化或征收的合法性问题和关于补偿额的问题。

B．东道国管理行为引起的争议。根据国家经济主权原则，东道国有权对其境内的外国资本进行管理。但东道国对外国私人投资者及其实施的管理行为，可能会影响其利益而与之发生争议。具体而言，主要包括两个方面：一是东道国政府立法或行政行为影响投资者的利益产生的争议，如强行借贷、变更外汇管制法等；二是政府职能部门的执法行为或行政行为引起的争议，如因征税或不当干预外国投资者经营发生的争议等。

C．东道国战争、内乱的争议。东道国政府因其政局不稳，如国内发生政治动乱、革命、战争等事件，导致外国私人投资者财产损失，而引起的投资争端。其主要涉及东道国对外国投资者财产损失是否补偿以及补偿具体数额两个方面的争议。

二、国际投资争议的解决方法

对国际投资争议的解决，既关系到外国私人投资者的合法权益和东道国的主权独立，又关系到东道国与资本输出国政府间的关系。从解决国际投资争议的体制上来看，可以分为国内解决和国际解决；从解决争议的方法和途径来看，可分为政治解决和法律解决。在实践中，对国际投资争议的解决办法主要包括谈判与协商、东道国当地救济、外国法院诉讼、外交保护和国际仲裁等五种形式。

（一）协商与调解（Consultation and Conciliation）

协商和调解被视为两种比较友好的解决争议的方法。即在国际投资争议发生后，当事人双方本着友好解决争议的宗旨，在自愿、平等、相互谅解的基础上直接进行磋商或在第三人的调停、调解下，达成解决争端的协议。

（二）东道国当地救济（Local Remedies）

东道国当地救济简称当地救济,是指国际投资争议当事人在东道国国内设立的司法机构或行政机构中，依照东道国的程序法和实体法寻求救济，解决争议。当地救济的具体方法包括司法救济和行政救济。

（三）外国法院诉讼

国际投资争议发生后，外国私人投资者在东道国以外的法院对东道国政府提起诉讼，以获得对自己有利的判决。由于国际投资活动主要是在东道国境内进行，因此从法理上说，国际投资争议不应在外国进行诉讼。广大发展中国家对此强烈予以反对。

（四）外交保护（Diplomatic Protection）

外交保护是传统国际法上的一项制度，指本国国民在他国遭受不法侵害，而不能在他国获得救济时，本国依照国家属人管辖原则，通过外交保护手段向该外国国家提出的权利请求。对于投资争议而言，主要是指投资者母国代表投资者通过外交途径向东道国提起国际请求。一般而言，两国间主要通过外交谈判、国际仲裁或国际司法诉讼等方式解决有关争议。

（五）国际仲裁（International Arbitration）

用国际仲裁解决国际经济纠纷有着悠久的历史，是一种行之有效的解决争端的方法。对于国际投资争议而言，主要是指当事人双方利用一般的商事仲裁或专门的投资仲裁机构来解决有关争端的方法。

第二节　协商与调解

协调与调解在国际法上被称为和平解决争端的方法之一。由于其完全在互谅互让的气氛中进行，不涉及司法程序，不涉及强制性，具有手续简单、方便、灵活等特点，因而在国际投资争议解决中被广泛使用。

一、协商

（一）协商的概念和特征

顾名思义，所谓的协商，是指国际投资争议发生后，双方当事人在自愿互谅的基础上，直接进行磋商或谈判，达成和解协议，从而解决争议的一种方式。具体而言，其具有四个方面的特征：

（1）协商可以快捷地解决投资争议。当事人可以在履约的过程中发现存在争议，可以随时向对方提出通过协商来解决争议的意愿。只要对方同意，双方可进行协商，达成和解协议，迅速地解决争议，可以有效避免司法程序之烦琐和时间之负担。

（2）协商可以有效地保守商业秘密。协商是由投资争议的当事方直接面对面地磋商，并分清是非，明确责任。在整个协商过程中，没有第三者的参与，因此，协商的双方不必担心争议涉及的商业秘密被第三人了解。这符合双方当事人的最大利益。

（3）协商有助于保持友好合作关系。协商通常是在互谅互让的友好气氛中进行的，并以双方当事人的自愿为基础，其结果不仅可以解决双方争议，而且可以加强双方的了解、增进友谊、促进合作。

（4）协商不妨碍法律行动的采取。协商是解决争议的最初办法，但并不是唯一办法。如果协商不成或一方拒绝协商，当事人可以采取仲裁、司法诉讼等方式解决投资争议。

（二）协商的原则

采取协商方法解决投资争议，一般应遵循以下原则：

（1）自愿原则。协商必须基于双方的自愿而进行，任何一方都有权拒绝协商或终止协商，转而直接根据法律和合同的规定采用其他方式解决争议。由此，协商完全出于当事人的自愿，任何一方都不得将协商的义务强加给对方。

（2）平等互利、协商一致的原则。协商过程中，应坚持双方法律地位平等，在充分协商、平衡利益、意思表示一致的基础上达成解决投资争议的协议，任何一方不得采用胁迫、欺诈、诱骗的手段，使对方勉强或被迫接受自己的要求。

（3）合法的原则。协商应当根据有关法律要求进行，双方协商达成的协议必须符合法律强行性规定，否则无效。投资争议双方当事人不得以契约自由来规避国际强行法的实施。

（三）协商的方式

国际投资争议发生后，当事人双方直接接触，进行磋商，在查明事实、明确责任、消除误会的基础上，达成和解协议，从而使投资争议能够得到友好解决。由于双方当事人直接接触，谈判的底线明确，往往能迅速化解矛盾。因此，举行专门会谈是协商的最主要方式。

协商除采取举行专门会议的形式外，还可以利用当事人共同组成的现有机构进行。这种情况特别适合于合营企业内部投资双方发生争议的解决，如利用企业的董事会或类似的领导机构来进行磋商。

二、调解

（一）调解的概念和特征

调解是一种和平解决国际争端的政治方法。所谓的调解，是指争议双方当事人在第三者的主持下，互谅互让、消除误会，通过达成协议使投资争议达到友好解决的一种方式。调解与协商的相同之处在于两者都是在当事人自愿基础上进行的，都需要通过双方的协商同意达成协议。不同之处在于调解是在第三人主持下进行的，协商无须第三人的介入。

从国际投资争议解决实践看，调解具有以下三个方面的特征：

（1）调解有第三者的介入。调解是在争议各方当事人不愿意或者无法通过协商解决争议的情况下采用的。由于第三者与争议无利益关系，因此，作为局外人能够公平地评价是非，分清责任，提出解决争议的建议，对当事人进行疏通引导，促使当事人互谅互让，达成解决投资争议的协议。

（2）调解以自愿为基础。调解程序的开始，既可以由当事人一方首先提出，也可以由第三者主动劝说当事人参加调解解决争议的程序。即调解方式无论在何种情况下提出，都必须征得当事人各方的同意，否则便不能实施调解程序，或者必须终止调解程序，而采用其他解决投资争议的方式。调解是在双方当事人自愿的前提下进行的。只有双方同意调解，才能设立调解程序，而且，只要有一方不再同意调解，调解程序即应停止。

（3）调解人的建议方案无强制效力。调解人提出的解决投资争议的建议，既不同于当事人协商达成的协议，也不同于仲裁裁决或者法院的判决，投资争议各方当事人完全可以根据自己的意志，表达自己的态度，可以接受，也可以不接受。只有双方同意接受后，才对当事人有约束力。

（二）调解的原则

在采用调解方法解决投资争议时，应遵守以下原则：

（1）自愿的原则。无论哪种形式的调解，都必须以双方当事人自愿为基础，只要一方不愿意，就不能进行调解；调解达成的协议也以当事人的意思为依据，尽管调解人在调解过程中可以提出各种建议方案，并对当事人进行说服劝导，但其无权强制当事人接受其建议方案，也无权强迫一方当事人接受另一方当事人的建议。

（2）查明事实、分清是非的原则。调解不是无原则的调和、折中、和稀泥，而是旨在公正合理地解决有关投资争议。这就需要调解人深入调查、弄清事实真相、分清各方的是非责任，只有这样，才能有效地解决争议。

（3）合法的原则。与协商一样，调解协议的内容也应当符合有关法律和政策的要求，否则，调解协议就无效。

（三）调解的方式

关于调解的方式，从理论上可以按照不同标准作出多种分类。如以按主体标准来分，可分为常设调解机构的调解和临时调解机构的调解；以实施调解与其他解决争议方式的关系来看，可分为庭内调解和庭外调解。从国际实践看，处理国际投资争议的调解，主要是“机构调解”，包括常设机构的调解和临时机构的调解。具体如下：

（1）常设机构的调解。常设机构进行的调解，是指在一个负有处理国际投资或各种经济贸易争议的常设性机构中进行的调解活动。这种常设机构有健全的组织机构和行政管理机构，制定有完善的调解程序规则，并备有供当事人选任的调解员名册，可以为调解提供各种服务和便利。[1]目前，国际上可为投资争议当事人提供调解的常设机构主要包括解决投资争议国际中心、亚洲及远东经济委员会、国际商会、伦敦国际仲裁院等。我国国内也有一些常设机构也可以为投资争议进行调解，如中国国际贸易促进委员会调解中心（原北京调解中心）、华南国际经济贸易仲裁委员会（深圳国际仲裁院）调解中心、深圳民商事调解中心等。

---

[1] 余劲松主编：《国际投资法》（第四版），法律出版社2014年版，第349页。

（2）临时机构进行的调解。临时机构进行的调解，是指为解决个别国际投资争议而专门设立调解机构所进行的调解活动。临时调解机构的调解人、调解规则、调解地点等事项大都由当事人双方和调解人共同确定。关于调解规则，国际上并没有统一规定。目前，国际上比较有影响力的调解规则是2002年联合国贸易法委员会起草的《国际商事调解示范法》。

第三节　东道国当地救济

一、东道国当地救济的概念

东道国当地救济，是指国际投资争议当事人依照东道国的实体法和程序法，向东道国国内设立的司法机构或行政机构寻求救济，并解决有关争议的方式。简称当地救济（Local Remedy）。当地救济通常包括司法救济和行政救济两种方式，即向东道国有管辖权的法院提起诉讼、向东道国有管辖权的行政机构申请行政复议。

二、东道国当地救济的适用范围

在传统国际法上，当地救济专指适用于解决外国人与东道国国家之间争议的一种救济方式。在国际投资领域，当地救济不仅适用于外国私人投资者与东道国政府之间争议的解决，还适用于外国私人投资者与东道国企业之间争议的解决。在我国，当地救济主要包括法院诉讼和行政复议两种形式。具体而言，司法救济包括两种情况：一种是解决中国企业与外国私人投资者之间投资争议的涉外民事诉讼程序，另一种是解决外国私人投资者与我国各级政府及其职能部门之间争议的法院行政诉讼程序。行政救济主要是行政复议，可适用于外国私人投资者对中国各级政府及其职能部门具体行政行为不服所引起争议的解决。

三、东道国当地救济的国际法依据

在国际法上，东道国根据经济主权原则有权对发生在本国领域内的国际投资争议享有管辖权，并要求在本国依据本国法律加以解决。其主要有以下四个方面的法律依据：

（一）国家属地管辖权原则

国家属地管辖权，是指国家对在其境内的一切人和物或发生的事件，除享有国际法规定的外交特权与豁免外，有权按照本国的法律和政策实行管辖。属地管辖权是国家主权的重要内容，也是东道国政府对国际投资争议享有管辖权的重要的法律依据，其他依据均由此而派生。在国际投资关系中，外国投资者其人、其物、其活动均位于东道国境内，依据属地管辖权原则，外国私人投资者必须首先服从东道国的管辖。因此，外国私人投资者与东道国政府或其国民发生争议，理应接受东道国的管辖。

（二）用尽当地救济规则

用尽当地救济是一项古老的习惯国际法规则。其主要内容是受到东道国侵害的外国人在未用尽东道国仍然对其适用的所有救济方法前，其本国政府不得行使外交保护来追究东道国的责任。这一规则强调了东道国属地管辖权的优先地位。根据这一规则，外国投资者在寻求外交保护前，应首先求助并用尽当地司法或行政救济，同时东道国也有权主张外国投资者应根据本国法律用尽对它仍然适用的各种法律救济。[1]

（三）卡尔沃主义

卡尔沃主义（Calvo Doctrine）是南美著名国际法学家、阿根廷前外长卡尔沃在19世纪60年代提出的一种学说。它最初形成于阿根廷政府关于解决国际债务和投资争议的外交政策立场。卡尔沃主义的基本原则有三个：（1）各主权国家地位平等，享有不受任何其他国家通过武力或外交干涉的权利；（2）外国人对于投资或其他商事交易只能在当地法院寻求救济；（3）外国人无权享有比本国国民更优惠的待遇。[2]卡尔沃主义得到1889~1890年召开的第一届拉美国家国际会议的支持，被会议接受为美洲国际法原则之一。

卡尔沃主义的实现主要是通过卡尔沃条款（Calvo Clause）来体现的。所谓的卡尔沃条款，是指在法律、条约或契约中订入含有卡尔沃主义精神的条款，从而使卡尔沃主义具有法律约束力。这类条款主要包括两个方面的基本内容：一是规定因契约条款引起的一切争议，均由所在国法院依其国内法规定来判决，反对国际仲裁或国际司法解决；二是规定外国投资者因契约或其他原因所引起的要求，不能寻求国际求偿，必须放弃诉求外交保护，反对外国政府的代位求偿权及对投资争议的外交干预。[3]

卡尔沃主义自产生以来一直为拉美国家及其他发展中国家所支持和赞同。但是无条件地实施卡尔沃主义，会在一定程度上阻碍外资的进入，因为外国投资者在国有化、征收等投资争端中往往希望得到国际仲裁的救济。因此，自20世纪70

---

[1] S. C.杰因：《外国私人财政的国有化》，1983年英文版，第193页。转引自余劲松主编：《国际投资法》（第四版），法律出版社2014年版，第354页。

[2] 同上书，第214页。转引自余劲松主编：《国际投资法》（第四版），法律出版社2014年版，第354页。

[3] 姚梅镇著：《国际投资法》，武汉大学出版社1987年版，第344页。

年代后期开始，拉美国家对卡尔沃主义的立场有所松动，并在一些条约或协定中引进国际仲裁和外国投资保护的条款。[1]

（四）对自然资源的永久主权

对自然资源的永久主权是国家主权不可分割的部分，也是公认的现代国际法的一项基本原则，是现代国际法为东道国提供的对国际投资争议行使管辖权的一个有力的法律依据。确定东道国法院在解决国际投资争议中的首要作用，一方面表明东道国国内法庭有资格管辖投资争议；另一方面东道国国内法庭对国际投资争议享有管辖权，是国家对自然资源拥有永久主权的一个重要内容。

四、东道国当地救济规则适用的问题

（一）东道国当地救济规则适用的要求

把当地救济手段用尽（exhaustion）是将争议提交国际解决或行使外交保护的前提，从而避免了不必要的国际冲突。在处理外国投资者与东道国政府或企业、个人发生争议时，“用尽”强调了东道国救济的适用优先性，肯定了东道国的管辖权，更能为各国普遍接受。根据国际实践，对东道国当地救济的“用尽”主要包括以下两个方面的要求：

（1）外国私人投资者必须使用完当地所有可以适用的行政和司法救济程序，包括上诉程序，直到包括行政机关作出终局复议决定、司法机关作出终审判决。[2]即外国私人投资者应当用尽东道国国内可获得的救济方法。一般而言，东道国国内救济方法主要包括当地国内法规规定的所有可以适用的行政救济手段和司法救济手段。当东道国救济机关是由行政、司法机关所组成的完整救济体系时，在行政机关的救济不具有终局性情形下，应诉诸司法机关，或在没有行政救济规定的情况下直接诉诸司法机关。正如国际法院在国际工商业投资案(Intethandel Case)所作的宣誓：“在可以提起国际程序之前必须首先用尽当地救济原则，是一项公认的习惯国际法原则。”此外，用尽当地救济方法还要求外国投资者必须依照当地法律诉诸当地终审机关作出最终决定。如常设国际法院在索非亚和保加利亚电气公司等(Electricity Company of Sofia and Bulgaria Case)一案中明确主张：“当地救济规则……意味着用尽所有的上诉，包括上诉到具有终审效力的最高上诉法院。”[3]

---

[1] Gonzalo Biggs，the Latin American Treatment of International Arbitration and Foreign Investments and Chile-U.S. Free Trade Agreement，ICSID Review FILJ,Spring，2004，p.72.

[2] 石静霞：“用尽当地救济原则与国际投资争议的解决”，载陈安主编：《国际经济法论丛》（第二卷），法律出版社2000年版，第311页。

[3] 《常设国际法院判例集》，A/B,No.77，第64页。

(2) 必须充分、正当地使用国内法中所有可以适用的诉讼程序上的救济手段，包括传讯证人、提供证据等。对于国内法规定的一切可能被使用的程序上的手段，外国投资者也必须正确和充分地适用，以保证程序上的“用尽”，如程序中的传唤证人、文件提供、利用物证书证等手段。外国投资者如不符合东道国诉讼程序所要求的必要条件，即属未用尽当地救济。正如国际法院对巴蒂洛斯案(Ambatielos Case)所做的认定，由于安巴蒂洛斯未能传唤重要证人到庭，即构成未用尽国内救济手段，并指出:“当地救济不仅包括法院和法庭，还包括国内法中规定的诉讼程序便利。在国家作为其国民的保护人在国际法院提出求偿之前，被告国国内法中规定的整个法律保护制度都应当受到检验”[1]。

(二) 东道国当地救济规则

尽管当地救济是一项普遍的国际法院原则，但在遇下列四种情形时一般不适用:

(1) 东道国明示放弃适用该原则。“用尽当地救济”是东道国的一项权利，按照“权利人可以放弃自己权利”的古老法理，东道国可以放弃适用该原则，无论其出于政治的、经济的还是仅仅为了友好、礼让的考虑。

(2) 东道国拒绝司法或构成不适当的迟延。在此情形下，外国投资者的母国可以直接进行外交保护，但外国投资者必须承担举证责任。

(3) 当地救济不具有现实有效救济的合理可能性，如当地法院对争议问题没有管辖权，当地法院不独立，存在一贯对外侨不利的明确判决等。

(4) 受害人与据称应对损害负责的国家之间没有相关联系，或依据案情，用尽当地救济原则实为不合理。

第四节　外国法院诉讼

一、外国法院诉讼的含义

外国法院诉讼，是指在东道国以外的国家，包括外国私人投资者本国或其他任何第三国法院的诉讼。这种方法主要为外国投资者所采用，即外国投资者单方面在外国法院对东道国政府或企业提起诉讼。一般而言，受到侵害的外国投资者用尽当地救济后仍未得到有效解决时，除了向本国求助外交保护外，还可以提交仲裁或向外国法院提起诉讼。相比较于仲裁，外国法院诉讼更加容易利用。实践中，外国法院诉讼解决投资争议大都是在发达国家法院进行的。

---

[1] 张强主编:《国际投资纠纷与预防案例分析》，山西经济出版社1996年版，第24页。

二、外国法院诉讼的种类

投资者在外国法院提起的诉讼，包括两种形式：追索诉讼和反托拉斯诉讼。

（一）追索诉讼

所谓的追索诉讼，是指外国投资者以国有化违反国际法或违反法院所在地国家公共秩序因而无效为由，对被国有化的财产或该财产的销售收入的所有权，甚至国有化国的其他财产主张权利，而进行的一种诉讼。

根据追索诉讼，无论被国有化的财产或其销售收入在何地、落入谁手，投资者都可一直进行追索，以实际持有人为被告，但若以国有化国其他财产为诉讼客体，则以国有化国为被告。其基本前提是，被追索的财产必须实际进入或位于法院的管辖领域。对于这种追索诉讼，发达国家倾向于支持，而发展中国家则坚决予以反对，它们认为，使用国内法院决定他国国有化法律的效力并决定被国有化财产的所有权，是对主权的侵犯。实践中，这种诉讼成功的例子很有限。

（二）反托拉斯诉讼

所谓的反托拉斯诉讼，是外国投资者指控与其有竞争性的公司为摧毁其经营，与东道国共谋并唆使东道国对其财产国有化或对其采取其他不利措施，从而犯有违反其本国反托拉斯法的行为，在其本国法院进行的诉讼。反托拉斯诉讼的目的是要从被告指控的公司那里得到对损失的补偿，以达到间接解决投资者与东道国之间的争端的目的。反托拉斯诉讼的主要根据是效果管辖学说，即一项行为尽管发生在一国境外，但若在境内产生有害后果，则不论行为人是否为该国人，该国法院都有权对其行使管辖权。

三、对外国法院诉讼的抗辩

对外国法院诉讼的抗辩就是利用某种法律原则，就外国法院对案件的管辖权或审判权，提出异议。其主要有以下三个法律原则可以进行抗辩。

（一）主权豁免

主权豁免包括绝对豁免原则和有限豁免原则。绝对豁免原则是一项普遍的国际法原则。根据该原则，主权国家不受任何外国法院对它的管辖和审判。主权国家可以在外国法院作为原告起诉，但不得作为被告受审，法院也不得对其财产采取强制执行。因此，一般情况下，国内法院是不能对外国政府实行司法管辖权的。有限豁免原则认为国家行为应分为公法或主权行为与私法或事务行为。前者可以享有司法豁免，后者不享有司法豁免。有限豁免论为一国对他国法院提出主权豁免抗辩设置了困难。但无论如何，一国国内法院对在本国的外国国家财产应予以尊重，除非该国明示同意，在任何情况下，不得采取强制执行或其他保全措施。目前，世界上多数国家都承认并实行绝对豁免原则。

（二）国家行为学说

即使一国法院已经决定对案件享有管辖权，但还可能遇到东道国主权特权的另一种形式的抗辩，即“国家行为”抗辩。该学说认为，一国的法院不应审查外国政府以主权资格在其领土内实施的行为的效力。这一学说已被许多国家法院接受。

（三）外国主权强制

外国主权强制是由国家行为学说变更而来的又一种抗辩，通常指私人被告可以以自己被指控的行为不是依自己自由意志而是迫于外国主权强制为由，要求法院拒绝原告的请求。这一抗辩主要是从美国判例中产生的。在1970年泛美精炼公司诉德克萨科马拉开波公司一案中，法院主张，当一个国家强制实施一项贸易实践，使那里的公司只有遵守的义务而无法另作选择时，可以免除公司行为的责任，尽管这种行为在其他情况中是非法的。因为“商业行为实际变成了主权行为”。

第五节　国际商事仲裁

一、国际商事仲裁的含义

仲裁（arbitration）也称公断，是双方当事人通过协议将争议提交第三者，由其对争议的是非曲直进行评断并作出裁决的一种解决争议的方式。根据仲裁制度适用范围的不同，其可以分为国际仲裁（国家间仲裁）、国内仲裁和国际商事仲裁等三种形式。国际商事仲裁，是指专用于解决国际商事交易中争议的仲裁，包括国际经济贸易仲裁和海事仲裁。国际投资争议仲裁也属于国际商事仲裁范围之内。一项仲裁是否具有国际性，在中国法上是看主体或标的或法律事实三者之一是否具有涉外因素。《国际商事仲裁示范法》也作了类似的规定，其第1条第3款对将国际性界定为“一项争议属于国际性是指当事人的营业地分别在不同的国家，争议客体或仲裁地在国外”。各国对于国际或涉外的不同理解，有可能会导致仲裁裁决执行不能。

自第二次世界大战结束后，随着国际贸易的迅速发展和科学技术的进步，国际商事仲裁得到了各国的普遍认可，特别是1958年《关于承认与执行外国仲裁裁决纽约公约》（以下简称《纽约公约》）的签订，进一步推动了一国仲裁裁决在其他国家的承认与执行。由此，国际商事仲裁解决投资争议的方法逐步得到推广，并在解决投资争议的各种方法中占具重要地位。

二、国际商事仲裁的特点

作为解决国际经济贸易和国际投资争议的方式之一，国际商事仲裁与国内仲裁、国际商事调解以及司法诉讼相比，具有突出的特征，主要表现在以下方面。[1]

（一）国际商事仲裁当事人具有自主性

国际商事仲裁是基于当事人共同达成的仲裁协议而进行的，如仲裁庭的管辖权、仲裁事项、仲裁员的选任、仲裁程序、仲裁争议的法律适用等事项均可以由当事人各方通过共同协商达成，充分体现了当事人的意愿。同时，仲裁庭应当按照当事人协商选择的法律或者仲裁庭选择的法律审理争议，也可以基于当事人各方的授权，凭借其具有的专业知识，依照行业惯例和公平合理原则，对投资争议作出裁判。

（二）国际商事仲裁能够为当事人保守秘密

国际商事仲裁机构的仲裁人员负有为当事人保密的责任，仲裁庭无论采用书面审理还是开庭审理一般都不公开进行，不但可以最大限度地保护当事人的声誉，而且能够保守当事人的商业秘密和技术秘密。在国际投资中，以专利技术或专有技术作为资本的直接投资，在现代国际投资中已占有较大的比重。因此保守商业技术秘密对资本输出国的投资者尤为重要。国际商事仲裁具有的保密性，促使越来越多的国际经济贸易和投资争议的当事人选择国际商事仲裁的方式来解决有关争议。

（三）国际商事仲裁解决争议迅速、及时、费用较低

与国内诉讼、国际民事诉讼相比，国际商事仲裁的程序简便，形式灵活，不受诉讼程序严格的时效和审级制度的约束，可以大大缩短审理过程，尽快作出裁决。另外，充当国际商事仲裁的仲裁机构和仲裁员，大都是精通某一行业业务的专家或权威，客观上能够保证仲裁裁决的公平、迅速、及时解决。而国际民事诉讼严格的诉讼程序和时效期间的规定，常常使当事人之间的争议久拖不决，即使作出了判决，败诉方可能还要上诉，甚至进行申诉，致使投资者常常贻误了许多商业机会，对当事人的利益造成损失。在解决国际经济争议的实践中，国际商事仲裁费用低廉，也是国际经济贸易和国际投资争议采用仲裁方式解决的重要因素之一。

（四）国际商事仲裁裁决具有法律拘束力

国际商事仲裁机构虽然属于民间性质的机构，但各国普遍赋予当事人商事仲裁裁决以法律效力。各国法律普遍规定：（1）通过仲裁协议将争议委托仲裁后，仲裁机构即取得管辖权，法院不得受理属于仲裁庭仲裁的争议；（2）除非另有规

---

[1] 邹立刚主编：《国际投资法学》，中国法制出版社2000年版，第281~283页。

定或约定，仲裁裁决为最终裁决，具有法律效力，当事人应当自觉履行，否则，他方可依法向法院提出请求，由法院强制执行。由此可见，国际商事仲裁同法院判决具有同等的法律效力。而协商和调解则不具有这种强制执行的效力。

（五）国际商事仲裁裁决的执行有法律保障

国际商事仲裁裁决能否有效执行，是人们评价国际商事仲裁的价值的重要标准。国际商事仲裁从20世纪初成为解决国际经济贸易和国际投资争议的主要方式以来，无论从保障裁决执行的法律制度来看，还是从裁决执行的效果来看，国际商事仲裁裁决的执行是有可靠保障的。目前，国际上大多数国家都参加了《纽约公约》，并按照《纽约公约》的规定承认与执行有关仲裁裁决。

三、国际商事仲裁协议

（一）仲裁协议的概念

仲裁协议是各方当事人约定将他们之间未来可能发生的或者已经发生的民商事争议委托仲裁机构解决的一种书面文件。它是仲裁庭行使管辖权和进行仲裁的法律基础。国际商事仲裁协议，即当事各方同意将他们之间已经发生的或将来可能发生具有涉外商事因素的争议提交仲裁解决的协议。

（二）仲裁协议的类型

一般而言，仲裁协议可以采取合同中的仲裁条款和独立的仲裁协议。具体如下：

（1）仲裁条款。所谓的仲裁条款，是指国际投资合同的双方当事人在争议发生之前订立的，约定将他们之间可能发生的争议提交仲裁解决的协议形式。这种仲裁协议的形式在实践中最为常见，属于一种预先商定通过仲裁解决争议的协议条款。其具有两个方面的特点：一是它是当事人之间在国际投资争议发生之前所达成的将争议提交仲裁解决的约定；二是它不是一个独立的文件，而是国际投资主合同中的一个独立条款。

（2）独立仲裁协议。所谓的独立仲裁协议，是指在国际投资争议发生之前或者之后，当事人各方协商一致，约定将有关投资争议提交仲裁解决的专门协议。这种仲裁协议是在当事人之间的主合同之外另订的书面协议，是一个独立的文件，但与主合同有密切的联系。它可以在合同争议发生之前签订，也可以在合同争议发生之后签订。在国际实践中，这类形式的仲裁协议主要适用于较为复杂的、标的较大的、期限较长的投资项目争议的解决。

（三）仲裁协议的内容

仲裁协议是仲裁庭受理投资争议，进行仲裁的法律依据。无论是合同中的仲裁条款，还是当事人之间单独订立的的仲裁协议书，通常包括如下核心内容。

1．仲裁事项

仲裁事项是仲裁庭根据当事人各方协议对其审理并作出裁决的对象。因此，当事人在仲裁协议中必须确定仲裁的事项。一般来说，当事人协商提交仲裁的事项，可以是有关国际投资合同的所有争议，也可以是一定范围的事项，如合同的解释方面的争议。但仲裁事项不得违反当事人住所地国、仲裁机构所在地国，以及争议客体所在国乃至裁决执行受理国有关仲裁范围的法律规定。

2．仲裁机构

确定仲裁机构是仲裁协议的主要内容。当事人各方决定将国际投资争议提交国际仲裁解决时，应当根据争议的性质和特征，明确选择仲裁机构。在国际商事仲裁中，确定仲裁机构的通常做法有两种：一是在常设仲裁机构进行，二是在临时仲裁庭进行。在国际投资争议中，普遍采用的方式是在常设仲裁机构进行仲裁。当事人应在仲裁协议中对仲裁机构作出具体、明确的规定，不能模棱两可。

3．仲裁规则

仲裁规则，是指在进行国际商事仲裁的整个过程中仲裁庭和争议各方当事人所应当遵循的程序。包括仲裁的申请、答辩和反诉、仲裁庭的组成、对争议的审理、仲裁裁决的制作和效力，以及仲裁费用的支付等事项。由于仲裁规则及当事人和仲裁员在仲裁时的行为准则，直接影响到仲裁的顺利进行，因此双方当事人在订立仲裁协议时，应明确约定仲裁应适用的仲裁规则。通常，在当事人将国际投资争议提交给常设仲裁机审理争议时，一般也就是适用该仲裁机构的仲裁规则，但多数常设仲裁机构也允许当事人选择仲裁程序或者变更其仲裁规则。在选择临时仲裁机构对争议进行仲裁时，双方当事人必须选择或者制定专门的仲裁程序规则。

此外，当事人还可以就其他与仲裁有关的事项作出约定，如仲裁地点、仲裁应当适用的规则等。

四、国际商事仲裁裁决的承认与执行

国际商事仲裁裁决的承认与执行，是指一国法院依据国际条约、国内法或根据互惠原则，经过适当的审查，认为该裁决不违反有关条件的，承认该项裁决在内国的法律效力，并根据当事人的请求依照内国的程序予以强制执行。[1]国际商事仲裁裁决的承认与执行可以分为本国仲裁裁决在国内的承认与执行和外国仲裁机构仲裁裁决的承认与执行，并分别适用不同的程序和条件。

[1] 邹立刚主编：《国际投资法学》，中国法制出版社2000年版，第290页。

（一）本国仲裁裁决在国内的承认和执行

目前各国法律均规定，本国法院应同执行本国法院判决一样，承认并执行由本国仲裁机构作出的裁决。但仲裁裁决毕竟不同于法院判决，各国法院在承认仲裁裁决时，也规定了法院对仲裁裁决的审查程序。如我国《民事诉讼法》第260条规定："人民法院对被申请人提供的有关证据进行审查，核实具有下列情形之一的，裁决不予执行：（1）当事人在合同中没有订有仲裁条款或者事后没有达成仲裁协议；（2）被申请人没有得到指定仲裁员或者进行仲裁程序的通知，或者由于其他不属于被申请人负责的原因未能陈述意见；（3）仲裁庭的组成或者仲裁程序与仲裁规则不符；（4）裁决的事项不属于仲裁协议的范围或者仲裁机构无权仲裁。"

（二）外国仲裁裁决的承认和执行

外国仲裁裁决的承认和执行包括两种情况：一是由本国仲裁机构作出的裁决，但败诉方或其财产在外国；二是由外国仲裁机构作出的裁决，其败诉方或其财产在本国。对此，有关国际公约和国内法都有明确规定。

1．承认和执行外国仲裁裁决的国际公约

目前国际上普遍接受的国际公约为1958年的《纽约公约》。其主要内容包括：（1）适用范围。公约适用于一切外国仲裁裁决，不论作出裁决的国家是不是公约的缔约国；即使是本国国内仲裁的裁决，如仲裁程序法和准据法为外国法律，也可视为外国仲裁裁决。（2）缔约国义务。所有缔约国均应承认仲裁裁决的约束力，并承担依照裁决执行地的程序规定予以执行的义务。承认与执行不得附加与本国仲裁裁决相异的任何条件。（3）拒绝承认或执行的条件。根据公约第5条第1款之规定，下列情况下，基于被诉人的请求，一国的仲裁机构可以拒绝承认或执行外国仲裁裁决：仲裁协议无效、被诉方当事人没有得到适当的通知或没有给予申辩机会、仲裁员超越仲裁权限、仲裁员的组成不当或仲裁程序不当、仲裁裁决不具有约束力或裁决在裁决作出地国被撤销。

2．中国承认与执行外国仲裁的规定

（1）我国涉外仲裁机构作出的仲裁裁决在外国的承认与执行。根据《民事诉讼法》第280条和《仲裁法》第72条之规定，我国涉外仲裁机构作出的发生法律效力的仲裁裁决，当事人请求执行的，如被执行人或其财产不在我国境内，应当由当事人直接向有管辖权的法院申请承认与执行。

（2）外国仲裁裁决在我国的承认与执行。根据《民事诉讼法》第283条，国外仲裁机构的裁决，需要我国人民法院承认和执行的，应当由当事人直接向我国有管辖权的人民法院申请，人民法院按照我国参加的公约或互惠原则办理。

（3）我国已经于1986年12月2日加入公约，我国仲裁机构作出的裁决，可以按照公约的规定在任何缔约国境内获得执行，其他缔约国所作出的仲裁裁决，也可以按照公约在我国境内得到承认与执行。

（4）内地与香港仲裁裁决的执行

香港回归祖国以后，内地与香港的仲裁裁决的执行不能适用《纽约公约》，使两地仲裁裁决的执行变得非常困难。为解决这一问题，最高人民法院与香港特别行政区政府于1999年6月达成了《关于内地与香港特别行政区相互执行仲裁裁决的安排》。依据该《安排》，双方按照各自的法律程序处理执行问题和收取执行费用，双方按照各自形成的公共政策观念决定裁决的执行与不执行，拒绝执行仲裁裁决的条件与《纽约公约》的规定也是一致的。

第六节 解决投资争议国际中心

“对于外国投资者与他们的国家而言，习惯国际法的最大缺陷之一是其缺乏有效和强制性的投资争端解决机制。”[1] 1965年，在世界银行主持下缔结的《解决国家与其他国民投资争端公约》（*Convention on the Settlement of Investment Dispute Between States and Nationals of the State*，又称《华盛顿公约》，以下简称《公约》），为解决投资者与缔约国之间投资争议提供了一套统一法制。根据《公约》成立的解决投资争议国际中心（International Central for Settlement of Investment Disputes，以下简称中心或ICSID），在50多年的国际投资实践中发挥了重要作用。

一、《公约》的由来

第二次世界大战结束后，亚、非、拉殖民地国家相继摆脱殖民枷锁，成为国际法上独立的主权国家。为摆脱外国资本对本国经济的操纵，充分利用本国自然资源，加速发展本国民族经济，这些发展中国家纷纷对外国资产实行征收或国有化，废除先前不平等投资协议（Investment Agreement）、特许协议（Concession Agreement）、国家契约（State Contract），并由此而导致接连不断的投资争端。东道国政府认为，这类争议属于国家主权管辖的范围，应依照东道国的法律在东道国寻求救济；但外国投资者及其所属国对东道国的救济缺乏信任，主张由东道国以外的机构解决，甚至以外交保护为借口，干预东道国的内政，致使私人投资

---

[1] Jeswald W. Salacuse，Toward a Global Treaty on Foreign Investment：The Search for a Grand Bargain. Norbert Horn(ed.), Arbitrating Foreign Investment Dispute-Procedure and Substantive Legal Aspects, Kluwer Law International, 2004, p.68.

争议升级为国家之间的争议，导致投资争议的政治化。

为妥善解决此类投资争议，1962年，在世界银行主持下，一些专家精心设计并起草了《公约》草案，并先后分别提交在非洲、美洲、欧洲、亚洲召开的四次“区域性会议”，较为广泛地征求了全球各主要地区各类国家法学专家的意见。经过数年激烈论战和反复多次的修改，发达国家和发展中国家在1965年缔结了《公约》，并于1966年10月14日生效。随即根据《公约》第1条的规定，成立了“解决投资争议国际中心”，作为负责处理国家与其他国家国民投资争议的常设机构。我国于1990年2月9日签署《公约》，1992年7月1日批准加入《公约》，1993年2月6日《公约》对我国正式生效。截至2013年11月，共有158个国家签署了《公约》，其中150个国家正式批准加入《公约》。

二、中心的法律地位及组织机构

“中心”与世界银行有密切的联系，但中心是根据《公约》设立的国际法人，具有完全的国际法律人格，并具备缔约、取得和处置财产以及进行法律诉讼的能力。中心及其财产享有豁免于一切法律诉讼的权利。中心的官员及其雇员在履行公务的过程中，享有《公约》规定的特权与豁免。

作为一个国际性的常设机构，中心专为解决外国投资者与东道国政府之间的投资争端提供各种设施和方便，本身并不直接承担调解和仲裁工作。其设有一个“行政理事会”和一个“秘书处”，并分别设立一个调停人小组和一个仲裁人小组。行政理事会由缔约国各派代表一人组成，世界银行总裁兼任行政理事会的当然主席。秘书处负责处理中心日常行政事务，秘书长是中心 的法定代表人和主管官员。调停小组和仲裁小组实际上是中心保留的两份名册，供当事人从中选择人员组成调解委员会或仲裁庭。每一缔约国可以就每一种名册指派4人参加。其所指派人员的国籍没有限制，都应当是品德高尚，被公认为在法学、商务、工业或金融方面深具才识，能作出独立判断的人士。[1]另外，行政理事会主席有权就每一种名册各指定10人参加，但这些被指定的人应各具不同的国籍，并且注意使两种名册都能代表世界各种主要的法律制度和主要的经济体制，从而具有较广泛的代表性。

三、中心管辖权

为表达方便，《公约》使用“中心管辖权”这一术语，用以指《公约》各项规定的适用范围以及为调解和仲裁程序提供便利的范围。《公约》第25条至第27条对中心的管辖权进行了规定，其主要体现中心管辖权的条件和中心管辖权的排

[1] 参见《华盛顿公约》第12~14条。

他性两个方面。

（一）中心管辖权的条件

《公约》第25条第1款规定："中心管辖权适用于缔约国（或缔约国指派到中心的该国的任何组成部分或机构）和另一缔约国国民之间因投资而产生的任何争议，而该项争议经双方书面同意提交给中心。但双方表示同意后，任何一方不得单方面撤销其同意。"据此，中心管辖权必须同时具备主体要求、客体要求和主观要件三个方面的要求。

1．主体要件——当事人资格

主体要件，是指当事人参加中心调解或仲裁程序所必须具备的资格。《公约》规定，凡提交中心仲裁的投资争议的当事人，其中一方必须是公约缔约国（或其指派到中心的该国任何组成部分或机构），另一方则应是其他缔约国的国民。

（1）缔约国一方的资格。作为争议当事人一方的缔约国，必须是在争议发生前，或者在程序实际提交国际中心管辖时已经正式加入《公约》。根据《公约》第25条第1款、第2款的规定，缔约国既包括该国政府，也包括该国的"组成部分或机构"，如英国1968年就曾将香港作为其"组成部分"指派给国际中心。这些"组成部分或机构"要成为中心程序合格的当事人，必须由缔约方以法律文件的形式书面通知中心，并且，他们所作的接受中心管辖的同意，须经缔约国批准，除非缔约国通知中心不需要这种批准。

（2）投资者的资格。有资格成为中心程序的投资者必须是另一缔约国的自然人或法人。对于自然人，其必须在各方同意将争议交付调解或者仲裁之日，以及请求予以登记之日，具有另一缔约国的国籍，但不得同时具有争议一方（东道国）的国籍。对于法人，可以是不具有东道国国籍的另一缔约国法人，也可以是具有争议一方缔约国的国籍，但受另一缔约国控制的法人。[1]

2．客体要件——直接因投资而产生的法律争端

客体要件是指提交中心管辖的争议的性质必须具备的条件。根据《公约》第25条第1款之规定，提交中心管辖的争议，必须是国际投资争端，并且必须属于法律性质的争议。

（1）投资。由于各国对投资概念的理解不一、规定不同，《公约》没有对"投资"作出界定。对于投资的内涵，可由当事人协商确定其具体范围，但当事人的约定不得违反《公约》的目的。这既可以扩大中心的管辖范围，也有利于

[1] 《华盛顿公约》第25条第2款第2项。

《公约》适应未来国际投资发展的需要。通常，对“投资”一词应采取广义的解释。凡外国私人投资者为在其所属国籍的国家领域以外使用的目的，对他方所提供的经济的财源，都属于投资范围。从仲裁实践看，20世纪90年代以前，仲裁庭认定的“投资”主要涉及传统投资形式，如自然资源、矿产或其他资源的勘探和开发，发展工业、旅游、农场和城市设施，其他争端涉及不同于传统类型的直接出资方式的现代投资形式，包括技术转让。[1]近年来，随着国际投资关系的发展和变化，中心仲裁庭对“投资”的范围也逐步扩大。

(2) 法律争议。与投资一词一样，《公约》也未对“法律争议”作出具体界定。但《执行董事会报告》对“法律争议”作了相应解释，其认为“法律争议一词是用来表明，权利的冲突属于中心管辖范围，而单纯的利益冲突则不属于中心管辖范围。争议必须是关于法律权利或义务的存在与否及其范围，或者因违反法律义务而引起的赔偿的性质和范围”[2]。实践中，“法律争议”是指关于投资合同的解释和执行而产生的争议，以及国有化的合法性及其补偿的法律争议等，纯粹的利益冲突被排除在法律争议的范围之外，不属于中心管辖的范围。

3．主观要件——当事人的同意

主观条件是指投资争议双方当事人以书面形式愿意接受仲裁的意思表示。“当事人各方同意，是中心管辖的基石。”[3]根据《公约》规定，双方当事人以书面形式同意将他们之间特定的投资争议提交中心解决是中心取得管辖权的实质要件。而一旦在各方表示同意后，任何一方不得单方面撤销其同意，即不能取消中心业已取得的管辖权。

（二）中心管辖的排他性

中心管辖的排他性主要是指中心仲裁条款的排他性。[4]根据《公约》第26条、第27条的规定，中心管辖的排他性主要表现为对东道国当地救济、外国法院诉讼、外交保护的排斥。

1．中心管辖与东道国当地救济的排斥关系

私人投资者与东道国的投资争议本质上属于一国范围内发生的事务，东道国有权根据国家主权原则对其进行管辖。中心《执行董事会报告》明确承认“投资争议应通过有关的投资所在国现行法律规定的行政、司法或仲裁程序解决”[5]，

---

[1] Georges R. Delaume，How to Draft an ICSID Arbitration Clause，ICSID Review—Foreign Investment Law Journal，vol.7,1992,p.182.

[2] 《执行董事会报告》，ICSID/2，英文版，第9页。

[3] 同上书，第8页。

[4] 余劲松主编：《国际投资法》（第四版），法律出版社2014年版，第389页。

[5] 《执行董事会报告》，ICSID/2，英文版，第8页。

这也进一步表明中心的仲裁仅是一种补充手段。根据《公约》第25条的规定，中心明确赋予东道国有权要求投资争议必须首先用尽当地救济的权利。即一旦东道国与投资者之间同意提交中心解决的仲裁条款中含有必须首先用尽当地救济的内容，则投资者必须用尽当地救济后才能将争议提交中心解决；但如果不存在这种要求或东道国放弃这种要求，投资者则可以直接将争议提交给中心解决。由此，只有仲裁条款有用尽当地救济之规定时，投资者才有首先将争议通过东道国行政或司法方法进行解决的义务。因此，中心管辖与用尽东道国救济并不当然冲突。

2.中心管辖对各国法院的排斥关系

根据《公约》的规定，中心的仲裁具有自治性，并使其独立于各国法律制度之外。这要求国内法院不得采取任何妨碍中心仲裁的自治性和排他性的行为，即缔约国国内法院知道某项投资诉讼存在中心管辖的可能性时，应立即停止该诉讼，指引当事人到中心寻求解决办法，只有中心作出相反决定后，有管辖权的法院才能重新受理。由此，中心管辖条款消除了一般国际商事仲裁条款无力完全排除国内法院干预的不足，确保中心程序能够真正做到中立和自治。[1]

3．中心管辖与外国保护的排斥关系

成员国缔结《公约》的目的之一就是，“不要或不经过投资国的介入而使投资争议的解决非政治化”。[2]投资者在《公约》范围内，能够直接将有关投资争议提交中心解决。在此情况下，再给予外交保护或提出国际请求，显然与《公约》争议解决非政治化的目的相冲突。为此，《公约》第27条第1款明确规定：“缔约国对于它本国的一个国民和另一缔约国根据本公约已同意交付或已交付的争议，不得给予外交保护或提出国际请求，除非该另一缔约国未能遵守和履行对此项争议所作的裁决。”因此，除非东道国不遵守和履行中心所作的裁决，中心管辖对外交保护的排他性是绝对的。

四、中心仲裁程序

《公约》和《解决投资争端国际中心仲裁程序规则》对中心程序作出具体规定，构成了一个“自立的体制”[3]（Self-sustained system）。因此，《公约》排除了任何国家的法庭地法的可适用性。[4]其主要程序如下：

---

[1] 《ICSID 消息》（第2卷第2号），英文版。

[2] A. 布鲁彻斯：“解决投资争端国际中心的经验”，载S.鲁宾、R.尼尔森主编：《国际投资争端：避免与解决》，第77页。

[3] G. R.德劳姆：《跨国契约》，Booklet 16.2,1982,pp.41~43.

[4] A. 布鲁彻斯：“解决国家与其他国民投资争端公约”，载《海牙国际法学院演讲集》第136卷（1972），第385页。

（一）仲裁申请

拟将争议提交中心解决的任何缔约国或缔约国的国民，应向中心秘书长提出书面仲裁申请。其内容包括：争议的事实，当事双方的身份，以及他们同意依照中心的调解和仲裁规则仲裁等。秘书长有权审查请求，并根据请求材料决定是否予以登记，无须征求争端另一方的意见。如果发现争端显然在中心管辖之外，可以拒绝登记。秘书长拒绝登记的决定是终局性的。但无论是决定登记还是不予登记，中心秘书长都应将情况通知双方当事人。

（二）仲裁庭的组成

仲裁庭可以由双方同意的独任仲裁员或三名仲裁员组成。在后一种情况下，由当事各方各自指定一名仲裁员，第三名仲裁员（首席仲裁员）由当事双方协商指定。若双方在中心秘书长发出登记通知后90日内难以协商一致，则由中心主席任命仲裁庭的组成人员。被指定的仲裁员应当是仲裁小组的人，但不得为争议一方所属的缔约国国民。

（三）仲裁审理

除当事双方另有约定外，仲裁程序应当依照双方同意提交仲裁之日有效的仲裁规则进行仲裁。如果发生《公约》及《中心仲裁规则》或双方同意的任何规则未作规定的程序问题，则该问题应当由仲裁庭决定。

仲裁庭在解决争议的过程中，按照《公约》第42条的规定，应当适用双方共同选择的法律。如无此项选择，则应当适用争议一方的法律，包括该法律中有关的冲突规则，以及可适用的国际法规则。按照许多东道国的有关国际投资的法律，在东道国的投资，必须适用东道国的法律。实践上在有关国际投资合同中，无论是当事人选择的法律，还是仲裁庭决定适用的法律，通常情况下均为东道国的法律。而外国投资者为了维护自己的利益，避免由于东道国单方面修订其法律（如颁布国有化或征收的法令）而损害投资者的利益，一般在谈判合同时列入“稳定条款”，即在合同履约期间，如法律发生与合同规定相悖的变更，则合同中的规定应当优先适用。

（四）仲裁裁决

仲裁裁决应当以全体成员的多数票作出，并应采用书面形式，由赞成此裁决的成员签署。裁决应当处理提交仲裁庭解决的所有问题，并说明裁决所依据的理由。任何仲裁员都可在裁决书上附具他个人的意见，无论此项意见是否是多数人的意见。未经双方当事人同意，裁决不得对外公布。中心秘书长应迅速将核正无误的裁决副本送交当事双方。如果当事人对裁决的含义或范围持有异议，任何一方均可向秘书长提出书面申请，要求仲裁庭对有异议的事项作出解释。

（五）仲裁裁决的撤销

《公约》对仲裁裁决撤销的理由、程序等作出专门规定。当事人申请撤销裁决的理由主要有个方面：（1）仲裁庭的组成不当；（2）仲裁庭显然超越其权限范围；（3）仲裁庭的成员有受贿行为；（4）仲裁有严重背离基本的程序规则的情况；（5）裁决未陈述其所依据的理由。

在仲裁裁决作出120日内（以仲裁员贿赂为理由的撤销申请应在发现行贿行为后120日内提出，最长不超过仲裁裁决作出之日起3年）向中心秘书长提出撤销裁决的申请。对合格的请求，中心秘书长要求中心行政理事会主席从仲裁人小组中任命三人组成专门委员会负责审理。委员会的成员不得为作出裁决的仲裁庭成员，且不得具有与上述任何成员相同的国籍，不得为争议一方的国家的国民，也不得为争议任何一方的国家所指派参加仲裁小组的成员，以及曾在该同一争议中担任调停人。委员会有权依《公约》规定的理由撤销裁决或裁决中的任何部分。如果仲裁裁决的全部或部分被专门委员会撤销，则任何一方当事人可以请求将此争议重新提交给一个新的仲裁庭审理。但如果原裁决仅有部分内容被撤销，则新的仲裁庭不应对未曾撤销的任何部分进行重新审理。

（六）仲裁裁决的承认与执行

只有中心仲裁裁决完全得到双方当事人的执行，投资争议才能最终完美解决。《公约》确立了中心仲裁裁决对当事人双方均具有法律约束力的原则，并要求缔约国应承认与执行中心仲裁裁决，即“每一缔约国应承认裁决具有法律约束力，并在其领土内履行该裁决所课予的金钱义务，如同该裁决是该国法院的终局裁决”。由此，中心仲裁裁决的承认与执行具有两个方面的特点：一是排除了东道国法院的司法审查。在《公约》范围内，中心的仲裁裁决视为成员国最终判决，各缔约国法院不得对它行使任何形式的审查。其效力与《纽约公约》的裁决完全不同。因为《纽约公约》裁决可以由执行地法院进行审查，如果没有公约规定的拒绝承认与执行的条件，经法院裁定后，法院即可发出执行令执行裁决。而中心的裁决相当于缔约国法院的最终判。二是排除当事人在《公约》对中心仲裁裁决提出异议的救济办法。《公约》明确规定，中心仲裁裁决的撤销只能通过向中心秘书长申请撤销的“内部救济”，任何一方当事人不得对中心裁决提出任何上诉或采取任何除《公约》规定以外的补救办法。

第七节　中国与外国投资者争议的解决

自20世纪70年代末实行对外开放政策以来，我国吸引外国直接投资大幅度持续增长，并在2002年超过美国成为全球第一大引资国。随着外资的不断引入，我国与外国投资者之间争端的数量也持续上涨。为有效解决与外国投资者之间的投资争议，我国先后颁布了《外资企业法》《中外合作经营企业法》《中外合资经营企业法》《民事诉讼法》《行政诉讼法》《行政复议法》等法律，以及与100多个国家缔结的双边投资协定都对我国政府与外国投资者之间的争议解决进行了规定。根据我国近年来的立法与实践，我国政府与外国投资者之间争议的解决主要通过协商、东道国司法或行政救济、国际仲裁等三种形式，其中东道国司法或行政救济主要有行政复议和行政诉讼两种方式。

一、协商

协商是解决我国政府与外国投资者争议必经的前置程序。自1982年与瑞典签订第一个双边投资协议以来，我国已经和100多个国家签署了双边投资协定。这些双边投资协定尽管其内容不尽相同，但都对外国投资者与我国政府之间投资争议的解决方法作出了规定。我国对外签订的所有双边投资协定都规定发生争议后，应当通过友好协商解决。关于协商的期限，多数双边投资协定规定的协商期限为6个月，少数规定的期限为3个月或1年，并且只有期满双方协商不成，方可采取其他争议解决方式。

二、东道国当地司法或行政救济

在双方当事人协商不成的情况下，一般规定可以通过东道国法院或国际仲裁来解决。当然，当地救济不是必经程序，有些双边投资协定并不要求用尽当地救济。如《中国－芬兰投资保护协定》（2004年）第9条规定，已经将争议提交国内法院的投资者仍然可以诉诸国际仲裁，条件是该投资者在提交争议判决作出前已经从国内法院撤回案件。但我国1998年以前缔结的双边投资协定基本上都要求首先用尽当地救济。

用尽当地救济，主要是指外国投资争议发生后按照我国有关法律的规定通过司法或行政途径来解决有关投资争议。具体而言，其主要包括法院诉讼和行政复议两种方式，具体内容如下：

1．法院诉讼

在我国，我国政府与外国投资者之间的投资争议在法院的诉讼，通常是行政诉讼。我国1989年4月4日通过的《行政诉讼法》正式确立了行政诉讼司法制度。所谓的行政诉讼，是指行政相对人认为行政主体的具体行政行为侵犯其合法权利，依法向我国具有管辖权的人民法院提起诉讼，由人民法院依法审理并作出判决的一种活动。根据我国行政诉讼的一般原则，行政诉讼的原告只能是外国投资者，而被告仅能是我国各级政府及其职能部门。因此，在我国境内的外国投资者（包括外国法人、无国籍人、外国组织）和外商投资企业，如果认为我国各级政府及其职能部门的具体行政行为侵犯其合法权益时，可以依法向有管辖权的法院提起行政诉讼，请求人民法院变更或撤销原具体行政行为，并可以同时根据《国家赔偿法》请求人民法院判决有责任的行政机关赔偿其经济损失。

外国投资者及其在我国设立的企业与我国行政机关之间就有关投资或其他交易的合同（特许权合同、BOT合同）发生的争议，不属于行政争议，而是属于民事争议。其可以通过向我国有管辖权的法院提起民事诉讼的方式来加以解决。

2．行政复议

行政复议是现代法治社会中解决行政争议的方法之一。在我国，行政复议是指行政相对人认为行政主体的具体行政行为侵犯其合法权益，依法向行政复议机关提出复核该具体行政行为的申请，行政复议机关依法对被申请的具体行政行为进行合法性和适当性的审查并作出行政复议决定的一种法律制度。[1]其主要是通过行政机关内部自我纠正违法或不当具体行为的方式来维护行政相对人的合法权益。在我国，外国投资者（包括外国人、无国籍人、外国组织）及外商投资企业如果认为我国各级政府及其职能部门的具体违法行为侵犯其合法权益的，可以按照我国《行政复议法》的规定向有管辖权的复议机关提出复议申请，要求其撤销或变更原具体行政行为。同时，如果外商投资者及外商投资企业认为行政机关违法或不当的具体行政行为给其造成损失时，可以根据《国家赔偿法》的有关规定，在申请行政复议时提出赔偿请求。

根据我国《行政诉讼法》的规定，除法律法规有明确的规定外，外国投资者及外商投资企业既可以先申请行政复议，对行政复议决定不服的再向人民法院提起行政诉讼，又可以不经行政复议而直接向人民法院提起行政诉讼。

三、国际仲裁

我国对外签署的双边投资协定或多边投资协定大多有国际仲裁的规定，但对于仲裁事项的范围、仲裁机构选择等方面规定的内容并不一致。为此，本节主要以我国有关的双边或多边投资协定的规定为基础，对涉及国际仲裁的仲裁事项、仲裁机构、法律选择等问题进行探讨。

（一）仲裁事项

改革开放之20世纪90年代中期，我国对于国际仲裁的态度相对比较保守。我国对外签订的双边或多边投资协定中，对可以提交国际仲裁事项的限制比较严，范围也比较小，主要限于国有化补偿数额方面的争议。如我国在加入1965年《华

[1] 马怀德主编：《行政法学》，中国政法大学出版社2007年版，第306页。

盛顿公约》时，就曾明确知会解决投资争议国际中心（ICSID），中国仅考虑将产生与征用或国有化补偿方面的争议提交ICSID管辖。但近年来，我国对国际仲裁的态度有所改变，大大放宽了可以提交国际仲裁的争议范围。如一些协定规定，“就投资产生的任何争议”可以提交国际仲裁。目前，我国有30多个双边投资协定有与此类似的规定。由此，外国投资者提交国际仲裁的范围已经从原先的“征收或国有化补偿”争议逐步扩大到“就投资产生的任何争议”。

（二）仲裁机构

从国际投资争端解决实践看，国际仲裁主要包括常设仲裁机构和临时仲裁庭两种。其中，常设仲裁机构主要是指根据1965年《华盛顿公约》建立的“解决投资争端的国际中心”，而临时仲裁主要是依照《联合国贸易法委员会仲裁规则》专设仲裁庭对有关投资争议进行解决。我国对外签订的双边投资协定大都明确规定了解决我国政府与外国投资者争议的仲裁机构。大多数投资协定同时规定了机构仲裁和专设仲裁庭仲裁，一般由投资者选择其一；有些投资协定仅规定了常设仲裁机构仲裁。

（三）法律适用

对于仲裁庭可适用的实体法，我国早期投资协定大都规定可以适用东道国的法（含冲突规则》和一般国际法。但对于国际法的规定相对比较严，仅限于“普遍承认且缔约双方均接受的国际法原则”或“公认的国际法原则”。其目的主要是避免仲裁庭适用一些不为东道国所接受的国际法原则。但近期签订的一些投资协定对仲裁可适用的国际法的限定相对比较模糊，如“可适用的国际法原则”。

（四）裁决的效力与执行

我国所缔结的双边投资协定通常都规定“仲裁裁决是终局的，对当事双方都具有拘束力；缔约方应当承担执行裁决的义务”。这些规定相对比较原则，仲裁裁决的承认与执行需要视作出仲裁裁决机构的情况而定，即对于由ICSID所作出的裁决，其需要根据《华盛顿公约》的规定来对裁决进行承认与执行，对于由专设仲裁庭作出的裁决，其需要根据《纽约公约》的规定来对裁决进行承认与执行。

参考文献

1．余劲松主编：《国际投资法》（第四版），法律出版社2014年版。
2．姚天冲主编：《国际投资法教程》，对外经济贸易大学出版社2010年版。
3．余劲松、吴志攀主编：《国际经济法》（第三版），北京大学出版社、高等教育出版社2009年版。
4．孙南申著：《国际投资法》，中国人民大学出版社2008年版。
5．王贵国著：《国际投资法》（第二版），法律出版社2008年版。
6．余劲松著：《跨国公司法律问题专论》，法律出版社2008年版。
7．余劲松主编：《国际投资法》（第三版），法律出版社2007年版。
8．吕岩峰、何志鹏、孙璐著：《国际投资法》，高等教育出版社2005年版。
9．张晓红、郭波、施小蕾编著：《新编国际投资学》，东北财经大学出版社2005年版。
10．王传丽主编：《国际经济法》，中国人民大学出版社2004年版。
11．陈安主编：《国际经济法问题专论》，高等教育出版社2002年版。
12．孔祥俊著:《WTO法律的国内适用》，人民法院出版社2002年版。
13．陈安主编：《国际投资法学》，北京大学出版社2001年版。
14．刘光溪主编:《WTO争议解决机制概论》，上海人民出版社2001年版。
15．范剑虹编著：《国际投资法导读》，浙江大学出版社2000年版。
16．赵维田著:《世贸组织(WTO)的法律制度》，法律出版社2000年版。
17．陈安著：《MIGA与中国:多边投资担保机构述评》，福建人民出版社1995年版。
18．[英]詹宁斯 · 瓦茨修订:《奥本海国际法》，中国大百科全书出版社1995年版。
19．姚梅镇主编:《比较外资法》，武汉大学出版社1993年版。
20．黄来纪、王成懋主编：《海外投资贸易法律指南》，同济大学出版社1993年版。
21．姚梅镇主编：《国际经济法概论》，武汉大学出版社1989年版。
22．周成新著:《国际投资争议的解决方法》，中国政法大学出版社1989年版。
23．王贵国著:《发展中的国际投资法律规范》，法律出版社1988年版。
24．姚梅镇著：《国际投资法》，武汉大学出版社1987年版。

25．韩德培主编：《国际私法》，武汉大学出版社1983年版。
26．王佳丽主编：《国际经济法》（修订版），中国政法大学出版社2003年版。
27．隋平编著：《公司并购法律实务》，法律出版社2010年版。
28．史晓丽主编：《国际投资法》，中国政法大学出版社2005年版。
29．王立君主编：《国际投资法》，格致出版社、上海人民出版社2006年版。
30．左海聪主编：《国际经济法学》，武汉大学出版社2014年版。
31．曾华群著：《WTO与中国外资法的发展》，厦门大学出版社2006年版。
32．曾华群著：《国际经济法导论》，法律出版社2007年版。
33．陈安主编;《国际经济法学》（第六版），北京大学出版社2013年版。
34．郭寿康、赵秀文主编：《国际经济法》（第二版），中国人民大学出版社2006年版。
35．《多边投资担保机构公约解说》。
36．MIGA,World Investment and Political Risk, 2009,2010,2011,2012,2013.
37．ICSID,Foreign Investment Law Journal.
38．《MIGA Annual Report》1992、2000、2001.
39．UNCTAD, World Investment Report 2006.
40．http://icsid.worldbank.org/ ICSID/Index.jsp.
41．www.oecd.org.
42．www.wto.org.
43．www.miga.org.
44．www.uncitral.org.
45．www.unctad.org.